U0519989

荔园文创译丛 | 李凤亮 张晓红 周建新 主编

PERSISTENT CREATIVITY

持续不懈的创新

艺术、文化与创意产业的发展
MAKING THE CASE FOR ART, CULTURE AND THE CREATIVE INDUSTRIES

［英］彼得·坎贝尔（Peter Campbell）著
何道宽 译

商务印书馆
The Commercial Press
创于1897

First published in English under the title
Persistent Creativity: Making the Case for Art, Culture and the Creative Industries
by Peter Campbell, edition:1
Copyright © The Editor(s) (if applicable) and The Author(s), 2019*
This edition has been translated and published under licence from
Springer Nature Switzerland AG.
Springer Nature Switzerland AG takes no responsibility and shall not be made liable for the accuracy of the translation.

本书简体中文版授权商务印书馆独家翻译、出版并在中国大陆地区发行销售。未经出版者书面许可，不得以任何方式复制或发行本书的任何部分。

深圳大学文化产业研究院
荔园文创译丛编委会

顾　　　问：［澳］约翰·哈特利（John Hartley）
主　　　编：李凤亮　张晓红　周建新
策划兼主译：何道宽
编　　　委：张振鹏　胡鹏林　温　雯　钟雅琴　宗祖盼
　　　　　　莫　沉　秦　晴

"荔园文创译丛"(第二辑)总序

"荔园文创译丛"是由深圳大学文化产业研究院发起并组织,编译国外文化创意产业领域前沿论著并在全国发行的系列译著。本译丛旨在嘉惠学林,连接文创政产学研界,为我国高校师生、研究机构学者、政府文化部门管理者及文化创意产业从业者,提供了解世界文化创意产业发展的新形势、新理论、新工具、新动向的窗口。自2014年发起以来,我们遍访文化创意产业发达国家权威出版社出版的该领域学术著作,从中外学者和商务印书馆编辑推荐的数十本著作中精选出待译著作。2017年秋天,我们推出了"荔园文创译丛"第一辑,选取了来自澳大利亚、美国、英国、法国等四国文化研究及文化创意产业领域具有前沿性、代表性和影响力的四本论著,分别为《文化科学:故事、亚部落、知识与革新的自然历史》《公共文化、文化认同与文化政策:比较的视角》《创意生活:新文化产业》和《符号性商品的产业化》,收获了良好的学术反响。时隔五年,我欣喜地看到即将付梓的"荔园文创译丛"第二辑清样。这三本书分别是来自加拿大、英国和美国的《艺术管理与文化政策研究》《持续不懈的创新:艺术、文化与创意产业的发展》和《艺术管理:创业视角》。

《艺术管理与文化政策研究》一书致力于融艺术管理与文化政策研究于一炉,全面梳理这一领域的学术起点、发展历史、学科属性、研究对象和研究范式,绘制了一幅相对完整的艺术管理与文化政策研究的知识地图,为读者提供了比较清晰的学术坐标和知识索引。该书从公共政治学的专业视角论证了艺术管理和文化政策的学科属性,还通过追溯艺术管理与工商管理双向赋能的轨迹论证了艺术管理的独特价值，探讨了组织研究和公共政策理论与方法对艺术管理学科的背景支撑，力求通过学科互渗形成一个更具包容性的知识生产体系，并通过与业界的对接使学术知识与职业技能并行不悖。在当前国家大力推进"新文科"建设，包括艺术管理学科在内的艺术学门类学科及其一级学科目录调整的背景下，该书的推出适逢其时，对构建世界水平与中国特色的艺术管理学科、理论和话语体系或有贡献。

《持续不懈的创新：艺术、文化与创意产业的发展》一书可看作英国文化创意产业学和文化创意产业简史，著名翻译家何道宽教授评价其"大事凸显，分期明确，线索清晰，裁剪精当，行文流畅，可读性强"。该书梳理了文化工业、文化产业、创意及其衍生的创意产业、创意议程、创意国家、创意地区、创意城市等概念，并对其进行逐一分析与评介。

该书试图理解并解释在过去的二十年里，"创意"的概念如何屡受批评，还不时遭遇危机，但始终表现出非凡韧性的内在机理。除了考量"创意"概念的韧性，该书作者还以亲身经历讲述并论证了利物浦创建欧洲文化之都的成功经验，深入考察了"创意"概念在利物浦这座城市的应用与发展，借以展示该市如何利用文化和创意的力量重塑城市形象，促进文化复兴和经济社会全面发展。相信作者的探索能为众多致力于"文化立市"和"文化强市"建设的中国城市提供启迪和借鉴。

《艺术管理：创业视角》一书将文化创业议题置于包括哲学、经济学、人类学、政治学、市场营销学、管理学和心理学在内的多学科视野进行观照，通过文本、视频链接、案例图表和文化聚焦等丰富活泼的形式来调动读者的参与兴趣，为有志于进行文化创业和有该领域研究兴趣的读者提供了应对全球化时代文化创业面临的诸多挑战所需的全面信息。该书是面向高年级本科生和研究生介绍文化创业和艺术管理原理的教材，是"已出版的艺术管理教科书中最全面、最新、最领先的"（该书英文版封二推介语）。

该书认为文化艺术是通过创业过程实现的，文化艺术必须通过创业的实战历练才能站得住脚，并且文化艺术组织必须具有企业家精神才能蓬勃发展。该论点对于当前中国文化产业界不少基于个人兴趣和教育目标的项目或有启发。中国艺术管理学界熟悉的领军学者、世界文化艺术管理学会主席弗朗索瓦·科尔伯特教授在该书序言中写道："该书囊括了文化创业涉及的营销、生产和财务管理这三大支柱，同时，读者还将找到诸如如何进行市场研究以及如何制定业务计划的相关资源和实用信息。"

在"荔园文创译丛"第二辑即将发行之际，我代表编委会衷心感谢为之付出辛勤劳动的所有同事和同行，同时衷心希望本译丛能助力中国艺术管理学科和文化创意产业的蓬勃发展。

是为序。

李凤亮
2022 年秋于深圳

目 录

译者前言：英国文创业史略 …………………………………… 1
作者前言 ………………………………………………………… 1

第一章　绪论："持续不懈的创新？" …………………………… 1

第二章　持续创新的前兆 ………………………………………… 7
第一节　创新理念的预兆 …………………………………… 7
第二节　创新：千年不衰？ ………………………………… 9
第三节　文化政策及其理据 ………………………………… 10
第四节　证据，数字和文化 ………………………………… 13
第五节　经济价值与新自由主义意识形态 ………………… 15
第六节　"新"经济 ………………………………………… 19
第七节　为经济和社会"复苏"的艺术 …………………… 24
第八节　本章小结 …………………………………………… 27

第三章　创意议程面面观 ………………………………………… 33
第一节　创意议程的崛起 …………………………………… 34
第二节　一个全球议程 ……………………………………… 36

· 1 ·

第三节　创意的多重意义 …………………………………… 39
　　第四节　创意产业 …………………………………………… 42
　　第五节　阿多诺的"文化工业"（Culture Industry）…… 44
　　第六节　20世纪后期的"文化产业"（Cultural Industries）…… 46
　　第七节　"创意产业" ………………………………………… 48
　　第八节　文化与创意的交叠 ………………………………… 50
　　第九节　创新经济 …………………………………………… 53
　　第十节　创意阶层 …………………………………………… 54
　　第十一节　创新与创业 ……………………………………… 59
　　第十二节　创意城市 ………………………………………… 61
　　第十三节　本章小结 ………………………………………… 64

第四章　艺术和文化的创新：持久的挑战 ……………………… 75
　　第一节　证据的寻找和复苏的兴起：概述 ………………… 75
　　第二节　继续寻找证据 ……………………………………… 78
　　第三节　近年复苏证据的考察 ……………………………… 81
　　第四节　持久的挑战 ………………………………………… 83
　　第五节　短期数据不能确定远期结果 ……………………… 84
　　第六节　有限的资源 ………………………………………… 86
　　第七节　研究术语不够明晰 ………………………………… 88
　　第八节　过分强调经济的一面 ……………………………… 92
　　第九节　经济、文化和社会结果的区分 …………………… 97
　　第十节　盘旋兜圈子？ ……………………………………… 99
　　第十一节　本章小结 ………………………………………… 102

第五章　创意产业的不断发展 …………………………………… 114
　　第一节　第一阶段：事实证明，创意产业有重要经济意义
　　　　　　（1998—2011）………………………………………… 114

第二节　第二阶段：变化中的定义（2011—2014）……………138
　　第三节　第三阶段：创意活动的持续经济成就（2014—?）……146
　　第四节　本章小结…………………………………………………155

第六章　利物浦：持久创新的案例剖析……………………………165
　　第一节　"文化之都"前的利物浦…………………………………165
　　第二节　欧洲文化之都和格拉斯哥模式…………………………170
　　第三节　利物浦成功申办"欧洲文化之都"………………………173
　　第四节　利物浦成功的证据………………………………………181
　　第五节　利物浦和英国持久的创新………………………………185
　　第六节　可持续的叙事？…………………………………………192
　　第七节　本章小结…………………………………………………199

第七章　廓清创意议程：力争更持久的发展………………………212
　　第一节　靠模糊性持久吗？………………………………………212
　　第二节　什么是"创意"的创意？…………………………………214
　　第三节　创意的重重矛盾…………………………………………217
　　第四节　可复制的例外？…………………………………………222
　　第五节　创意的闭锁………………………………………………233
　　第六节　创意能走多远？…………………………………………237
　　第七节　本章小结…………………………………………………239

第八章　后记：递减的圈子…………………………………………248

译者后记………………………………………………………………257

译者前言：英国文创业史略

一、书名考

书名 Persistent Creativity 直译为"持久的创意"，这个中译本的译名略有变通，将其译为"持续不懈的创新"显然是有所增益："持久"增益为"持续不懈"，更带褒义；不用"创意"而用"创新"，意在照顾读者的阅读期待。书名的副标题 Making the Case for Art, Culture and the Creative Industries 译为"艺术、文化与创意产业的发展"，其中的"发展"二字也属增益，旨在凸显二十余年来英国文创学和文创业的发展势头。

二、关键词词频

该书最重要的关键词将近二十个，依照词频可以排列为：creative（创意的/创新的 1316），creativity（创意/创新 725），creative industries（创意产业 573），creativity agenda（创意议程 240），cultural industries（文化产业 98），European Capital of Culture /ECoC（欧洲文化之都 162），innovation（创新 70），UK city of culture（英国文化之都 38），creative clusters（创意集群 8），innovative（创新 7），cultural quarters（文化区 6），individual creativity（个体创意 3），creative individual（创意个体 2），cultural clusters（文化集群 2），creative industries clusters 创意企业集群（2），maker（创客 1）。

三、术语辨析

（1）Creativity 和 Innovation

Creativity 可译为：创意、创新、创意性、创新性、创造性。中译本几乎全部译为"创意"，偶尔译为"创新"；与之类似，creative 译为"创意"，但偶尔译为"创新"，如 creative economy 译为"创新经济"，不译为"创意经济"。

作者罕用 innovation，我们将其译为"创新"。读者须知，在英文语境中，creativity 意蕴宽泛，包含"创意"和"创新"；而 innovation 应用面相对比较窄。

（2）Culture Industry，Cultural Industries 和 Creative Industries

本书用单数的 culture industry 专指阿多诺的理念和主张，中文译为"文化工业"由来已久，且已固定。

"文化工业"是德国法兰克福学派的学者西奥多·阿多诺（Theoder Adorno）及马克斯·霍克海姆（Max Horkheimer）1947 年在《启蒙辩证法》（*Dialectic of Enlightenment*）中提出的理念，用以批判资本主义社会下大众文化的商品化及标准化。

英国的文化产业 cultural industries 用复数，和批判学派的"文化工业"字面上有相似之处，理念上不搭界；经世致用，没有批判色彩。

四、英国文化产业分期

英国的文创业经历了两个阶段，前期叫 cultural industries（文化产业），后期叫 creative industries（创意产业），如今的第三种名称由两者混合成为：文化创意产业（cultural and creative industries）。第三种用法在英国不多见，在中国语境下却用得最多，中国学界和业界还习惯用简化的方式：文创学、文创业、文产院（文化产业研究院）。

本书作者彼得·坎贝尔有他独特的三期说：

第一阶段（1998—2011）叫 cultural industries（文化产业），稳步推进；

第二阶段（2011—2014）亦叫 cultural industries，字面不变，但"creative"的定义、内涵和外延都有调整；主要特点是除了艺术和文化这两个子门类外，软件业也被纳入创意产业，成为产值最大的子门类；用创意强度（creative intensity）的新概念、新指标和新模式来检视和考核创意产业。

第三阶段（2014—?）亦叫 cultural industries，字面维持不变，但围绕创意和创意产业的定义、内涵和外延都有调整；围绕内涵的两大块（文化和软件）发生了一些激烈的争论：软件纳入文化产业是否妥当？文化是否被广义的"文化产业"挤压？

五、英国文化产业大事年表

1998 年，英国"文化、媒体和体育部"（DCMS）成立，《创意英国》（*Creative Britain*）报告问世，"率先把创意产业安置在政治地图上"。

2008 年，"文化、媒体和体育部"联手"英国商务、企业和制度改革部"，发布与十年前《创意英国》同名的报告，再次重申创意产业对政府、经济未来和广义社会的重要性。

2018 年，创意基金会"内斯塔"（Nesta）发布"创意国家"（*Creative Nation*）的报告，指出："英国的创意产业……是发展引擎"，对创意产业的支持将确保国家"适应未来"。

2009 年，英国文化之都的计划启动。

1990 年，格拉斯哥荣膺欧洲文化之都，创建欧洲文化之都的"格拉斯哥模式"扬名。

2008 年，利物浦荣膺欧洲文化之都，利物浦的创建工作很成功，文化产业受到推进。

六、创意议程的衍生概念

创意议程的衍生概念有：创意产业、创意国家、创意地区、创意城市。这些标签相互交叠，学术界予以区分，但在大多数的政策话语里，它们几乎都在互相换用。

创意产业的形式并不固定，亦不分明，一定程度上是由界定形式的方法构成的。一个定义被瓦解，另一个略为不同的定义出现，然而总议程多半维持不变。

对"创意城市"概念做出重大贡献的是查尔斯·兰德里（C. Landry），他的《创意城市》（The creative city，1995 2000 2003）一版再版、影响重大，他的《城市建设的艺术》（The Art of City Making，2006）亦有影响。

斯科特（A. J. Scott）称赞兰德里 2000 年论创意城市的"里程碑宣言"，说它"呼唤为城市生存而进行全方位的创造力投入"。

本书作者坎贝尔给予他很高的评价："兰德里创意城市的理念影响很大，它更普遍地影响创意产业的思想，继续在国际上直接间接地形塑学术思维和政策思维。这一影响，怎么估计也不过分。"

创意城市网络的 7 类评选指标是：文学、电影、音乐、手工艺与民间艺术、设计、媒体艺术、美食烹饪。

创意城市 5 个"以人为本"的面向是：人居、人文、人情、人气、人创。

2004 年，联合国教科文组织创建"创意城市网"，公布了它认证的"文学之都""电影之都""音乐之都"等。

本书作者坎贝尔对创意城市的评价是："无论其用意为何，创意城市概念很快就和具体的文化活动纠缠在一起"。在创意城市里，"文化政策与文化产业终结连理"。"在创意城市议程实施的过程中，艺术和文化发挥核心作用"。"就像创意产业和创意阶层的概念在全球成功一样，创意城市的概念也会成功"。

七、利物浦创建欧洲文化之都的成功

英国申办"欧洲文化之都"成功的城市有两个：格拉斯哥（1990）和利物浦（2008），都很成功。格拉斯哥的经验被誉为格拉斯哥模式，利物浦的成功更胜一筹，在英国产生了持久的影响。2016 年英国脱欧公投以后，2017 年英国城市申办欧洲文化之都的资格旋即被取消了。

本书专辟一章"利物浦：持久创新的案例剖析"，讲述并论证利物浦创建欧洲文化之都的成功和成就，原因是：(1)确乎成功，比格拉斯哥创建欧洲文化之都的成功模式更上一层楼；(2)作者本人身处利物浦，积极投入创建工作，有切身体会。

为争创欧洲文化之都，利物浦启动"08影响"（Impacts 08）研究计划，由利物浦约翰·莫尔斯大学和利物浦大学合作，时间跨度为2005年至2010年。本书作者坎贝尔参与了这项工作。

2018年，利物浦创办欧洲文化之都活动成功，旋即争取第四电视频道的国家级总部在利物浦落地，得到英国文化之都评委会主席菲尔·雷德蒙德的支持，理由是："伦敦之外，利物浦是顶级的创意城市"，虽然因基础设施不完善而受挫，但称赞利物浦优势的言论还是不绝如缕："每花一个英镑，利物浦得到12英镑的回报"，创意议程在利物浦是经久不衰的……

利物浦经验被认定为卓有成效，促成了英国文化之都制度的诞生。人们普遍觉得，欧洲文化之都的举办使利物浦城市形象转变，证明文化能引领城市复苏的成功。

何道宽
于深圳大学文化产业研究院
深圳大学传媒与文化发展研究中心
2021年6月18日

作者前言

本书是我学术生涯的反映。20世纪90年代末，我在学习"现代英国的休闲"模块课程时，首次邂逅了刚刚组建不久的英国政府"文化、媒体和体育部"（DCMS），了解到它对"创意产业"（creative industries）的关注。十年后攻读博士学位时，我更加仔细地研究文化政策和创意产业的发展。在继后的十年里，我作为全职学者继续在这个领域从事研究。如今，我本人讲授的本科模块课就叫"文化、经济和城市"，向那些在我修读这类课程时还未出生的学生解释这些问题。本书考察，在过去的二十年里，"创意"（creativity）及发挥其杠杆作用的努力如何越来越突出显耀。虽然创意概念屡受批评，有时还遭遇危机，但它始终表现出非凡的韧劲。

本书试图理解并解释这种持续不断的韧劲，考量围绕创意的"议程"发展，探究这一议程如何被验证和应用。本书证明，虽然这个"创意议程"（Creativity Agenda）在20世纪90年代尤为引人注目，但它并非全然是新现象，而是许多历史先兆强化的表征。一经确立，整个议程就以许多方式调动创意的理念，这里将从它们相互关联的一致性方面进行审查。当前，人们对"循证政策"（evidence-based policy）的关怀有增无减。有鉴于此，本书考察文化、艺术和创意产业如何遵循这一政策，考察执行这样的任务带来什么挑战，还要考察在具体化和形塑创意议程时，在确定证据形式时，具体的行为者扮演什么角色，从而使创意概念的坚韧成为可能。

除了考量一些创意概念的韧劲，以及证据在其中的角色，本书还考虑创意议程在利物浦这个具体场所的应用情况,借以展示该市如何利用这个议程,并推动其发展。然而,尽管有这个围绕创意主导的"成功故事",我们还是认为有必要更准确地考察这个故事,且有必要继续拷问这个领域里政策和方法的性质,以免整个"创意议程"中问题更多的某些方面长期得不到解决——这正是迄今为止的情况。

本书的完成有赖众多的支持。首先,英国研究委员会的支持至关重要。读博期间,我初步探索这些问题时,一部分经费就来自于人文艺术研究委员会(AHRC)和经济与社会研究理事会(ESRC)的文化政策与复苏资助费。也多亏人文艺术研究委员会文化价值工程的资助,我才能进一步探索那些理念,尤其第四章里有关艺术和文化发展性质的观点。第四章的一些材料曾以论文的形式发表,如《社会生活度量:方法如何决定城市复苏的文化理念》[①]。

这篇文章修订后用在第四章,在知识共享(Creative Commons)4.0公共许可协议下使用。如果没有利物浦大学社会学、社会政策和刑法学系准许的学术休假,这本书是不会存在的。因人员众多,在此无法一一列举所有校内外给予惠助的同事,只好将列名的范围限定在我有幸直接合作完成研究课题的同事中,以示特别的感谢。他们是:塔姆辛·科克斯(Tamsin Cox)、史蒂芬·克龙(Stephen Crone)、戴夫·奥布赖恩(Dave O'Brien)、马克·泰勒(Mark Taylor)、斯图尔特·威尔克斯-希格(Stuart Wilks-Heeg)。用多少形容词都不足以表明我的谢忱,他们的名字仅是我所获学术支持的冰山一角,读这本书时,你就知道都有谁曾施以援手。最后要提及我父母对我说的一句话:我们帮你用小推车搬运行李,很大一部分行李是这本书的手稿,你得感谢我们。不过,我感谢他们的岂止这一点呢,多的是啊。他们肯定知道我充满感激的。

彼得·坎贝尔
于利物浦

---

① Campbell, P. Cox, T. & O'Brien, D.(2017)The social life of measurement: how methods have shaped the idea of culture in urban regeneration. *Journal of Cultural Economy, 10* (1), 49–62.

第一章 绪论:"持续不懈的创新?"

21世纪初,创新经济的潜能越来越受到赞美和鼓励,构成创新经济的是从事创意职业的创意工人,或在创意产业里就职的人员。这些创意人员有时简称为"创客"(creatives),可以被视为一个创意阶层,或生活在创意城市里的群体。创意城市未必只拥有创意工人,可能还拥有创意领袖,他们铆足创业的干劲,勇闯未经探明的政治水域,就像创意产业里的创意人进行商务革新和产品创新一样。更准确地说,这些观念都成了流行的观念。

本书旨在确认,诸如此类的创意观念何以崭露头角、由虚变实、进入实践、坚守至今。正如上文提及的创意产业和创意职业所暗示的那样,在这些过程中,创意活动的经济角色变得越来越重要了。因此,创意就成了所谓"经济想象"(economic imaginary)(Campbell 2014)的核心要素。欧克利和奥康纳(Oakley and O'Connor)归纳萨姆和杰索普(Sum and Jessop)对创意的解释,将其表述为"在具体、简化的叙述下,从一系列可能性选择进行开发,以便让公众广泛接受的任何集体行动"(2015, p. 13)。20世纪90年代以来,在诸如此类的简化叙述中,创意概念扮演的角色日益加重。但重要的是指出,"经济想象"不仅是理解或构建事件的方式,而且有助于某些活动获取特殊地位,有助于建构这些事件,为其提供更广阔的语境(Jessop 2004)。因此,"经济想象"不是"虚构"意义的想象。更准确地说,它使复杂现实的连贯叙述成为可能,从而在形塑现实里发挥作用。在这一点上,思考20世纪初提出的"托马斯定理"会有助益:如果我们将情况定义为真实,其后果就真实（Thomas and Thomas 1928, p. 572）。贝克在强化托马斯定理时指出，"对社会学家而言，凡是人们一致同意的都是最真实的"（Becker 2014, p. 185）。

以下各章讨论这些创意概念和角色如何达成一致，如何被人接受和推广。除了考虑这些立场的真实后果，还要考虑创意如何被定义为真实的问题。实际上，生成证据以证明创意的角色和性质所花费的时间和资源就可以被认为是"真实后果"的"想象"。不过，寻求证据时遭遇的挑战和发现的模式尤其是我们关注的重点。因此，我们的目标是确认，有关创意的主要立场来自何方、所含内容、如何具体化、如何为具体的行动提供框架和形貌。

本书的重点是围绕创意的思想不仅被形塑而且被推广和执行，所以它用"创意议程"这个速记标签来指称一套突出的思想；自20世纪90年代以来，这套理念被越来越多的人支持、推广和实施了。为了让人对这个议程的性质、范畴和被引用的规模有所了解，我们不妨考虑莫尔德最近对发展势头的小结：

> 世纪之交以来，从悉尼到谢菲尔德，从马尼拉到麦迪逊，世界各地许多市政府和地区政府都在实施发展战略，以刺激民众的创造力，也许更重要的是，他们都努力引进有才干、高学历和创造力的人才，希望从经济发展潜力中获益。（Mould 2017, p. 1）

与这段引文的评估一致，本书认为，虽然这样的付出是比较晚近的事情，驱动它的议程却引人注目，在许多方面被证明是韧劲十足的。本书希望研究这样的韧性和持久性，书名"持续不懈的创新"所指就是这样的韧性和持久性。

书名还指向"艺术、文化与创意产业的发展"的过程。如上文所示，本书还要详细考察支持创意议程的证据的角色，以及由此而产生的给术语下定义的重要问题。即使在第一章粗线条的勾勒里，我们也看到创意被用于许多不同的意义。这个相同的术语所指的是许多活动的共同性吗？如果是这样，共同创意的性质是什么？伴随创意议程发展的这类问题挥之不去。本书认为，更精准地思考这类问题的需求始终存在。书里反复出现的一个问题是如何定义创新，但无论这个问题如何解决，创意议程上升的一个重要方面是：对艺术性和表现性活动的强调是持久的。每当讨论创意时，"文化"总是紧随其后。实质上这里所要考虑的问题是产业如何并为何以某些形式建构，这些概念如何并为何韧性十足。既然创意议程已成为全球现象，研究其一切表现是不可能的，因此，我们的讨论很大程度上聚焦于创意议程影响重大的一个场所，即英国。在这里，我们看到创意议程得到国际反映的显著表现，这些表现证明了上述创意议程的韧劲。在这里，检视二十年里英国政策制定人的言论，颇有裨益，能给我们提供一幅"不懈创新"的缩微图画：

（1）1998年，英国"文化、媒体和体育部"（DCMS）成立不久，《创意英国》（*Creative Britain*）报告问世，首任文化大臣史密斯在报告里勾勒了"创意产业"对政府政策、经济和未来的重要意义，对社会更广义的重要意义。他给创意产业的定位是："未来的财富和就业机会将由此产生"（1998, p. 31），"率先把创意产业安置在政治地图上"（p. 142）。此外，他还确认创意带来更广泛的利益，比如培育"通过共享情感的社会包容"（p. 24）。

十年后，这一图景仍然和第一幅十分相似：

（2）2008年，"文化、媒体和体育部"联手"英国商务、企业和制度改革部"（Department for Business, Enterprise and Regulatory Reform）以及"创新、大学与技能部"（Department for Innovation, Universities and Skills），发布了与《创意英国》同名的报告，再次重申创意产业对政府、经济未来和广义社会的重要意义。这份报告给创意产业的定位是：在未来岁月很重要（DCMS et al. 2008, p. 1），对政府创造"未来就业"的目标很重要（p. 4），对英国经济"日益重要"(p.6)。报告为英国勾勒的愿景是:"十年内,英国最大城市的地方经济靠创新驱动"(p.6)。除了这样的经济角色外,报告指出,创意产业"还带来更广泛的社会文化利益"(p.58)。

又过十年之后,这样的图景依然如故:

(3)2018年,新工党于1988年创立的英国国家科技艺术基金会"内斯塔"(Nesta)发布报告"创意国家"(Creative Nation)(Mateos Garcia et al. 2018)(2012年后,Nesta演变为一个慈善机构[见Oakley et al. 2014])。在该报告里,数字和创意产业大臣强调这些产业的重要意义:"英国的创意产业……是发展引擎",又指出,对创意产业的支持将确保国家"适应未来"(p.4)。

以下各章考虑这一常恒目标如何达成,考虑持续不变的创意概念提出的一些挑战。第二章将探讨这一持恒的立场虽然近年才凸显出来,但何以建立在深层的基础之上。考察的对象有文化艺术作为政治干预对象的兴起,艺术作为广义社会利益核心的理念。还追踪全社会对量化逐渐侵蚀文化领域的特别关切,追溯新自由主义意识形态经济价值评估的语境,追溯"新"经济崛起的理论阐释,这种理论的兴起在某些方面被认为有"复苏"城市地区的潜能。

第三章考虑"创意议程"推动的创新形式,讨论并定义"创意产业""创新经济""创意阶层""创意城市",指出:这些术语虽然源头相同,却可以有不同的理解,且被用于相互矛盾的形式。这就提出了创意议程连贯性的问题。然而,无论这些术语是如何被使用的,它们似乎都以这样那样的形式让艺术和文化优先,但"创意议程"这样灵活的使用方式倒是有助于说明,它为何能持续不断地强势推进。

第四章基于对艺术和文化优势的深入研究,勾勒近年文化在经济发展中的突出地位,继续强调:在这个领域需要更清晰而有力的证据。鉴于多年来在这方面对求证持久的强调,求证所遭遇的挑战也一一予以呈现。

第五章也基于创意方法的深入研究，具体考察与"创意产业"相关的统计证据。第三章提出的定义问题在这里同样是相关问题。第五章还解释创意产业是如何定义和计量的，计量产生的统计数据是如何理解的。对创意议程兴起的统计数据做了探讨，对统计数据隐藏之下的创意定义的变化也做了追踪。我们认为，如同在许多领域一样，方法在这里的功能并不仅仅是计量，而且还以某些形式积极构建了创造力（如 Rose 1991, p. 676）。

第六章讨论创意议程在英国利物浦这个地方被调动的情况。该城市是率先启动创意议程的城市之一，2008 年它被定为欧洲文化之都（European Capital of Culture）的角色也在我们的讨论之列。至于 2008 年之前利物浦的一些实体如何利用创意议程，欧洲文化之都的竞争如何与创意议程挂钩，本章也做了探讨。此外，我们还讨论与利物浦地位相关的证据如何推进创意议程。不过，我们也认为，鉴于持久的结构性不平等，利物浦这个范例也提出了采用创意议程有所局限的严肃问题。

于是，第七章认为有必要廓清创意议程，有必要考虑什么样的活动表现为创意活动，有必要考虑如何理解创意活动的创造性。如果不这样拷问，模糊、统一意义的创意就可能遮蔽经济表现的实际情况，而经济表现则是创意议程的核心要素；那就会导致神话盛行，并以一种自相矛盾的、缺乏创造力的方式运行。本章一方面指出，推进创意议程的人试图考虑其中一些问题，另一方面又指出对变革的抗拒。

第八章紧随这一思路，就二十年后的情况进行小结并指明：在一些领域，创意议程已不容置疑，但这个议程依然表现出以上各章指出的一些矛盾。这里的风险是，围绕创意的想象总是富有争议的，这样的想象与现实脱节的情况正在加重。

参考文献

Becker, H. S. (2014). *What about Mozart? What about murder? Reasoning from cases.* Chicago:University of Chicago Press.

Campbell, P. (2014). Imaginary success?—The contentious ascendance of creativity. *European Planning Studies, 22*(5), 995–1009.

DCMS, BERR, & DIUS. (2008). *Creative Britain: New talents for the new economy.* London: DCMS.

Jessop, B. (2004). Critical semiotic analysis and cultural political economy. *Critical Discourse Studies, 1*(2), 159–174.

Mateos Garcia, J., Klinger, J., & Stathoulopoulos, K. (2018). *Creative nation: How the creative industries are powering the UK's nations and regions.* London: Nesta.

Mould, O. (2017). *Urban subversion and the creative city.* London: Routledge.

Oakley, K., & O'Connor, J. (2015). The cultural industries: An introduction. In K. Oakley & J. O'Connor (Eds.), *The Routledge companion to the cultural industries* (pp. 1–32). London:Routledge.

Oakley, K., Hesmondhalgh, D., Bell, D., & Nisbett, M. (2014). The national trust for talent? NESTA and New Labour's cultural policy. *British Politics, 9*(3), 297–317.

Rose, N. (1991). Governing by numbers: Figuring out democracy. *Accounting, Organizations and Society, 16*(7), 673–692.

Smith, C. (1998). *Creative Britain.* London: Faber and Faber.

Thomas, W. I., & Thomas, D. S. (1928). *The child in America: Behavior problems and programs.* New York: Alfred A. Knopf.

第二章　持续创新的前兆

本书集中讲 21 世纪初一套创意理念的韧性。不过，此前的几个时间段里已有这套理念发生的征兆。弄清楚这些征兆有助于解释创意在今天承担的角色。如此，本章检视通向第一章介绍的"创意议程"的道路是如何铺平的。在本章考察的时间段里，后来崭露锋芒的创新语言尚用在通常的语境中，但预示创新语言即将来临的一系列因素已然在起作用。这些因素长期存在，到了创意议程时代更为突出，更紧密地纠缠在一起。因此，本章把不久前才到来的创意议程置于这个长时段的历史语境中，其中的一系列因素成为创意议程发展的关键。这些因素有：文化成为政治关怀的对象；通过"客观"证据搜集理解世界的驱力；经济价值日益高于其他价值形式的趋势，与其同步的"新"经济理念的出现；艺术和文化能被用来实现"复苏"的理念。这几种因素不是完全分离的，它们也不是理解创意议程的仅有的重要因素，但它们彼此纠缠，打下基础，后来的努力以此为依托。

第一节　创新理念的预兆

第一章简要追溯了 20 世纪 90 年代和 21 世纪 10 年代二十年里有关创意角色持久而一致的立场。但紧邻这个时代之前的岁月里，文化创新实践具有日益重要的经济意义的观点总是被投以怀疑和疑虑的目光，甚至难得有人会予以考虑。比如，莫斯（Moss 2002）就介绍过 20 世纪 80

年代谢菲尔德市政府创办的《文化产业区》。他说这是"非常大胆地使用纳税人的金钱"（p. 214）。彼时，办这个刊物被认为是"用公币的非同寻常之举，不是太勇敢就是太愚蠢"（p. 211）。其他地方也有人做类似的努力，后来被人称之为"创意"产业。奥康纳在更广阔的视域里对彼时地方政府立场的评估，是值得考虑的。这是他 20 世纪 90 年代初写的一段话：

> 我们的研究发现，当前对艺术与文化产业潜能的意识水平普遍偏低，有些地方政府组织配备不足，难以制定并执行艺术与文化产业的战略。（1992, p. 56）

彼时，不仅组织能力偏低，连文化产业（cultural industries）潜能的意识也偏低。论及英国一个研究地区时，他接着说：

> 大曼彻斯特地区当局无人制定艺术与文化产业战略。有关艺术与文化产业潜能的意识是极其零散的。对文化产业一语的理解很欠缺，艺术对经济复苏战略的贡献被认为是靠边的。（1992, p. 66）

和其他地区一样，曼彻斯特地区在这个领域的干预也只是低度开发的，直到 20 世纪 90 年代后期。论及这段时间的一个研究项目时，班克斯（Banks）和奥康纳指出：

> 在曼彻斯特，如同在英国其他城市一样，音乐艺术和媒体活动有经济复苏和产出（而不是纯粹的公币消耗）的理念、文化生产可以提供"真实"就业机会和职业生涯（而不仅仅是爱好或消遣）的理念，似乎是新鲜的不搭界的宣示。（2017, p. 638）

表面上，这似乎是令人惊叹的急速变革。20 世纪 90 年代初的研究报告显示，文化和艺术的经济贡献较低，甚至没有贡献，到了 20 世纪

90年代后期，虽然它们仍然被视为一个"新"的活动领域，但国家决策人已经在肯定，包含这些活动的创意产业是未来经济成功的核心要素（Smith 1998, p. 31）。

这样的立场在继后的几十年里维持不变，第一章已对此做了勾勒。表面上，这一立场来得相当快，实际情况刚好相反，并不是一系列参与者包括政府突然"抓住"了创新理念，并坚守这一立场。相反，这种围绕创意的持久论述本质上并不新奇，而是一系列既有立场的强化和勾连。

第二节　创新：千年不衰？

本书的宗旨是勾勒预示创意议程的历史因素，它们指向创意议程持久的运行。尽管如此，如果赞同英国商务大臣克拉克的话，那是会引起争议的。他说："几百年来，英国的创意产业位于我们经济的核心。"（BEIS 2018）若同意"创新英格兰"（推进创意产业的非政府组织）和前文化、媒体和体育大臣约翰·纽必金（John Newbigin）的言论，那就更成问题。他说："文化产业和人类历史一样悠久。"（2007）如前所示，"创意"一词被错误解读及使用的潜在可能性是本书一个常见的主题。第五章将要讨论"创意产业"的定义，这里指出一点足矣：断言创意产业有几百年几千年的历史，那是有问题的，这一术语自20世纪90年代以来才开始常用。这个术语含涉的活动以类似当前的形态运行，只有几十年的时间。固然，某种形式的创新是人类生存的特征，因而"与人类社会一样悠久"。但是，具有政策制定者所谓"创意议程"特征的创造性，以及为创新发展提供条件的环境，是能够表述得更加具体的。所以，形塑"创意议程"近年用法的具体条件就是我们下一章要探讨的论题。

第三节 文化政策及其理据

第一章的提纲显示政府大臣不懈的创新努力；如此，促成创意议程崛起的一个因素是，文化和创意领域被视为适合政治干预的领域。固然，界定文化政策的尝试必然遭遇困难，也许这是固有的困难（见 Gray 2010），但如果我们考虑国家对艺术领域的干预，我们就可以看到长期以来某种形式的干预，看见日益明显的干预趋势。赫斯蒙德霍等人指出，国家文化机构的公共拨款始于 18 世纪中叶（Hesmondhalgh et al. 2015a, p. 5），但米尼汉证明，直到 19 世纪初，公共拨款仍然不是政府的优先选项（Minihan 1977）；政府认为，文化艺术应该"首先由喜欢的人来培养"（p. 17），国家只扮演最小的角色。不过，她又勾勒了这个过程中偏离这一立场的漂移。就新进出台的文化政策而言，赫斯蒙德霍等人（2015a, p. 5）恰当指出，归纳文化政策的目标构成挑战，与其他政策领域相比更是挑战。但文化政策常见于这样一些领域：谋求讲"国家故事"、保护遗产、规制和审查文化形式的领域，以及关心文化生产和消费的领域。

19 世纪的文化政策不可能关注文化产品的生产和消费，不可能关注我们今天所知那种音乐产品，而且那样的产品也不存在。不过，指出这一点还是能给人教益：虽然那个阶段有意义的文化政策毫不起眼，虽然"创新"一语不像后来那样普及，文化政策初期有关政府在这个领域为什么要干预的一些言论，干预为什么必要、如何有用的一些言论，是 21 世纪创意议程理据的预兆。在这一点上，我们能指认这个理念的早期版本：艺术品和实践是广泛社会经济益处的核心，只是后来才更加突出而已。米尼汉指出，19 世纪初围绕第七代额尔金伯爵托马斯·布鲁斯（Thomas Bruce）购买巴台农神庙大理石雕刻时政府角色的辩论，是英国早期实质性文化政策确立的关键。她指出，审议这次购买的遴选委员会发表支持的论点：艺术是"与科学、文学和哲学一切有价值的进步相关"。她特别指出，即使在那时，"这样支持的言论也说不上新鲜"（1977, p. 14）。这一宽泛的角色也许和"文化"用法的发展有联系，威廉斯（Williams 1958）对18世纪和19世纪这一发展进行了追踪："艺术的文化"（Culture of the arts）和有"修养"的（cultured）精致状态相关，和早先土地（而不是人的能力）开发的用法类似；culture的土地开发意思仍然保留在"agriculture"（农业）和"horticulture"（园艺）这样的词语里。威廉斯梳理的"文化"用法的演变有"社会思想发展的总体情况"和"艺术的总体"（p. xvi），从中可以看到混合、交叠，共同术语的使用助推了这个演变的过程。就像以下章节强调的那样，文化活动和许多更广泛的利益相关，这个理念是"创意议程"关键的一面，相同的语汇同样有助于推进创意概念在以后各阶段的发展。

因此，爱尔兰议员约翰·克罗克（John Croker）19世纪初支持购买巴台农神庙石雕提出的四点理由在这里并非不合时宜。他说，国家购买这样的古代石雕：

> 为人民所用，鼓励艺术、增加制造业、有利于贸易繁荣、促进产业发展，这不仅仅是为了让有品位的人一饱眼福，而且是为了创造，为了刺激和指引艺术家、机械师甚至劳工如何努力。（转引自 Minihan 1977, p. 17）

艺术实践能刺激创新和经济产出，同时能汇聚许多阶层的人士。这个理念并不是新奇或晚近才有的立场。实际上，米尼汉引用的言论贯穿了整个19世纪。比如，讨论购买这批石雕二十年后的1836年，遴选委员会发布了一篇报告："艺术与制造业的关联"。报告强调艺术能扮演的经济角色，强调为此有必要进一步干预：

> 一直以来，艺术在英国几乎不受鼓励……然而，艺术与制造业的关系至关重要；即使这个纯粹的经济原因（别无更高尚的动机）

也引导我们促进艺术更高尚的品质。（转引自 Minihan 1977, p. 43）

鼓励"崇高"艺术，我们就可能收获经济产出增加的利益。也许这样说略显粗略，但20世纪90年代或21世纪初的文化部不会觉得这些理念生疏。除了与广义的"制造业"相关外，这类言论在艺术实践的语境中越来越得势，实践本身和与其有关的语境里都是这样的。虽然文化政策在19世纪日益明显，但这个时期文化政策的边缘性还是要强调指出的。即使20世纪90年代的某一位文化大臣同情这些历史上的立场，我们还是要指出，至少在英国，20世纪90年代之前还没有出现过这样的大臣（Hesmondhalgh et al. 2015a, p. 60）。

事实上，迄今为止，英国只出过两个艺术与文化"白皮书"。第一个发布于1965年。"艺术政策的第一步"坦承，政府对艺术的支持一直是"相当小的规模"，实际上"只不过是可怜的法律援助金而已"（Lee 1965, pp. 16, 19）。1965年这件白皮书为局势的扭转铺平道路（白皮书作者是首位担任"艺术大臣"的人），而且赫斯蒙德霍等人还指出，英国对艺术的"强烈"支持可以追溯到20世纪60年代（2015b, p. 108），但重要的是指出，那种支持并不谋求经济效益。彼时，艺术的定位是"文明社区"的核心，艺术对人民的快乐做出贡献，这个支持的理由足矣。这第一份白皮书出自工党，他们在这里的创新故事中唱主角，但赫斯蒙德霍等人指出，工党"像其他民主政党一样，一般把文化与艺术当作纯边缘的事情"（2015a, p. 23）。

简要考量创意议程的政治先兆以后，我们看见矛盾的元素依然存在。一方面，政府对文化活动的支持被认为是很重要的，可能会带来更广泛的利益。艺术活动往往通过"涟漪效应"带来具体的经济利益，有人大胆宣示，"一切有价值的东西"归根结蒂和艺术是相联的。另一方面，虽然有这样的宣示，但在基础层面，看得见摸得着的文化政策或扶持资源还是显得单薄。

第四节　证据，数字和文化

由此可见，虽然围绕文化和艺术利益的某些理念可以定位于历史时期，但把重点放在这些领域的具体政策还是到了 20 世纪末才成型。也是到了这个时期，人们越来越注重提供证据以证实这些利益的性质。第四章和第五章考察支持文化或创新走势的加强，支持的基础、谋求的目标是生成某种形式的有力证据。在这里，我们也看见文化艺术实践强化的悠久根基。波特研究统计措施的铿锵步伐，他指出 19 世纪 20 年代和 19 世纪 30 年代若干领域"统计数字的大爆发"（Porter 1986, p. 11），他还记述同一时期统计数据对决策人越来越重要的趋势（p. 37）。然而，在以上探讨的文化政策早期阶段，文化重要性一般是不使用统计数字证实的。比如，19 世纪艺术决策的遴选委员会主要是吸收专家证词，以证明文化的经济作用。但值得注意的是，当代评论家发现，专家意见求证这种形式往最好里说也是有争议的（如 *Mechanics' Magazine* 1837, pp. 323–329）。对文化和创新证据基础的质疑在以后的各个时期一直是挥之不去的，我们在以下各章都将看到这样的质疑。

19 世纪初"数据爆炸"之后很久，文化和文化政策领域主要数据仍然缺失的一个原因有可能是上文所述文化政策的边缘性。即使有人主张文化活动广义的重要性，但文化活动没有被赋予众多的政治资源，如果文化效益的论述停留在趣闻轶事或信念申述的水平，那还是没有意义的。文化领域的政治边缘性，统计措施应用的相对缺失，可能的原因是：文化活动特别抗拒使用这样的措施。一些历史证据显示，有人试图计量艺术成就，比如德皮勒（de Piles）18 世纪初（1708 1766）就用他所谓"画家的评价表"来批评画作。显然，这些措施并不意在"客观"。德皮勒是路易十四创建的绘画和雕塑皇家学院"领头的官方理论家"（Puttfarken 1985, p. xii）。他本人就明白显示，他的艺术家排行榜"更多的是为了自娱，而不是要人接受我的意见"（de Piles 1708 1766, p. 387）。普特法肯断言，"这个标尺在 18 世纪广受好评，但现在被认为是对批评最臭名昭著的贡献"（Puttfarken 1985, p. 42）。

一方面，18 世纪给艺术产出打分和排行的这一番尝试可能会被视为"臭名昭著"，另一方面，我们又瞥见 19 世纪后期把科学主义应用于文化领域的尝试。彼时，索尔维（Solvay）提出所谓价值"活力论"，遭到马克斯·韦伯（Max Weber）蔑视。韦伯批评"科学"计量以意义为中心的各种现象（包括艺术），鄙视索尔维的量化方法和数学公式，认为其特点是：

> 比如，音乐引起大脑皮层兴奋，在氧化过程中引起变化；反过来，这样的变化改进对有机能量的利用……因此，音乐的能量意义得以证明；是故，像一切类似的现象一样，音乐"原则上"是可以计量的。（1909 2012, p. 255）

但韦伯认为，任何诸如此类的计量都不适合判定价值的任务：

> 发明价值判断的数学公式是荒唐的消遣：倘若这类雕虫小技有丝毫意义，与这些符号对应的系数就必须完全不同于一切估价对象……口吐热气，装腔作势，仿佛是在释放什么"科学"的东西，如此荒唐登峰造极矣。（1909 2012, p. 255）

如果不是已经有人尝试研究这类文化活动，韦伯会觉得参与讨论是不合适的，彼时，量化文化价值的尝试并不多见。但我们又一次看到，后来强化量化的势头已初显端倪。即将来临的"不懈创新"时期的特征与其说是量化艺术实践，不如说是确认扎实的证据基础，证明文化与创新的"工具"效应。换句话说，文化与创新本身可能有价值，但它们还可以用来支持其他的产出。已有的文献显示，虽然文化艺术产出有益的言论已有很长一段历史，而且这些言论用作杠杆撬动政治干预已有一段历史，但与其政治边缘地位一致的是，这种工具性产出的扎实研究数据尚付阙如，直到20世纪最后二十年才见成效（已如上述）。

  第四章将更详细地考察这一局面：一方面，有人强有力地鼓动艺术活动的广义社会效益，尤其是在20世纪60年代以后；另一方面，19世纪以来生成的"重要证据"是"轶事性的，记述中留下很大的缺口"（Reeves 2002, p. 7）。鉴于赋予创新经济角色的创意议程很重要，留意这一点也富有教益：虽然本章探讨的现象有类似的腹地，经济学领域里的艺术研究还是要等到20世纪60年代才开始兴盛（Frey 2003, p. 3）。与此相关的是，威尔图斯和寇思乐（Velthuis and Coslor）指出，虽然文化艺术被当作经济投入的来源，至少起始于17世纪，但艺术这样的用途到了20世纪才得到强化。这一考虑数字证据的发展尤其给人教益。他们指出，到20世纪60年代，"伦敦《泰晤士报》率先使艺术与股票的可比性一目了然，用图表显示艺术品的价格走势，类似股票的指数"（2012, p. 475）。

第五节　经济价值与新自由主义意识形态

  20世纪60年代，我们看到一个走强的趋势：有必要拿出证据为文化与创新辩护，常常要集中指向经济产出的趋势。不过，考虑到创意议程持久性中求证的作用，又产生另一个悖论。创新的价值不断被重申，却仍然不确定；不断被证明，却从未完全确立。到20世纪60年代，这个模式更为突显，同时与其一致的是，文化的经济作用主张的加强。如上所见，在这个时期，地方政府干预文化企业发展仍然被认为是"勇敢或愚蠢"之举。但在广阔的政策范围里，马塔拉索（Matarasso）指出，文化活动经济产出令人瞩目的言论都更加清晰、更加强硬，胜过了以前的任何文化政策制定阶段。

  比如，1985年，艺术理事会主席里斯·莫格（Rees-Mogg）发

表"艺术的政治经济学"的讲演,称:"艺术理事会国营系统里的任何就业创新赋予最大的价值"。(2009, p. 7)

与此类似,1986年,艺术理事会提交了一篇报告《伙伴关系:让艺术挣钱更加卖劲》。报告提倡艺术在发展产业、建设社区里的多元价值角色。不过,它显然把重点放在经济因素上。所以有人说这个时期的特点是,研究者"根据那十年流行的商务氛围来采纳言论",试图强调艺术的经济价值,反对政府削减经费(Lorente 1996, p. 6)。稍后的研究旨在为艺术实践的经济角色提供更有力的证据,一篇重要的参考文献是麦耶斯考夫(Myerscough)的文章《英国艺术的经济意义》(*Economic Importance of the Arts in Britain* 1988)。这样的经济产出对创意议程很重要,议程强调创意产业、"未来的财富"等方面。在许多方面,麦耶斯考夫文章为继后的研究打下了清晰的基础。实际上,麦耶斯考夫模式的成功出口(Comedia 2004, p. 8; Hesmondhalgh et al. 2015a, p. 62),预示英国创意产业的计量模式将要在国际上扩散,我们将在第五章予以考察。考虑文化角色历史发展的证据时,休斯(Hughes)强调,麦耶斯考夫的文章显示了这个领域研究的一个拐点。1989年,他有力地指出"艺术门类运行经验研究在此之前可耻的缺失"(p. 34),赞扬麦耶斯考夫的矫正这一局面的努力;不过,休斯的文章遭到一些批评。休斯指出麦耶斯考夫的方法论问题,指出它有时吹胀了艺术的角色,偏离了陈述艺术实践立场的简单尝试,而更接近于提倡文化门类。但是,正如以下各章所言,这是麦耶斯考夫文章为继后的实践奠定基础的另一种路子。

应该再次指出的是,对计量文化实践成果的关注有增无减,但这样的关注并不新鲜。贝尔菲奥雷(Belfiore 2006)回顾更广义的艺术"工具主义"言论并指出,这不是近代的发明,工具性机制可以追溯到古希腊。除了艺术可以被利用的较长历史,创意议程的兴盛还得益于经济价值主导各种形式价值的趋势。说到这一趋势,思考泰勒的立场能给人启迪:

> 18世纪的哲学家和政治经济学家觉得,他们的时代是剧变的

时代，剧变尤其表现在经济生活、伦理生活和审美生活中。面对浪漫主义的拼死相搏，随之而起的19世纪正统理论正统试图将三者简约，只剩下一个实用价值，但我们至少要保留其中的两个价值：经济价值和伦理价值——这个结果正好说明什么价值最为重要。（Taylor 2015, p. 9）

价值简约为功利主义立场的言论持续到晚近时期。不过，20世纪80年代的经济逻辑主导不仅被泰勒分派给更广义的历史趋势，而且被他分派给更晚近的新自由主义意识形态时期了（Taylor 2015, p. 28）。

近年，"新自由主义"被拔出它的锚泊地，被有些人用作近乎不赞同的暧昧词。不过，按照泰勒理解的语境，创意议程突显时，新自由主义是一个有用的概念。他无疑是正确的。至于"创新"一词，简明的定义是有困难的，但戴维斯对新自由主义的感知性记述包含许多有用的指引。首先，鉴于本章关注的历史先兆和时间框架，他的观点是：新自由主义构成"一个大体一致的范式"；自20世纪70年代后期起，它的足迹遍布全球（Davies 2014, p. 2），其共同线索是"试图用经济评价取代政治评判，并非市场排他性的价值评判"（2014, p. 3）。由此我们看到，上文追溯的创意议程兴起的语境在这个时期是纠缠的、走强的。戴维斯考虑范式里量化数据的作用，它减少不确定性的作用，以及政治评判的需求。他强调：

> 从新自由主义的视角看，价格提供的是人际关系如何调节的逻辑理想和现象学理想，不需要修辞的、仪式化的或刻意表演性的交流模式……复杂和不确定的情景简约为单一的数字——就如市场达成的情景，似乎是摆脱解释学多元论和相关政治风险的路径。（2014, p. 4）

将各种形式的价值简约为单一的指标，这呼应了早期统计学会明白宣示的脉动。这些学会在19世纪的数字统计的扩张中起了关键作用，上文业已提及。比如,波特述及19世纪30年代伦敦统计学会的成立时说,其"首要和最基本的规则"是"排除一切意见"(Porter 1986, p. 36)。在此,我们又看到这里运行中的悖论,罗斯勾勒如下:

> 吊诡的是,数字达成政治决策里的优先地位,同时又显示政治的"去政治化";数字重新划定政治与客观性的界限,标榜那是进行评判的自动的技术机制,能排定优先问题,能配置稀缺资源。(Rose 1991, p. 674)

第五章将进一步考虑围绕创意产业的证据基础。表面的"客观"计量,而不是退出评判场,可能会模糊重要的预设和意识形态立场;处理量化信息时尤其容易模糊预设和立场,因为这样的信息常常被打扮为纯技术计量的结果。论及新自由主义时代的文化和创新时,我们能理解把重点放在经济措施上,因此,我们也应该拷问,这类"证据"形式凭借什么手段运行。然而,正如第四章所探讨的那样,自20世纪90年代以来,与英国文化、媒体和体育部的兴起一致,我们看见文化部门需求强化的趋势,其姿态至少指向清晰的、可证明的结果。

迈尔斯科夫(Myerscough)等人的研究与20世纪末的一种感觉一致:我们进入的时期专注经济结果,借此艺术试图清晰地、无可置疑地现身,它应该超越政治论辩。如果这样构想"创新",结果就是税入增加,游客消费增加,高价值商品增加,从某种视角看,其他"客观"可计量的结果达成,那么,继续推进创意议程只能是"合理的"。

因此,我们应该谨慎,不要假设到20世纪末,文化领域让位于经济市场运行。戴维斯认为,情况毋宁说是这样的:国家越来越倚重理据决策,因为这些决策"和市场逻辑通约"(Davies 2014, p. 6),利用相关的评价技法,至少给人的印象是:清楚、合理的措施优先于混乱的主观判断。回头说决策问题,这些评价技法嵌入了"新公共管理",这是20世纪晚期以来治理的特征,其"重点是管理,而不是政策,是表现和效益评价"(Bevir and Rhodes 2003, p. 82)。这类理念在文化领域造成特殊问题,因为这里的判断和主体性特别重要。还应该指出的是,新自由主义意识形态还强调竞争,用上了促成排名、评价和打分的计量手段(Davies 2014, p. 30)。日益强调竞争的趋势被强化,促成这一趋势的意识是:根据广阔的经济走势,"打赢"创新的博弈对未来的成功特别重要。

第六节 "新"经济

随着对经济评价形式的关注日益增长,人们逐渐意识到,20世纪后期经济本身正在遭逢剧变。20世纪90年代以前,基本上没有什么具体的政策使用"创意产业"的语言,没有什么政策宣示像史密斯那样的清楚表述:创意产业政策将是"未来财富"的关键因素(Smith 1998, p. 31)。然而,一条清晰的线索贯穿创意议程:一个根本性变化正在出现、不断浮现;创新现在比较重要,将来会更重要。所以,在全球竞争的时代,凡不预先行动者必将落后。未雨绸缪、需要为变革性经济状况到来或强化的意识与创意议程同步发展,并为其铺平道路。

有关"新"经济的理论研究在20世纪后半叶逐渐发展,在20世纪最后二十年逐渐深入。这些"新"经济条件的特征有多种方式的构想,但日益增长的重点是放在无形商品的经济意义上,有意义的符号和知识就是这样的无形商品。班克斯认为,在20世纪50年代的英国,"文化产业里的岗位开始比较受欢迎,比较流行了"(2017,24 P. Campbell p. 91)。他还说,在20世纪50年代初,赖特·米尔斯(C. Wright Mills)的《白领》(*White Collar* 1951 2002)研究属先知先觉,他在战后美国确定了"一套新的工作场所和职业,它们基于知识和信息、服务和符号生产"(Banks 2017, p. 91)。在20世纪50年代,诸如德鲁克之类的杰出管理论既强调类似的重点,同时又注意到,这些理念尚待推广:

只用或主要用双手干活的人的生产力越来越低下。今天社会或经济里的生产工作应用眼界、知识和观念——这样的工作基于思想而不是基于双手……受过教育的人是发达社会的"资本"……这听起来很明显。但由于这个道理很新，所以它还没有被认识到。（Drucker 1959, p. 120）

强调知识对当前和未来"知识经济"的经济成功很重要，这一趋势延伸到20世纪60年代。比如科尔（Kerr）吸收弗里兹·马克卢普（Fritz Machlup）论"美国的知识生产和分配"（1962）的思想，在一本小册子里如此表达大学系统的重要意义：

根据马克卢普的计算，各种形式的知识生产、分配和消费据占国民生产总值的29%；"知识生产"的增长速度是其余经济的两倍。知识位于全社会行为的核心，这一情况史无前例。（Kerr 1963 2001, p. 66）

考虑到文化工作日益重要的细节，班克斯（Banks 2017, p. 92）同时指出伯格论人类"青春活力"（未必取决于年龄）特征研究。他拷问什么成人职业容许或奖赏"青春活力"，包括"波西米亚式的商界人士的青春活力"（1963, p. 332）。推动他们的兴趣可能是更富于"表演性"而不是商务性的职业，是"娱乐业"的职业。除了卫星电视职业比如音乐节目主持和模特外（p. 337），还包括音乐、表演和喜剧（p. 335）。有趣的是，伯格说这些职业显然是"创新"的，但他的表述不同于即将来临的围绕创新的欢快叙事。他断言，在这个阶段，"波西米亚式娱乐成功事业的机会也许不太好"（Berger p. 334）。

可以说，这种创新工作或文化工作是基于某种无形的"知识"。不过，在其他许多领域，无形因素也在起关键作用。然而，虽说它尚待繁盛，创意议程在这一语境下已然深深扎根。比如，米勒就说，"作为话语的创意产业"发轫于20世纪60年代，"后工业活动"的经济意义日益聚焦（Miller 2009, p. 93）。与此相似，赫斯蒙德霍等人也追溯新工党文化政策立场的元素,将其指向主流对"信息和知识"经济重要性的最后接受。赫斯蒙德霍等人的研究基于20世纪60年代和20世纪70年代理论家的成果,这些理论家有德鲁克、贝尔和波拉特(Hesmondhalgh et al. 2015a, pp. 52–53)。

贝尔在20世纪70年代论"后工业社会"的著作是这个领域的一个关键参照点。我做了简明扼要的描绘:"后工业社会是信息社会,就像工业社会的商品生产社会一样"(Bell 1974, p. 467)。"信息"也是这个时期波拉特著作的核心。他认可马克卢普(Machlup)计量"知识"分配的先行成果,谋求界定"源于信息商品和服务的生产、加工和分配"所占的经济财富的份额(Porat 1977, p. 8)。加纳姆(Garnham)论"信息社会"的思想如何支撑稍后有关创新的立场,尤其给人启示;他强调,在这个初始阶段,文化工作没有特别突出的作用,这一点尤其使人增长见识(2001, p. 453)。尽管如此,后来崛起的创意议程一定程度上还是可以用加纳姆的论述来解释。他说:

> 文化部门和文化政策社群都试图与政府建立关系,都在媒体上宣讲政策,都拥有信息社会和政策无可置疑的威望,因为它们应该是有利于发展的。(Garnham 2005, p. 20)

在加纳姆看来,贝尔的"信息社会"思维版本有其科学内核,把"韦伯的理性化应用于知识生产本身"(2000, p. 141)。他还强调指出,信息社会的远景有助于为创意议程铺路,对创新、革新的企业家有一个关键的角色,与约瑟夫·熊彼特的经济理论一致。对熊彼特而言,经济是由企业家的创新驱动的,企业家精神的含义是:生产资料的新组合(Schumpeter 1934, p. 68),通过"创造性破坏"的过程,加上革新的应用,使现现存的产品和市场过时(Scott 2006)。在某些意义上,"创新"是经济转型和成功的核心要素。正如加纳姆所言,这里的钥匙是"企业家和技术人"(Garnham 2005, p. 22)。这种形式思路发展的其他线索有:企业信息系统的日益重要性,围绕这些系统工作的"信息专家"包括"律师、会计师、管理咨询师"(Garnham p. 23),还有制造业工作的漂移,转向有些地方的服务业。

这些理论家各有不同的兴趣,得出各自不同的结论,但广义地说,在这个时期,我们看见一种日益增长的意识:体现于"人力资本"的无形因素比如知识和信息,在竞争性、全球化的经济里,就成为未来经济发展和成功的决定性因素,而富有创新精神的企业家的定位常常对这样的发展至关重要。在企业家精神的问题上,我们再次看到创新创业之根在创意议程里盘根错节,同时我们看到,在新自由主义时代,"创新的"企业家精神不仅被视为经济领域的正面属性,而且在若干领域包括治理中被珍视。比如,杰索普(Jessop 2002)就从福特主义模式追溯20世纪下半叶的经济发展,将其纳入他所谓的"凯恩斯福利国家"语汇;凯恩斯的福利国家模式在20世纪70年代和80年代遭遇危机,导致与上文讨论意识形态立场结缘的新模式的发生,他将这个新模式称为"熊彼特式竞争国家"。这一变革导致一个转移:从集中化、标准化生产和国家转向提倡企业家精神、地区间竞争,转向对灵活性和自由竞争的颂扬,对中央计划的话语压抑。

对灵活、创新企业家的重视日益增加,这成为稍后创意议程的沃土。戴维斯(Davies 2014)勾勒了新自由主义时代市场竞争被赋予的角色;他还描述了这样的事实:在熊彼特(Schumpeter)等有影响力的思想家的著作中,"创新"是竞争性企业家精神的核心因素:

> 在20世纪80年代和90年代,鼓吹竞争力的教师爷们在政策经营里宣传的核心讯息之一是,西方经济再也不能靠价格在国际竞争中,它们需要在质量、创新和差异化上竞争。这就要认准竞争者不能模仿人口或场所元素,然后将其转化为竞争优势资源……熊彼特所谓颠覆性、自治性的企业家理念为这一远景提供了哲学人类学的支撑。这场竞争就是要看,哪一个国家最能释放它的经济英雄主义。(Davies 2014, p. 113)

上文提及的几次经济危机使这种"新"的竞争性回应成为必须，同时又使创意议程进了一步。因此重要的是强调，这种"新"经济时代的讨论不仅涉及决策人话语重点的转移，或流行新理论趋势的出现，而且还反映在有形的环境中。固然，连续性不应被忽视，但毫无疑问的是，许多地方的经济运行在20世纪的最后二十年里经历了重大的变化，略看一看就业情况的一些宏观模式，就有助于快速感知到这些变化的规模和速度。以英国为例，1979年，体现许多新自由主义价值观的保守党政府初次掌权，670万人在制造业就业。十年后，这个数字降到500万，下降了25%。再过二十年，这个数字会再降50%，下降到250万人（ONS 2018a）。相比而言，在1979年到2009年的同一时期内，受雇于"行政及支持服务活动"的人增加了100%，从100万人增加到240万（ONS 2018a）。

然而，正如普拉特（Pratt 2008, p. 109）指出的那样，值得注意的是，从全球视角看，这里讨论的"旧"产业并非在绝对衰退，只不过布局在劳动成本较低的地方。比如，英国不再是19世纪时可以宣告的"世界工厂"，这并不是因为世界不再需要这样一座工厂。虽然在英国这样的地方，"旧"产业被改造、抨击或被放弃，我们还是看见，在回应这个经济危机的时期出现了一种理念：文化和创新实践有助于填补空缺。孔对这个总体趋势作了这样的小结：

> 许多城市工业基地的崩溃导致传统产业部门的工作机会减少，适应20世纪70年代和80年代初经济结构调整的需求，后工业服务经济里日益激烈的竞争，这一切促使政府重新考察文化政策，以挖掘文化对经济收益的潜在作用。（Kong 2000, p. 387）

考察这个时期时，有人说，无论这场讨论用的是什么术语，无论是说新兴的"后工业社会"，无论是说从凯恩斯式福利国家向"后福特主义"社会过渡，无论是说"后现代主义"时代或"后物质主义"时代过渡，这一切诊断有一个共同的意识："文化"——知识、

创新、艺术以及科学在社会里和经济里都日益重要了。(Bakhshi et al. 2009, p. 7)

无疑，我们走向"不懈创新"时代时，凡是能被冠以"创新"的活动的经济角色都越来越受到重视。鉴于文化和艺术史焦点，应该指出，进入20世纪90年代时，有人就指出这种新兴的经济之"新"可以用文化性和符号性的现象来表述。比如，拉希和厄里支持这样一种观点：有形产出和物质资本的经济重要性在下降，他们勾勒正在发生的转化的性质：

> 正在不断产出不是物体，而是符号。这些符号分为两类，或者主要为认知内容，或者是后工业商品或信息商品。或者说它们首先是具有审美内容，可以被称为后现代商品。(Lash and Urry 1994, p. 4)

20世纪结束时显然正在发展的是这样一种意识：重工业、制造业、体力劳动等不会引向未来的竞争优势。信息、符号、审美、文化——这些是前进之路。推进创新的意义不限于与符号的和文化的活动联手，还意味着富有竞争力的新企业的创生，这才是确保竞争优势的关键。在这种语境下，围绕创新力的议程就扎根了。

第七节 为经济和社会"复苏"的艺术

在考虑解决经济转型和危机后果的手段时，"复苏"一词自20世纪80年代以来用得越来越多(Jones and Evans 2008, p. 2)，文化在这一复苏过程中扮演特殊角色的观点冒出来，将成为创意议程推进的关键。因此，以下的各章还要进一步介绍这个观念。不过，由于创意议程在"不懈创新"之前已经开始。本章结束之前按将要简要介绍一些相关的先兆。

与其他许多术语一样,复苏的概念难以简单定义,不过它大体上和试图恢复或复活城市中心有关。伊文思(Evans 2011, p. 7)说,与复苏一语"关联的是极度社会衰落、多重的剥夺与劣势、经济表现低于平均水平"。这样的城市苦苦挣扎,社会经济生活下行或骤降;如不干预就要继续衰落,需要某种形式的复苏(Jones and Evans 2008, p. 161)。然而,文化、艺术和创新在这种复苏中所扮演的角色并非总是突出的。比如,伊文思就指出,

> 传统上,中央政府的专用复苏预算、社区新政等政策及其20世纪70年代的先驱——欧洲结构发展基金和欧洲社会基金,都缺乏文化的维度,"文化"并不是度量改进和评估复苏投资的主要领域。(Evans 2011, p. 7)

文化作为城市复苏的工具被"发现",其后步入复苏政策和实践边缘的行程,在时间上难以断定,其轨迹难以描绘,但某些模型还是相对清晰的。从时间框架看,泰勒认为,复苏议程在20世纪80年代的英国有实质的发展,1990年代的发展有增无减(Taylor 2006, p. 5)。至此,城市复苏大体上是由房地产开发引领(Vickery 2007, p. 29)。在20世纪90年代,城市复苏计划分配给文化的角色常常与物理的或空间的发展有关,大多数是看得见的,体现在城市环境设计的变化和公共艺术品的装置(Vickery 2007, p. 18–19)。

当文化更紧密地和"复苏"议程相联时——从迄今的探讨看是在我们的期待中,文化的效益常常被设定为文化政策里终极的经济趋势,且反映更大范围的趋势:

> 在西方,文化政策失去了与民族建构和公民建构的主要的现代化联系——那是20世纪60年代前的联系,文化越来越多地和社区议程、个人表达、自我发展相联系,与社会问题(如多元文化主义和社区复苏)联系;从80年代起,文化越来越多地和经济政策联系

了。（O'Connor 2005, p. 47）

然而，文化更社会性的"复苏"潜能还构成了文化复苏叙事的一部分内容，第四章将更详细地讨论这个问题。米尼汉指出，在19世纪，"在艺术推进者看来，社会关怀有力地支持审美兴趣"（Minihan 1977, p. 27）；他们认为，艺术正面效果的范围很广阔；比如，艺术有益于改善健康的言论至少可以回溯一百年（如 Leahy 2014, p. 12）

"复苏"的探讨可以纳入这个语境和上文勾勒更大趋势的语境。这就提出了一个文化政策如何越来越多地和其他政策议程联系的问题。格雷（Gray 2007）讨论文化政策如何紧密地"附加"在其他政策议程上，他注意到，这些趋势从20世纪70年代末到80年代加强了。由于彼时文化部门政治利益和权力相对缺乏，格雷强调指出，争取文化拨款的理由越来越依靠证明艺术的"效益"。他所指的研究是考虑：文化资源在达成经济发展中扮演的角色，在反制社会排斥里的角色，在实现个人发展和社群赋能里的角色（2007, p. 206）。其他人发表类似的观点，参与这个时期艺术与文化的讨论，注意它们"减少犯罪和社会偏离，增强身心健康"的作用（Belfiore 2002, p. 97）。如上所示，这些结果日益成为政策讨论的焦点，宣示并试图用数字证据证明这些结果的需求越来越突出，实际的干预到20世纪90年代晚期也越来越突出。佐京（Zukin）可以证明，在"争取资本投资和工作岗位的传统资源匮乏"的语境中，文化发展战略：

> 反映了在所有成熟的城市中心，符号经济日益重要，其基础是金融工具、信息和"文化"（即艺术、食品、时装、音乐和旅游）的抽象产品。（Zukin 1998, p. 826）

至此，文化有助于复苏和维持城市中心的期望越来越被人接受，所以我们准备好进入"不懈创新"时期了。

第八节　本章小结

第一章追溯了 20 世纪 90 年代创意议程的出现前长期趋势的先兆。数十年实践见证了一个转移，起初的立场是，艺术文化领域任何具体形式的国家干预实质上都是不妥当的；后来有人说，支持艺术文化追求会产生有利的结果，这种言论越来越吸引人。因为意识形态立场越来越强调经济价值优先，看似客观的技术措施的部署开始占据主导地位，为这些有利结果提供证据的"需求"加大，尤其为确保经济成功的需求加大。与此相一致的是一种发展中的意识：难以度量的、符号性的工作在 20 世纪晚期变化中的经济时代尤其重要，所以，创造这些符号的人也可能体现了他们的创新力，他们是活力四射的企业家，通过创造性破坏的过程改造经济。鉴于这些广泛的变革，尤其鉴于城际和国际竞争叙事的首要性进入前列，我们可以假定，决策者为"必然"的创新未来做准备，自然是再合理不过的。当经济转型使城市中心和产业中心陷入衰退状态、需要某种形式的"复苏"时，决策者未雨绸缪尤其是合理的。

回头说文化经济早期"勇敢或愚蠢"干预的时期——本章自此落笔，我们可以看到，这些干预如何涉及上述主题。威尼在 20 世纪 90 年代初指出，鉴于"传统经济"衰落，"成功的复苏战略"需要基于"新经济"（Wynne 1992, pp. 1, 5）。在《谢菲尔德文化产业季刊》（*Sheffield Cultural Industries Quarter*）里，雷德赫德的文章就呼应威尼这些观点。他指出，地方政府驱动的这一发展势头：

> 显然填补了谢菲尔德地区的需要，那里的传统重工业陷入谷底。文化产业似乎替代了传统产业。（Redhead 1992, p. 49）

至此，虽然我们尚未邂逅"创新"这样的专一用语，虽然"创新"

一词在上述发展语境中尚未持续露面，但它却可以把上文提及的许多理念和实践结成一体了。

打下这些基础后，相互交叠的立场培育了生长的沃土，我们进入了价值日益被归因于"创新"的时代。因此，这些趋势与其说新，不如说日益强劲。可以看出，21世纪创新话语特征的许多要素很早就得到支持了，比如：创新实践可能位于工业产出的"核心"，文化可以在方方面面产生效益。尽管越来越多的人强调要生成证据来支持这些立场，但重要的是记住，这些立场并不是在证据中产生的，而是在对证据的普遍关注之前产生的。况且，尽管对经济优先项的关注日益增加，比安基尼（Bianchini）的案例研究还是值得注意的。他研究文化引领复苏的早期阶段的西欧案例，颇有影响。他说：

> 20世纪80年代，文化政策对就业和财富生成的直接影响不太大。相比而言，在建构正面城市形象上，在旅游业的开发、吸引内向投资上，在增强城市的竞争地位上，文化的影响略大一些。（Bianchini 1993, p. 2）

鉴于创意议程的关怀，随着这一议程的日益突显，我们期待这一立场会有所变化。因此，下一章就要考察这一议程。既然第一章已追溯了许多补偿性特征的基础，我们将看到，在许多方面，围绕创新的叙事很吸引人。然而，我们在上文又看到，这些趋势含有悖论和矛盾。因此，我们必须同时研究，日益突显的创新意识是不是连贯一致的。

参考文献

Arts Council of Great Britain. (1986). *Partnership: Making arts money work harder.* London: Arts Council.

Bakhshi, H., Desai, R., & Freeman, A. (2009). *Not rocket science: A roadmap for arts and culture R&D*. Retrieved from https://mpra.ub.uni-muenchen.de/52710/1/MPRA_paper_52710.pdf.

Banks, M. (2017). *Creative justice: Cultural industries, work and inequality*. London: Rowman & Littlefield.

Banks, M., & O'Connor, J. (2017). Inside the whale (and how to get out of there): Moving on from two decades of creative industries research. *European Journal of Cultural Studies, 20*(6), 637–654.

BEIS. (2018, March 28). [Tweet]. Retrieved from https://twitter.com/beisgovuk/status/978874630030155776?s=11.

Belfiore, E. (2002). Art as a means of alleviating social exclusion: Does it really work? A critique of instrumental cultural policies and social impact studies in the UK. *International Journal of Cultural Policy, 8*(1), 91–106.

Belfiore, E. (2006). The unacknowledged legacy: Plato, the Republic and cultural policy. *International Journal of Cultural Policy, 12*(2), 229–244.

Bell, D. (1974). *The coming of post-industrial society*. London: Heinemann.

Berger, B. M. (1963). On the youthfulness of youth cultures. *Social Research, 30*(3), 319–342.

Bevir, M., & Rhodes, R. A. W. (2003). *Interpreting British governance*. London: Routledge.

Bianchini, F. (1993). Culture, conflict and cities: Issues and prospects for the 1990s. In F. Bianchini & M. Parkinson (Eds.), *Cultural policy and urban regeneration* (pp. 199–213). Manchester: Manchester University Press.

Comedia. (2004). *Culture and regeneration: An evaluation of the evidence*. Nottingham: Comedia.

Davies, W. (2014). *The limits of neoliberalism: Authority, sovereignty and the logic of competition*. London: Sage.

de Piles, R. ([1708] 1766). *Cours de peinture par principes*. Retrieved from http://gallica.bnf.fr/ark:/12148/bpt6k5814705x/f6.image.

Drucker, P. F. (1959). *Landmarks of tomorrow*. New York: Harper & Brothers.

Evans, G. (2011). Cities of culture and the regeneration game. *London Journal of Tourism, Sport and Creative Industries, 5*(6), 5–18.

Frey, B. S. (2003). *Arts & economics: Analysis & cultural policy* (2nd ed.). Berlin: Springer-Verlag.

Garnham, N. (2000). 'Information Society' as theory or ideology. *Information, Communication & Society, 3*(2), 139–152.

Garnham, N. (2001). Afterword: The cultural commodity and cultural policy. In S. Selwood (Ed.), *The UK cultural sector—Profile and policy issues* (pp. 445–458). London: Policy Studies Institute.

Garnham, N. (2005). From culture to creative industries. *International Journal of Cultural Policy, 11*(1), 15–29.

Gray, C. (2007). Commodification and instrumentality in cultural policy. *International Journal of Cultural Policy, 13*(2), 203–215.

Gray, C. (2010). Analysing cultural policy: incorrigibly plural or ontologically incompatible? *International Journal of Cultural Policy, 16*(2), 215–230.

Hesmondhalgh, D., Oakley, K., Lee, D., & Nisbett, M. (2015a). *Culture, economy and politics—The case of New Labour*. Basingstoke: Palgrave Macmillan.

Hesmondhalgh, D., Nisbett, M., Oakley, K., & Lee, D. (2015b). Were New Labour's cultural policies neo-liberal? *International Journal of Cultural Policy, 21*(1), 97–114.

Hughes, G. (1989). Measuring the economic value of the arts. *Policy Studies, 9*(3), 152–165.

Jessop, B. (2002). *The future of the capitalist state*. Cambridge: Polity.

Jones, P., & Evans, J. (2008). *Urban regeneration in the UK*. London: Sage.

Kerr, C. ([1963] 2001). *The uses of the university* (5th ed.). London: Harvard University Press.

Kong, L. (2000). Culture, economy, policy: Trends and developments. *Geoforum, 31*(4), 385–390.

Lash, S., & Urry, J. (1994). *Economies of signs and space*. London: Sage.

Leahy, H. R. (2014). The art of giving and receiving. In Contemporary Art Society & Whitechapel Gallery (Eds.), *The best is not too good for you: New approaches to public collections in England* (pp. 8–13). London: Whitechapel Gallery.

Lee, J. (1965). *A policy for the arts: The first steps*. London: Her Majesty's Stationery Office.

Lorente, P. (1996). *The role of museums and the arts in the urban regeneration of Liverpool*. Leicester: Centre for Urban History.

Machlup, F. (1962). *The production and distribution of knowledge in the United States*.

Princeton: Princeton University Press.

Matarasso, F. (2009). *Playing as the world burns? Art and society today.* Retrieved from http://www.academia.edu/1713828/Playing_as_the_World_Burns_Art_and_society_today.

Mechanics' Magazine. (1837). *Further remarks on the report of the committee on the arts and principles of design.* London: Cunningham and Salmon.

Miller, T. (2009). From creative to cultural industries. *Cultural Studies, 23*(1), 88–99.

Mills, C.W. ([1951] 2002). *White collar.* Oxford: Oxford University Press.

Minihan, J. (1977). *The nationalization of culture.* London: Hamish Hamilton.

Moss, L. (2002). Sheffield's cultural industries quarter 20 years on: What can be learned from a pioneering example? *International Journal of Cultural Policy, 8*(2), 211–219.

Myerscough, J. (1988). *The economic importance of the arts in Britain.* London: Policy Studies Institute.

Newbigin, J. (2007). *Creative policy—What should the government do about creative industries?* Retrieved from https://web.archive.org/web/20130510012843/www.uel.ac.uk/risingeast/archive07/debate/newbigin.htm.

O'Connor, J. (1992). Local government and cultural policy. In D. Wynne (Ed.), The culture industry: *The arts in urban regeneration* (pp. 56–69). Aldershot: Avebury.

O'Connor, J. (2005). Creative exports: Taking cultural industries to St. Petersburg. *International Journal of Cultural Policy, 11*(1), 45–60.

ONS. (2018a). *UK workforce jobs SA: C Manufacturing (thousands).* Retrieved from https://www.ons.gov.uk/employmentandlabourmarket/peopleinwork/employmentandemployeetypes/timeseries/jwr7/lms.

ONS. (2018b). *UK workforce jobs SA: N Administrative & support service activities (thousands).* Retrieved from https://www.ons.gov.uk/employmentandla-bourmarket/peopleinwork/employmentandemployeetypes/timeseries/jwt2/lms.

Porat, M. (1977). *The information economy: Definition and measurement.* Retrieved from https://files.eric.ed.gov/fulltext/ED142205.pdf.

Porter, T. M. (1986). *The rise of statistical thinking 1820–1900.* Princeton: Princeton University Press.

Pratt, A. C. (2008). Creative cities: The cultural industries and the creative class. *Geografiska Annaler: Series B, Human Geography, 90*(2), 107–117.

Puttfarken, T. (1985). *Roger De Piles' theory of art*. New Haven: Yale University Press.

Redhead, S. (1992). The popular music industry. In D. Wynne (Ed.), *The culture industry: The arts in urban regeneration* (pp. 42–55). Aldershot: Avebury.

Reeves, M. (2002). *Measuring the economic and social impact of the arts: A review*. London: Arts Council England.

Rose, N. (1991). Governing by numbers: Figuring out democracy. *Accounting, Organizations and Society, 16*(7), 673–692.

Schumpeter, J. A. (1934). *The theory of economic development*. Harvard: Harvard University Press.

Scott, A. J. (2006). Entrepreneurship, innovation and industrial development. *Small Business Economics, 26*(1), 1–24.

Smith, C. (1998). *Creative Britain*. London: Faber and Faber.

Taylor, C. (2006). Beyond advocacy: Developing an evidence base for regional creative industry strategies. *Cultural Trends, 15*(1), 3–18.

Taylor, C. (2015). *Cultural value: A perspective from cultural economy*. Retrieved from http://eprints.whiterose.ac.uk/91869/1/Taylor%20Cultural%20Value%20Final%20Nov%202015.pdf.

Velthuis, O., & Coslor, E. (2012). The financialization of art. In K. Knorr Cetina & A. Preda (Eds.), *The Oxford handbook of the sociology of finance* (pp. 471–487). Oxford: Oxford University Press.

Vickery, J. (2007). *The emergence of culture-led regeneration: A policy concept and its discontents*. Warwick: Centre for Cultural Policy Studies.

Weber, M. ([1909] 2012). "Energetical" theories of culture. In H. H. Bruun & S. Whimster (Eds.), *Max Weber: Collected methodological writings* (pp. 252–268). London: Routledge.

Williams, R. (1958). *Culture and society 1780–1950*. London: Chatto and Windus.

Wynne, D. (1992). Cultural industries. In D. Wynne (Ed.), *The culture industry: The arts in urban regeneration* (pp. 1–12). Aldershot: Avebury.

Zukin, S. (1998). Urban lifestyles: Diversity and standardisation in spaces of consumption. *Urban Studies, 35*(5–6), 825–839.

第三章　创意议程面面观

　　鉴于创新潜力的不懈推进，思考这样理解的创新采取什么形式就有重要意义。本章将要考虑20世纪90年代以来兴盛的有关创意活动的观念。许多人指出这个议程难以抗拒的性质；毕竟谁想要抑制创意冲动呢？创意活动的增加会出现什么负面结果吗？支持创意意味着赞同活力、变革和进步。创意一词潜在的意义范围宽广，又鉴于迄今为止创意语言比较缺失而引人注目，但它又迅速成为主导语言，因此就有必要比较详细地考察这个语词的使用情况，并拷问此间创新现象的共同标签是源自于某个共同的内核呢，抑或是相反：这个标签聚合一系列分离的活动呢？如此，本章开篇确认20世纪90年代晚期以来创意取得的主导地位，研究创意如何与第二章确认的先兆联手，考察这个上升势头如何在全球快速而广泛地传播。随后，我们指出，在这个时期，我们发现了"产业"一词既交叠又矛盾的用法。这样的用法加重人们对其意义的关切，可能会出现这样的前景：一种共同的用语可能会模糊多种略微不同的创意议程的现实，它们有可能会被信手当作趋同的和单一的语汇来使用。若在吸引人的"创意"旗号下纳入很多种不同的实践，那就有这样的风险：推进创意议程的仿佛有一个清晰的运行框架，实际上可能并非如此。因此有必要更详细拷问：21世纪初持续不断的创意议程所谓的"创意"究竟是什么？考虑到"创意"一语的多重用法，本章断定，考虑创意议程的突出用法和持久性时，我们看到类似于用词不当（catachresis）的话语特征："语词用于它并不妥当所指的东西"（Jäger and Maier *Catachresis*, n.d.）。虽然逻辑上成问题，但"用词不当"却可以放大话语的力度和传播范围，正如雅戈尔和梅尔所言，它可以弥合矛盾、增加可能性（Jäger and Maier 2009, p. 48）。

本章根据 20 世纪 90 年代晚期和 21 世纪初出现的关键概念来考虑以上几种用语，它们是大量分析研究的对象。这些用语有："创意产业"和"创新经济"；"创意阶层"以及围绕创新和产业的理念；"创意城市"的概念。我们认为，这些语汇经常换用是有问题的，因为在这个领域，看似琐细的术语差异可能会模糊更重要的观念差异。尽管如此，我们还是要指出，创意概念与文化艺术的联手仍然是重要的，虽然这并不总是合乎逻辑的。

第一节　创意议程的崛起

考虑这个时期创新的价值如何被推进时，可以指出的是，英国的创意产业政策立场的影响特别大。奥尔马认为，20 世纪 90 年代晚期出现的立场直接与上一章讲述的全球竞争和经济变革的主题相联系：

> 英国倡议背后的中心思想是，为了维持在全球价值链顶端的地位，国民经济需要专注创意和革新。（Olma 2016, p. 40）

谈到创新价值时，这类思想继续以某种形式被使用，在英国内外都是这样的，它贯穿了整个政治光谱。总结创意议程早期明确得到的支持时，我们可以指向 2001 年的新政治家艺术讲座，主讲人是工党的天普·基廷（Temple Guiting）男爵伊文思（时任博物馆、档案馆和图书馆理事会主席）。这场讲演阐述了我们第二章提及的主题，简要地覆盖了创意议程的主要元素，论及的范围有：基于"文化与创新"的新经济的重要性，英国"创意产业"对英国全球地位的重要性，创新经济活动计量的难度（但创意产业对增长和 GDP 的重要性是显而易见的），文化在建设"社会资本"、达成"社会复苏"里的角色，以及这种社会资本最终对"创新经济价值"的帮助；增强创业精神以加强创意产业的需求。讲演还注意到，在执行文化政策时，新公共管理审计技法的兴起有潜在风险（Evans, M. 2001, pp. 45-47）。如此，创意议程就达成连贯一体的形式，准备在相对较短的时间内得到知名人士的支持。

这个议程巩固得相当快。到2007年，施莱辛格有力地证明，创新成了"不断细化的政策思想框架里的一个霸道词"（Schlesinger p. 377），推进创意和革新，成为全球竞争语境下促进经济发展和成功的手段。施莱辛格还指出，在创意议程被启用的第一个十年里，创新话语已然非常强大，它可以被描述为"提倡者不懈鼓吹的对象……凡欲与决策者对话时都不得不遵守的起点"（2007, p. 378）。如此，施莱辛格断言，21世纪初，提倡创新价值尤其"创新经济"的价值成为一种"教义"，不但得到一系列"证据"的支撑（以下各章将进一步介绍），而且得到有关风险的告诫：除非采取行动，比如创意中心建设，否则竞争优势将会在日益重要的创新创意产业中丧失（p. 385）。实际上，在此期间，英国文化、媒体和体育部的重要政策文件宣示，创意产业是"知识经济的重要部分"（The Work Foundation 2007, p. 30），"将来肯定会更加重要"（p. 188）。

采用相当一致的形式，牢牢扎根以后，这些思想以持续不断的模式进入21世纪。比如，文化、媒体和体育部委员会2013年"支持创新经济"的一份报告就这样描绘创新的作用：

> 在竞争日益加剧的世界里，创新是文化和经济进步的关键。在英国，我们庆贺我们艺术家和设计师、音乐家和工程师、作家和创新企业家的成功和成就。我们的创意产业界定了我们的民族气质，为我们提供了多样性和创造性一望而知的可喜可贺的成就。如果我们要维持这样的成就，并在此基础上更进一步，政府就必须尽可能助一臂之力。（House of Commons 2013, p. 9）

此时，与英国创意议程崛起关联最紧密的工党已不再执政，它执政的时间是1997年至2010年。但我们看见创意议程跨越党派路线坚持了下来。创新领域的先进人物继续强调创新的社会意义和经济意义。比如英国艺术委员会前主席以及文化、媒体和体育部前非执行主席彼得·巴泽尔杰特（Peter Bazalgette）就认为，2008 年的金融危机以后，在寻求抗击经济问题的产业中，英国政界人士"似乎都牢牢抓住创意产业"（2009）。2013 年，在就任英国艺术委员会主席后的首次讲演中，他指出，"英国的城市无一不了解艺术和文化对城市生活和地方经济的重要意义"（Higgins 2013）。再往后，2017 年保守党的宣言指出，"艺术和文化位于现代英国复苏的核心"（Conservative and Unionist Party 2017, p. 25）。保守党竞选胜出之后，加上英国产业联盟的鼓励（CBI 2014），在 2018 年的"产业战略部门新政"文件中，英国政府呼应了广义的创新话语。该文件利用定量数据证明，创意产业位于"国家竞争优势的核心"，政府能进一步鼓励全国的"创新实力"，通过创业精神和革新来推进增长（HM Government 2018, p. 2）。

第二节　一个全球议程

创意议程一旦确立，就会坚持不懈。大体上，这一议程强调政府政策对推进创新的重大意义，将艺术和文化实践定位为创新活动的关键方面，把重点放在"证据"上，其主要关怀是经济价值和新兴的"新"经济意识。它强调，"新"经济必须要未雨绸缪，以收获经济和社会"复苏"的成果；必须要赋予创业和革新特殊的角色，以推进创意议程。这个议程在英国特别突出，英国在传播创意议程中扮演了关键的角色，但我们又可以看到，创意议程在全球崛起并坚持不懈。这并不是说，采纳创意议程的动力不可阻挡，在有些地方，这一议程的"国际化"的确遭到抵制（比如，O'Connor［2005］就述及俄罗斯的抵制），但公平地说，一旦出现，创意议程就确立了非凡的通达力。比如，2010 年，贝尔·杰恩（Bell and Jayne p. 209）总结"创意城市"和"创意产业"如何在全球推进的情况，布鲁利叶强调这些理念如何快速传播（Brouillette 2014, p.1)。施莱辛格2017年又在一本新书里论述围绕创新经济的"全球正统观念",更新了他2007年著作里的思想。这个观念:

> 被用在跨国的、民族国家的或亚国家的层面,也用在地区或城市的层面。因此,创意国家、创意地区、创意城市如今已成为竞争风景非常引人注目的一景,以至于人人将其视为理所当然。(Schlesinger 2017, p. 77)

为了让你对创意议程全球广布的情况有点感觉,我们可以指出该议程确立后的第一个十年里研究文献的一些重要发展势头。比如围绕创意城市、阶层和产业的思想对21世纪初的澳大利亚产生了重要影响(Gibson and Klocker 2005)。很多地方采用了这些思想,"甚至抵达人口稀少的斯堪的纳维亚"(Lysgård 2013, p. 185)。还有研究者指出,创意产业成为香港最热的词汇(Wang 2004, p. 13)。基恩认为,"创意产业2004年来到中国内地(Keane 2009, p. 431)",其重点涵盖经济成果和社会成果(p. 439)。也是在2004年,韩国的网站正式定名为"文化城市"和"创意城市",以推动旅游业和创意产业(Lee 2007, p. 339)。2004年还见证了联合国教科文组织的越来越受欢迎的"创意城市网",公布了它认证的"文学之都""电影之都""音乐之都"等,反映它有意"释放创意产业的创造性的社会经济潜能"(Brouillette 2014, p. 1)。贝塔齐尼和博里奥内指出,2007年"意大利创新白皮书"发布,"创新话语"正式来到意大利(Bertacchini and Borrione 2013, p. 136)。海因兹和胡斯大约在此时也报道了德国的文化产业政策,展现它对经济发展的重要作用,认为它是大范围革新的驱动力(Heinze and Hoose 2013, p. 517)。

如此,创意议程在一些国家快速扎根,在随后的十年里,这一模式继续下去。2008年联合国的一份报告被描绘为联合国在"这一令人兴奋的议题上"首次发表的意见(UN 2008, p. iii)。报告认为,这一议题基于"创新、文化和经济的界面",促进创业,鼓励革新(p. 3),但又认为,充分知情的决策尚需进一步证据。到2009年,伊文思确认,"创意城市和'空间'的促进"的确是全球现象（Evans p. 1005），创意城市和创意阶层的促进也是全球现象（Chapain and Lee 2009）。至于创意议程的全球进军，施莱辛格认为：

> 2010 年，欧盟内部达到一个清晰的拐点，创新经济成为欧共体的品牌之一……到 2012 年，如何计量创意和文化产业的问题已稳居欧盟的议程当中。（Schlesinger 2017, pp. 79–80）

有关创新相对经济意义的宣示继续在欧洲和亚洲发布，直到 2010 年中期（如 Vasiliu 2014; Chenyan 2014），相关决策、证据搜集和总体推进的宣示也不绝如缕。如上所示，2018 年，英国重申她在总体产业战略里对文化产业的承诺，发布了产业"门类"新政，瞄准发展政府和产业的伙伴关系；文化产业是六大经济门类之一。

本书集中研究英国这一个案，有鉴于此，强调英国政策立场在全球创意产业的影响，颇有价值。施莱辛格称英国是该领域"关键理念的工厂之一"（2009, p. 17）。奥尔马认为，英国创意产业上的主要成就是它向"欧洲大陆决策者"的输出。奥康纳呼应了这一观点，他思考在这个范围建构证据基础的努力：

> 英国文化、媒体和体育部的创意产业线路图文件成为领先的输出品，因为欧洲（尤其欧共体新成员国）、拉丁美洲尤其远东的政府和城市看见，这是文化、经济和现代化新浪潮动态联系的一个新理念。（O'Connor 2007, p. 41）

试列举一些地区：新加坡和中国香港受英国"创意产业"强烈影响，广为人知（Flew and Cunningham 2010, p. 114）；意大利、西班牙和中国内地也受影响（De Propris et al. 2009, p. 11）；印尼（Fahmi et al. 2016, p. 67）、立陶宛（Rindzevičiūtė et al. 2016, p. 598）亦受影响。

第三节　创意的多重意义

虽然这样的叙事显然是成功了，但创意议程另一套数量较少的文献也扩散开来，使人对这个表面上一致实际上有多大意义的议程产生疑问。立场各异，有人谨慎发声说，需要澄清创新概念，另有人暗示，这个术语近乎毫无意义（实际上，意义缺乏远不是需要克服的问题，实际上它有助于解释上文所述迅速被人接受的现象）。因此，本章其余各节讨论创意议程的主导用法，试图解释创新语汇崛起的原因，并回答这个术语多大程度上妥当的问题。

即使在这里讨论的是初始阶段，我们也可能发现，有人提请我们谨慎对待创意概念，注意它被使用的方式。比如，早在 2000 年，查特顿就说，"创意城市"话语的"最根本问题"是该术语的意义，他断言，"创意一词非常暧昧、滥用，被搞得毫无意义了"（Chatterton, p. 393）；另有人的说法也与之类似：在这个时期，创意一语用得极其广泛，以至于失去清晰的意义（Bilton and Leary 2002, p. 49; Olma 2016, p. 39）；施莱辛格说，在突出地位上升的过程中，创意一语变得"平庸乏味"了（Schlesinger 2007, p. 377）。

即使创意一词并非如此广泛或暧昧地被滥用，从而变得毫无意义，创意议程崛起后，创意术语混乱的范围也证据显著。泰勒考虑可以被视为构成"创新经济"的创新活动的不同形式，有力地说明了这样的混乱：

> 创新经济的现实是这样的：它只能被理解为一种聚集，是多层次、多增添、多删除和概念细化的概念的重写本，每一种层次、增添、删除和细化都隐蔽地或许短暂地表示创新经济。然而，我们不能让这样的多价模糊性掩盖深层的歧义，创新经济概念的实际话语暗含了这样的歧义。（Taylor 2015, p. 366）

本章赞同塞夫顿-格林和帕克的论点：这样的歧义展现了一种前景，谈及创意时，他们所谓的"误读"是潜在可能的（Sefton-Green and Parker 2006, p. 3）。换句话说，相同语言的使用隐含的可能性是，我们说的是一个相同的理念或对象，模糊了未必如此的情况。这样的意义误读可能造成实践里隐而不显的问题。理查兹（Richards 2014, p. 121）指出，对创意一词的不同理解暗含着不同的政策和实践，呈现的立场相似或可以互换，但政策和实践的不同却被掩盖了。

对下列共同术语误读的范围，或至少不同理解的范围，在以下的主题文献中显而易见。我们很难否认：相同的创意标签加重了清晰度的缺乏。请考虑以下言论里不同观点蔓延的范围：

"创意阶层由电影、时装和出版等创意产业里的人员组成"（Gibson and Klocker 2005, p. 95）。

"创意产业……创意阶层和创新经济（创新经济是一个星云式概念，是两者的意识形态凝聚）都是由范围狭小的创意概念界定的——也就是由经济概念界定的"（Mould 2017a, p. 50）。

"创意阶层的辩论不是围绕文化产业或文化生产的辩论"（Pratt 2008, p. 111）。

"在'创意城市'里，不是只有艺术家和参与创新经济的人才是参与创新的人"（UN 2008, p. 19）。

"在第二次世界大战末，阿多诺和霍克海默（Adorno and Horkheimer 1947）造了一个新词'文化工业'（Culture Industry），指的是文化商品；到20世纪90年代后期，英国提出的'创意产业'进一步提炼了这一思想"（London Development Agency 2008, p. 12）。

"创意产业宣告一种新经济的来临，它吸收商业转型门类里文化反映的创新，这个新商业门类与安东尼所谓的文化工业距离之遥远超乎你的想象"（Oakley and O'Connor 2015, p. 3）。

"创意产业和创意阶层都动用一般理解的文化，以达成经济和社会发展的目的"（Prince 2014, p. 94）。

"生成于直接文化干预或'文化'阶层的利益与文化本身并不相干"（Gray 2009, p. 578）。

"1997年以来文化与文化产业的融合对英国的文化政策和文化产业政策都造成了损害"（Bakhshi and Cunningham 2016, p. 3）。

在上列言论发表的时期，创意议程呈上升趋势，在讨论这个概念的性质上，似乎有许多一致的意见，从上列研究创意的言论中提取相同的语言，将其用于一系列不同的、常常矛盾的立场，看来还是很可能的。

然而，如上所言，从某些视角看，这样的状况可以被视为有利。比如，格雷（Gray 2009, p. 576）指出，能被贴上同一"文化的"标签的实际做法赋予决策人灵活的余地，使他们能挑选潜在的干预方法。与之类似，格罗达奇（Grodach 2013）指出，决策者遇到"创意"时可用的灵活性给这个概念提供了一系列干预的范围，让这些干预都从一个明显的共同核心辐射而来。但同样重要的是，他又指出，由于灵活性而产生的实际介入或促发的活动，却可能与由此引出的理论对立。同时他还指出，主要源自于佛罗里达①著作"创意阶层"理念（Florida 2013, p. 1749）（下文将讨论）的"创意城市模型"，由于它容许的范围广，"创意城市概念用于推进的战略与他本人的建议并不相符"（Florida 2013, p. 1756）。有鉴于创意议程矛盾的实施范围，又鉴于该议程实施多年后许多关键词仍然不一致，所以进一步考虑正在推进的创意的性质就至关重要了。

---

① 理查德·佛罗里达（Richard Florida，1957— ），美国著名学者、城市研究专家、创意经济学家，在美国和加拿大几所著名大学执教，创办智库和城市规划网站，被誉为具有世界影响力的思想领袖，著有《创意阶层的崛起》《创意阶层的逃亡》《新城市危机》《城市与创意阶层》《伟大的重启》《定位全球优势》《你属哪座城？》等。——译者注

第四节 创意产业

如第二章所示，文化政策越来越从政治上寻找理据，用文化实践的政治经济利益来衡量（如 O'Connor 2005, p. 47）。有关创意产业经济作用的出色讨论对厘清问题闭环至关重要，在这个闭环里，文化价值被视为主要是非经济的价值。然而，从 20 世纪 90 年代起，"艺术和文化是真正的社会经济机制"，"能产生数以千计工作岗位、数以十亿美元财政收入"（Currid 2007, p. ix），由于诸如此类言论的兴起，所以我们似乎可以文化价值和经济价值兼顾，"鱼和熊掌兼得"，这个趋势日益明显。如上所示，在这样的语境下，创意和创新经济的定位是"竞争优势"不可分割的一部分；有人认为，"位于创新经济核心的是文化产业或创意产业"（Throsby 2008a, p. 147）。虽然这类言论已经多次被提及，但这样的产业究竟是什么，其创新方式究竟是什么，那还是需要进一步拷问的。

创意产业成为研究和注意的对象已有很久，现在我们已能看清那些历史问题：是否有可能进入一个"文化产业之后的时期"（Banks and O'Connor 2009）；虽然对其用法有许多合理的担忧，政策仍然显示这个术语在持续不断的使用中（如 HM Government 2018）。鉴于围绕创意产业潜能持续不断的推进叙事，那就有必要解码这个术语，也解析这些继续不断地被视为理所当然的概念究竟为何物，比如创意产业的运行有可触及的利益；事实上，创意产业首先构成了一种可识别的、离散的活动模态。

创意议程崛起之后，关于创意产业定义和边界的问题随之发生（如 Throsby 2008b; Banks and O'Connor 2009; Campbell 2011），第五章将进一步讨论这个问题，定义问题仍然存在。然而，为了理解创意议程这个定义问题的发生，就有必要了解这个术语之根，以及创意产业被赋予身份的共同标准。为此目的，追溯该术语在有关经济过程、文化和创意互动方面如何发展的简明历史，那是颇有教益的，理解这个发展过程或者更准确地说变异过程，了解创意产业继续占据的意识形态地位，至关重要。

首先，我们可以指出，创意产业叙事一直且继续强调艺术或文化表达活动。以最新的有关创意产业重要性的政治宣示为例，我们看到几种具体文化活动与经济成功相关的提名：

> 创意产业——包括电影、电视、音乐、时装和设计、艺术、建筑、出版、电游和手工艺——无疑是我们经济的力量；事实上，它们位于我们国家竞争优势的核心。（HM Government 2018, p. 2）

在学界，许多门类的这类活动历史上被放在一个略微不同的标签——"文化产业"之下（至少有些学者是这样做的）（Adorno 1991）。花时间考虑"文化产业"和"创意产业"的差异表面上看似乎荒唐。假如不熟悉它们的惯用法，那就好像是在面对极其相似的甚至是完全相同的思想。然而，正如上文所列言论的清单所示，有人认为，这些用语有一个逐渐发展的过程，相反另一些人认为，它们是决然对立的。由此可见，在探讨创意时，术语的小差异事关重大。

追溯创意语言如何突出，我们就能清楚地意识到，不同的理解如何附加在相似标签上的潜在可能性，为何创意语言在此期间获得如此突出的地位，以及创意语言被附加的具体目的。因此，"创意产业"语言与日俱增的突出地位不该简单地被解读为"品牌再造"——旧瓶新酒，而是创意活动及其意思的一个渐进发展和重新解读的过程。可以这样理解这个过程：这是对表达活动和创业活动关系态度的变化过程，试图将两者重新定位的过程。起初完全反对"文化产业"的话语，逐渐转向牢固立场的话语，试图进行某种综合。实际上，试图对各种立场进行综合正是这里研究"创意"广泛用法的特征。

第五节 阿多诺的"文化工业"（Culture Industry）

考虑 20 世纪中叶"文化产业"（culture industry）的理念时，奥康纳强调"文化产业"（O'Connor 2007, p. 12）规模的重要意义。这可以放进文化领域晚近的技术变革。在人类历史的大半时间里，听音乐、观形象、看表演等都要求身体贴近文化活动。连最大音乐厅里最响亮的乐器都只有很受局限的听众人数。亚当·史密斯在 18 世纪末写道："演员、小丑、乐师、歌剧演员、歌剧舞者等人的文化工作都是'非生产性的'，因为它'不固化或实现'任何持久的主题，不生产任何可销售的商品，劳作一结束，它就不再存留。"（Adam Smith 1784 1818, p. 235）事实上，直到 19 世纪晚期，亚当·斯密的评估仍然是准确的，因为从技术上讲，那时用"持久"的方式"固化"声音或动态形象，以达成广泛的传播还是不可能的。一旦这种记录方法成为可能，身体和时间临近的链环就被打破，走向规模经济和指数利润的大规模生产道路就打通了，上文清单所列的"创意产业"比如电影、电视和音乐产业就成为可能了。

一方面，20 世纪的情况和任何过往时代截然不同；另一方面，考虑第二章追溯的文化领域的发展情况时，略微回顾英国的语境，也许能给人启发。比如，20 世纪 80 年代初，虽然许多人已有能听黑胶唱片、盒式磁带、电台上的音乐，但地面电视还只有三个频道（且晚间停播）；便携式摄像机刚刚上市，在家里看录像还很稀罕。理解创意议程崛起的时间时，这是一个值得记住的有用的语境。尽管如此，20 世纪 40 年代阿多诺和霍克海默撰写《启蒙辩证法》（Dialectic of Enlightenment）时，文化商品已经多到使他们能提出"文化工业"（culture industry）了。

"文化工业"的单数名词形式的含义是，这是一个理解为单一结构的产业，它生产电影、杂志、音乐、广播节目、艺术和娱乐商品。阿多诺和霍克海默的书明确对这类商品做了强烈的价值判断，和大批量商品地

第三章 创意议程面面观

位相联的价值判断。他们认为。文化工业生产的商品是明知故犯的"垃圾"（1979, p. 121）。这种现代生产方法影响由此生产的文化商品："其所谓新并不是新在商品，而是它故意承认自己是商品"（p. 157）。大批量生产的文化商品欢庆自己在市场上的地位。在稍后的著作里，阿多诺对文化工业进一步澄清说，以前的文化产品：

> 仅仅是间接追求利润，超乎其自主的本质。文化工业之新则是那直接和不掩饰的优先取向，在最典型的产品里，精准和彻底计算的效益是优先的。（1991, p. 99）

因此，预谋利润是20世纪文化产业产品的必要条件。利润不是文化和艺术活动成就或表达的第二位的副产品；这里的文化产出应该用利润动机来理解，就像其他任何企业的运行一样。在很大程度上，这种新关系是上文探讨的技术发展的产物。20世纪以前，在技术上复制视听材料、促进这种工业化根本是不可能的。可见，这套具体的环境条件容许了文化产业的发展，不过，这种技术并不是在真空里发生，它应该被置于主流的经济意识形态环境中。然而，一旦工业化在这样的环境中发生，文化客体就能成为产品，潜在的商品而已。在阿多诺和霍克海默看来，"文化工业的技术不过是标准化和大规模生产的成就"（1979, p. 122）。

显然，这是对文化商品性质的谴责——这些文化商品处于大众文化参与的核心。然而，这类商品兴盛以后，在以后的岁月里越来越流行。实际上，在20世纪初，构成阿多诺"文化工业"的活动，或以后的对应活动，以及它们生成的商品越来越流行，经济上越来越成功，在不断扩展的互联网络中渗透社会，其增长方式在阿多诺写作时是难以想象的，无疑会使他感到恐惧。大规模生产的新产能和文化商品的复制使文化领域里标准化的可能性增加，但必须考虑的是，这里的简短分析是否真的提供了经验现实的细腻图画，是否反映了接触或生产这些商品时的真实情况。不过，至少基本上清楚的是，阿多诺"文化工业"的思想不乐观，也不欢快。虽然考虑的是表面上相似的对象和过程，如今强调所谓"文化产业"（复数）有利价值的政治话语，有别于阿多诺的政治话语，运行在截然不同的意识形态基础上。

第六节 20世纪后期的"文化产业"（Cultural Industries）

因此，为了进一步理解文化产业术语的发展，重要的是考虑20世纪产业和文化互动中视角的变化。从这些视角看，文化商品的地位就不那么成问题了，但比阿多诺的"文化工业"概念更复杂。所谓更复杂是说，文化商品的运行不同于其他商品；所谓不那么成问题是说，文化生产成为宣传和使人麻木的一体机（monolithis mochine）的证据并不像阿多诺断言的那样有说服力。

这种双重转折标志着，对文化活动经济角色的重新评估过程开始了，更广义的话语最终生成了，文化活动还被认为具有若干形式的"创新性"。加纳姆进一步偏离阿多诺的"文化工业"，明确指出，文化商品未必支持主导的意识形态（1990, p. 34）。与加纳姆同时代的重要人物米耶热（Miège）拷问阿多诺的观点，他的总体立场归纳如下：

> "文化工业"的提法使人误认为，我们面对的是一个统一场，各种要素在单一的过程里运行……这个模式宣称很快就能抹平不同的创新形式，强加共同的标准。不必推进这种分析就可以发现，这个假设是错误的。（1989, p. 10）

在这段引语里，我们不仅看见"创新"（creativity）语汇的首用，而且看见，米耶热主张考虑文化商品和人造物生产的复杂的、非标准化的性质。如此，他把分析向"文化产业"（cultural industries，复数）转移。在这里，我们面对的仍然是文化产品生产统一的集合名词，但这样的提法已经不再被视为一个大一统的典型特征。然而，为了突显术语相近难以避免的误用范围，我们还发现一些作家论及阿多诺"文化工业"时用的是复数 cultural industries（如 McKee 2013, p. 760; Richards 2014, p. 123）。

向"文化产业"的转移让我们离"创意产业"又近了一步。除了把文化商品的复数用法纳入以外，稍后的研究还引入了文化商品性质的另一种用法。斯科特（Scott 2007, p. 321）认为，没有理由假设，商品化过程必然导致阿多诺所谓的审美或艺术价值的削弱；加纳姆对文化市场复杂关系的现实做了明快的界定：

> 文化市场……不能被解读为庸俗商业主义对高雅文化的摧毁，也不能被解读为对正宗工人阶级文化的压制，而是应该被解读为复杂的争霸辩证法。（Garnham 1990, p. 164）

加纳姆试图以更微妙的方式理解文化门类，他集中研究文化产业对伦敦经济的中心地位，在20世纪80年代英国大伦敦市议会的政策发展中颇有影响，对文化政策辩论偏离以前的主导进路起了很大的作用。按照那个进路，文化产业是文化政策要抗衡的"他者"（Hesmondhalgh and Pratt 2005, p. 3），这个"他者"应该整合进文化政策。如此打开的空间使文化政策能更直接地处理商务活动；此时，文化领域的研究与第二章讨论的"新经济"联手，展示了一种意识：文化领域的干预是为必将到来的经济前景所做的谨慎的准备。比如，伊文思评述20世纪80年代末和90年代初的研究时指出：

> 有些研究集中在接受补贴的艺术设施或艺术形式（如剧院），有些研究把重点放在文化产业和游客经济上，但全都强调，在其他就业部门蹒跚衰退的时候，这个领域正在发展，而且可能继续增长。（Evans, G. 2001, p. 139）

在这样的情况下，政策试图更直接地利用预期中的增长似乎才是明智之举。但大伦敦市议会文化政策的直接应用实际上是不可能的，因为它在20世纪80年代中就解散了，不过，至此的进路探索影响犹存，推进文化活动发展被打开的空间与市场的联手还在继续，即使文化与经济互动的分析术语也再一次迁移，向着"创意"产业的用法转移了。然而，应该指出的是，虽然政策拥抱了文化产业，大伦敦市议会立场的影响并不限于关心发展经济或推进高增长的企业。奥康纳指出，大伦敦市议会的政策是第一个地方级别的文化产业战略，而且是勾画"当代民主文化政策"的尝试（2007, p. 23）。这样做，它：

> 拥抱通俗文化的新形式、新的性别、族群身份和性别身份，正面看待小型文化（和社会）企业。此前，这类小企业的运行被排除在"艺术"领域之外……对有活力的地方文化产业门类的支持不仅是关乎经济的增长，而且关乎更民主的、参与性的多元文化政策，这两个方面合成一种后工业城市的新视野。（O'Connor 2013, pp. 378–379）

大伦敦市议会这一进路在文化领域的影响见于第二章所述的早期干预，例子有谢菲尔德的《文化产业季刊》（*Cultural Industries Quarter*）（Hesmondhalgh et al. 2015, p. 125）。因此，虽然这两个标签的潜在含义可能相同，虽然它们表面上相似，但我们应该仔细划界，区分"文化产业"和"创意产业"的目标，即使它们的焦点是类似的活动。

第七节 "创意产业"

在20世纪90年代，术语向创新语词转移，对"文化产业"立场比较直接的社会关切随之降低，对其经济关怀随之强化。同时，早期术语里的"文化工业"被有效地消除了（Miller 2009, p. 88），"创意产业"成为更广为流布的术语，在英国和全球都流行开了（Banks 2017, p. 10）。如前所示，这些术语的讨论很大程度上有目的论倾向。政策层次上有一种清晰的认识，创意产业未来的重要性似乎已经确定无疑：检视国际形势时，凡·休尔（Van Heur）发现，"一切创意产业的政策文件的建构都是靠……一个假设：在新兴的新经济里，创新将日益重要"（2010, p. 129）。至少在早期，这一术语源自于政府政策和提倡的话语，而且首先和这一话语相联系。探讨创意产业的话语常常赞扬其正面品质和潜力，我们不应感到奇怪。即使此时的语汇在许多方面和以前语汇相似，在对待阿多诺构想的"文化工业"角色的立场上，明显的决裂已然发生。

然而，向"创新"语言的转移并不仅仅改变"文化产业"思维的着重点，而且这个复数形式的文化集群（cultural industries）的概念能够而且的确涵盖更广泛的活动，范围比迄今讨论过的"文化工业"和"文化产业"宽广。正如本章开头所言，"文化"所指极其难以定义，按照威廉斯经常被引用的定义，文化是"英语里最复杂的两三个词之一"（Williams 1983, p. 87）。虽然如此，上文所用的一个意义倒是相当清楚的：文化是表现性、艺术性、符号性内容的静态或动态的视听材料或文本。在实践中，这些活动都成为"创意产业"的一部分，其他的活动也是"创意产业"的一部分，但两者统一的原理就不那么清楚了。

普拉特（Pratt 2005）认为，"创新"新语汇的出现是20世纪90年代后期执政的工党政府拉开距离的手段——他们不希望和业已解散的大伦敦市议会勾连。许多作者已经注意到"创意产业"政策是如何偏离"文化产业"的立场的。比如，正如欧克利等人所指出的那样，和"文化产业"进路相比，"创意产业"的政治是截然不同的……它用大体上新自由主义的政策取代社会主义的路线重建市场的关怀，强调（如今称为）"创意"产业的经济增长，强调这种产业对广义创新经济的影响（2018, p. 10）。

由此可见，术语微小差异仍然重要，表面的近义词可能会掩盖深层的意识形态分歧和实际做法的分割。因此，"创意"语汇与第二章确认的趋势比较贴近，即走向新自由主义意识形态和经济主导性的主张，偏离文化实践其他可能的理解；这一转变使之与上文所述的广义"新经济"思维更为贴近。比如，加纳姆（2005）认为这一术语的变化是更成问题、更使人困惑的手法，目的是把多种活动纳入一顶帐篷之下，掩盖了其共同性的缺乏。话虽如此，虽然将创意产业集为一群背后的原因是有问题的，但它们与政策的认同是很清楚的。至于创意产业一词在英国的出现，其定义是清楚的，而且长期沿用下来了；我们看到，这个定义有国际影响，虽然其他的定义也在使用中（比如 UN 2008）。这个清晰定义的存在使证据搜集过程带上明确的目的展开，第二章已认定证据搜集越来越重要。第五章将更详细地考虑这个过程。由于这个概念总体的生命力，创意产业大体上有一个稳定的定义，通常包含着"广告、建筑、艺术与古董市场、电脑和视频游戏、工艺、设计、时装、电影和视频、音乐、表演艺术、出版、软件、电视和广播"（比如 DCMS 2010）。

因此，在这个文化门类的定义中，"创意"仍然地位突出，被用来描述和文化艺术相联的活动，我们在考虑与阿多诺"文化工业"（单数）相关的概念时仍然在使用。虽然阿多诺的关切被有效地抹掉了，而且 20 世纪后期"文化产业"（复数）进路的关切不复存在（Volkerling 2001），然而，正如索罗斯比（Throsby 2008b, p. 220）所言，"这十三大'文化'门类全都纳入了文化、媒体和体育部认定的分类目录中"。实际上就有人就指出，从"文化"一语到"创意"一语的转变没有引起什么变化，这些定义之下的"实际产业生产很少变化，乃至毫无变化"（Mould 2017a, p. 34）。与此相关的是，泰勒注意到，艺术门类最热情地用上"创意"这个新标签及其相关的证据基础（Taylor 2006, p. 12）。实际上，由于文化活动的主导地位，利用创意产业经济的成功就成为一种方式，借此，上文所述的"文化引领的复苏"就发生了。

第八节　文化与创意的交叠

鉴于术语的变化，回头看威廉斯，简要追溯他描绘的"创造性"（Creativity）概念的漫长历史，能给人启发。他指出，16 世纪前流行的观点是，人不能进行真正意义的创造，因为人是神圣的造物主所造。我们只能用已经被创造出来的元素工作。他追溯文艺复兴时期这个词义的变化：在一定程度上，人能创造，尤其在富于幻想的、诗意的工作里能创造。他还注意到18世纪"创造"与"艺术"概念的联系。随后：

> 决定性的发展是创造与艺术和思想的联系，先是有意识的联系，继后又是约定俗成的联系。到18世纪初，这个词是有意识的、强有力的。（1983, p. 83）

至此，我们可以看到，"文化的"某些意义基本上和"创造性的"（creative）某些意义是相同的。然而，威廉斯确认，到20世纪后期，"创造性的"如何挣脱了缆绳：

> "创造性的"一词本意是且常常是用于表现高雅而严肃的宣示，竟变得如此平凡，被用来描写一些一般的的活动，被用于一些惯习，于是难办的事就出现了；在没有惯例的情况下，谁也不会想去做高雅而严肃的宣示。如此，任何模仿性的、刻板的文字作品都可以被称为创造性写作，广告文案的写作人就可以堂而皇之地说自己是创造性的了。（Williams 1983, p. 84）

这种常规的延伸有助于我们理解，在本章考虑的时期内"创造性"向"创意"的转变，其所指范围愈加模糊了。在这里，威廉斯径直证明：创意产业为何能将"广告"当作其恰当的成员；如果我们还在使用"文化""艺术"的语言，创意产业纳入"广告"的做法就更值得怀疑。从更大范围的发展来看，我们可以看到，建筑何以被放在"创意产业"门下。我们能将这样的产业解读为"创意"的方式是清楚的，虽然它涉及的活动与电影业或音乐业的运行截然不同。于是，这一范围的拓宽造成了一些概念上的困难。如果这些产业可以被视为"创意"的，其他的产业为什么不能呢？回顾20世纪90年代工党政府早期推进创意产业遇到的问题时，休伊森（Hewison）的论述简明扼要：

文化、媒体和体育部的专责小组立即遭遇到一个实际问题，谁也不曾断定创意产业是什么。（2014, p. 41）

确定目标之前，建立一支专责小组可能有助于解释，和创意议程的持久性一样，我们还看到，什么活动能妥当纳入"创意产业"的问题，以及任何定义的一致性问题也是一直存在的。实际上可以确认的是，"创意产业"在这个时期一直处于主导地位（如 Comedia 2004, p. 11; Galloway and Dunlop 2007, p. 28; Tremblay 2011, p. 290; Oakley et al. 2013, p. 21; O'Brien 2014, p. 6; Last 2016, p. 13）。但我们可以指出一些一致的宣示。首先，知识产权开发对创意产业的重要性一直在强调，知识产权成为创意产业经济价值宣示的核心问题。正如施莱辛格所言，至少在工党执政的初期创意产业政策里：

关键的举措是集合13种文化实践领域，将其命名为"产业"，如此确定了一个政策目标，其核心目的一直是"使之在国内外的经济冲击力最大化"。而且，由于把知识产权开发放在关键地位，文化价值复杂性就从属于经济价值了。（2017, p. 77）

文化、媒体和体育部委托的一份重要的报告对多种产业一致性的表述是：

这一背景下形成的13种文化产业常被认为是差异性和相似性一样多……但真实情况是，这里所说的文化产业都有一个共同的核心模式。它们都生成"表现性价值的理念"，并使之商业化。这样的理念分布广泛，从最卑微但悦耳的歌曲，到诠释莎士比亚的最新的吸睛广告，或者到汽车的新设计。它们生成新的洞见、愉悦和经验；它们增加我们的知识，刺激我们的情绪。（The Work Foundation 2007, p. 19）

除了明显拓宽到包括"丰富我们生活"的任何商务活动外，我们还看到，"传统的"文化活动比如歌曲和莎士比亚也很突出。索罗斯比（Throsby）认为，鉴于创新语汇可能是某一个创意议程强加的，而不是从界定性的首要原理衍生的，创新语汇就可能隐隐有问题（2008b, p. 217）。

但这里的焦点显然是可以被称为创意活动的潜在的经济利益，它们拥有明显的血统。来自于上文对创新一词的文化影响的理解，虽然那一套理据一直在变化中。但讽刺的是，与日俱增的经济焦点是定义问题如此重要的原因之一。正如康纳利（Connolly）所强调的，亦如第五章进一步探讨的那样，创意产业的边界在哪里的问题，对该门类的经济宣示可能会产生变革性效果；对任何大跨度的经济理据而言，定义是至关重要的。

第九节　创新经济

除了"创意产业"的定义外，第五章还考虑"创新经济"语言增强的走势，表现在创新价值证据的生成中。"创意"语言的一系列语义在过去的几个时期里已在使用，但新用法的重点已从离散的产业转向任意经济部门中有创造性的工作。这样的迁移一定程度上源自于澳大利亚衡量"创意三叉戟"（Creative Trident）的研究，这样的研究稍后被输入了英国（Higgs et al. 2008; Throsby 2008a, p. 152）。"创意三叉戟"的迁移影响官方统计数据的搜集，其谋求的计量有：（1）创意产业之内的创意岗位上工作的人，（2）创意产业之内的非创意岗位上工作的人，（3）创意产业之外的创意岗位上工作的人。这种术语的变化被认为有广阔的意涵。赫斯蒙德霍等人认为，创意一词使用的增多反映的是"数字化和信息技术在政府文化议程中的重要性与日俱增"（Hesmondhalgh et al. 2015, p. 45, 又见 Faggian et al. 2013），指向都是"文化"与"创意"分离的趋势（Hesmondhalgh et al. 2015, p. 196）。尽管如此，创意产业的用语还是很突出，有人注意到"创新经济"定义扩大了，创意产业这个持久的用语仍然保留了下来（如 Straw and Warner 2014, p. 8）

第五章将更为详细地考察这个转变提出的问题，这里可以得出的结论是，虽然解释得通，但创意用语的转变未必更加清楚；不过，对我们讨论的是什么产业、为何是这样的产业，倒是有了更清楚的了解。但是，创意议程也吸收了一系列宽泛的用法。它们的宽泛性类似，成功也类似，清晰度却不够。

第十节　创意阶层

创意产业的作用对创意议程的推进至关重要，同时，佛罗里达的"创意阶层"（2003, 2004, 2005）一说也许是同样重要的。柯缪尼恩等人（Comunian et al.）指出，创意产业的概念在英国地位突显时，创意阶层的概念在美国也越来越引人注目（2010, p. 391），其发展速度也与英国类似。比如，格罗达奇（Grodach 2013, p. 1758）明确参照佛罗里达2003年在德克萨斯州首府奥斯汀的决策（2013, p. 1758），也参照加拿大多伦多市的决策（p. 1753），创意阶层一说很快在英国产生影响（如Stevenson et al. 2010, p. 167），在欧洲产生影响（如 Heinze and Hoose 2013）。实际上有人说，佛罗里达对创意议程的全球传播所做的贡献胜过其他任何人。（Brouillette 2014, p. 5）。佛罗里达的著作是有关创意理念"最具渗透力的经济论述"，是"新"经济时代的经济成功的根本因素（Gainza 2017, p. 954）。在"文化引领的复苏"语境中，创意阶层一说具有国际影响力（Potts and Cunningham 2008），因为它似乎勾画了一个清晰的机制，借此，文化为本的议程为复苏政策相互纠缠的经济社会文化目标服务。妥善的文化基础设施服务于培养和吸引新兴的"创意阶层"，对城市在经济社会文化多个领域的成功而言，创意阶层是核心的力量。对区分这个时期用于"创意"的一系列意义，佛罗里达的论述颇具教育意义，他断言：

创意阶层的所有成员分享相同的创新精神，这种精神珍惜创新、个性、差异和优点。对他们而言，创新的各个方面和各种表现——技术的、文化的和经济的创新，都是互联互通、不可分割的。

创意阶层成员的劳动形式是创造性的，由于创新的各个方面互联互通，他们在创新工作之外表现出统一的"创新"志趣和习惯，佛罗里达早期的著作勾画出这样的联系：

> 显著波西米亚式的集中呈现，标志着一种区域性环境或氛围，反映了对革新和创意潜在的开放性。（2002, p. 56）

如果说城市景观能提供恰当的文化和"创新"吸引力，那么，"创新"的、体现了革新和创业能力的人才就会被吸引住或被留下来，和他们的在场关联的利益就有了收获，因为创新创业能力日益被视为刺激经济发展的必要条件，尤其对处于新经济前列的创意产业是必要条件。如此，创意消费和生产形成一个良性循环。佛罗里达言简意赅地说："配套的生活方式和文化机制比如前沿的音乐界或充满活力的艺术社区……有助于吸引和激励企业界和技术领域的创新人才。"（2004, p. 55）就这样，创意阶层可以被视为与甘斯（Gans）笔下的"世界公民"大体类似的人才（1968）。这些专业人士基本不打领带，到处寻找城市里能使人体验文化设施的地方。典型的创意阶层人士还适应主流的政治环境。佛罗里达说，他们在个性化创意表达中崛起，并"确定，没有什么公司或大机构会照顾我们——我们真的在靠自己"（2004, p. 115）；这样的言论特别严厉，却在清楚召唤主流的新自由主义意识形态，我们在第二章介绍了这样的意识形态。

在这里考虑的英国语境下，我们能确认，英国这个时期的文化政策与佛罗里达类似，而且我们能在国家的政策文件里看见清楚指向"文化引领复苏"的角色。佛罗里达著作发行之后不久，英国文化、媒体和体育部发布"文化位居复苏核心"的报告，颇有影响，引人注目。文件

指出:"文化复苏提供就业机会,生成税收,还可以吸引人才和企业。"(2004, p. 5)文件还提到:

> 国际社会有力倡导的文化和创新对经济社会发展有重要作用,比如,理查德·佛罗里达(Richard Florida)在广受欢迎的《创意阶层的崛起》(*The Rise of the Creative Class*)的书里就断言,只有能吸引新型创新、能干人才的城市才可能兴旺,因为他们想要生活在拥有高品质文化设施的地方。(2004, p. 8)

的确如此,欧克利同时指出,佛罗里达的理论被英国许多地方的决策者接受了(Oakley 2004);富尔德(Foord 2008, p. 97)解释说,佛罗里达"对创意产业政策产生了重大影响"。于是我们看见,就像创意产业概念一样,创意阶层概念与日益关心经济增长的文化政策环境联手,虽然从这个视角看,位居增长中心的未必就是位于文化领域的人,而是他们吸引来的人才。论文化引领复苏价值的话语的重要支柱之一是,文化活动像磁铁一样吸引人才,人才会创办干练、创新的企业。按照这种话语,把城市变成"工作生活更合意的地方,企业投资更可取的地方"(DCMS 2004, p. 37),文化就能吸引创意阶层。正如"创意"和"创意产业"可以说具有一个文化内核、外部边界却有点模糊一样,"创意"阶层也有一个这样的文化内核,虽然其形式略有不同。

以职业为基础,佛罗里达分配给创意阶层的角色和性质被纳入统计数据。如此,你起初接触的创意阶层人员主要是在这些统计数字里。从营造创意阶层氛围所用的广义指标看,你的印象肯定是,人们主要的兴趣也在集中在艺术生产和文化表达活动形式的领域。佛罗里达提及"巴黎塞纳河的左岸或纽约市的格林威治村"(2004, p. 15),将其视为创意阶层人士适合的环境,包括杰出人士比如"史蒂夫·乔布斯(Steve Jobs)、吉米·亨德里克斯(Jimi Hendrix)、格特鲁德·斯泰因(Gertrude Stein)、保罗·艾伦(Paul Allen)、比莉·哈乐黛(Billie Holiday)或安迪·沃霍尔(Andy Warhol)"(2004, p. xiv)。无疑,表现性和艺术性文化与信息技术发展的混合很像上文考察的"文化产业"清单。然而,尽管有诸如此类的相似标记,佛罗里达的创新概念是绝然不同的,因为其依据是"人人有创造性的理念",这个理念是他创意理论"最重要"的元素(2005, p. 3, original emphasis)。

在这里,为搜集统计数字证据而划定边界的问题又变得重要起来。佛罗里达的创意概念大大超越了广义的基于文化的定义,他探讨问题时多半指的是这样的定义。这一定义可见于他所谓的创意阶层的"外层",及创意专业人士。该定义的目的是生成一套专业人士的数值指数,包括"管理职业、商务和金融职业、司法职业、保健职业、技术职业以及高端销售和管理职业"(2004, p. 328)。

这样的定义显然大大超越了以前任何创意产业的定义,以至于造成一个问题:他所谓的"创意专业人士"和单纯的"专业人士"的概念究竟有何区别。在这个问题上,麦圭根说,"大体上,创意阶层就是通常说的'专业管理阶层'"(McGuigan 2009, p. 293)。即使在创意阶层最集中的"内层"即所谓的"超级创意内核"(Super Creative Core),有意检视数据搜集而纳入这种范畴的人就会发现,"计算机和数学岗位"的人士,以及"教育、培训和图书馆岗位"的人士纳入了。如此,创意阶层的创新显然不是只集中在艺术的或表现性的价值上。相反,佛罗里达暗示,这里创新的关键是在需要独立思考的职业里工作(2004, p. 69)。

在"创意产业"里,我们看见,创意指的主要是基于艺术的活动,再加一些其他的活动(有人指出,为何这些活动加之于基于艺术的活动,去构成"创意产业"是颇具争议的,第五章将要进一步考虑这个问题)。然而,"创意阶层"的"创意"所指何意,则是一个更具争议的问题。一方面,即使在这个概念出现的早期,佛罗里达的也遭到尖锐的批评(Peck 2005);另一方面,这个概念也被证明有着极其长久的生命力。可以说,这不是由于它的所指不变,而是由于它接近我们一开始就指出的"用词不当"。但这需要做一点说明。虽然这个问题范围广,但与其说"创意"可以指"创意阶层"里的任何东西,不如说这里有一个焦点反复游移的问题。借此,"创意阶层"的议论仿佛大体上代表着基于艺术的表现性的实践者，方便这样说就这样说，一网打尽创意活动的一切正面含义，同时又容许迥然不同的活动加入这个创意之旅。从佛罗里达所处的位置看，文化与创意的交叠没有问题，而且是富有成果的。有人说创意阶层人士对待工作和闲暇的态度类似"创新"，他们根据大体统一的趣味和习惯行事，这样说有问题；有人说高姿态的人士也有强烈的文化契合性，这样说也有问题；有人说创意阶层三分之一的人士有强烈的文化契合性，这就更成问题了（暂且不论最近有关保罗·艾伦和吉米·亨德里克斯明显相似的说法［Marchese 2018］）。然而，佛罗里达硬说，创意阶层"渴望'铆足劲'，在这一点上是统一的，他们使生活成为广泛追求的体验"（2004, p. 195）。诸如此类宣示的根据并非总是说清楚的。虽然所用的术语类似，但它们未必有清晰的逻辑，比如，为何创意阶层与创意产业密切相关就没有说清楚；但这些元素反复被联系在一起，仿佛它们就是近亲。我们再次看到，类似的术语产生潜在混乱的可能性，细微的用法差异仍然是至关重要的。

对谋求"复苏"的人而言，创意阶层的成长显然是饶有趣味的。但我们可以这样设想：在这样的宽泛基础上推荐的创新的任何政策，必然和推进或吸引创意产业的具体政策在性质上不一样，与推进或吸引艺术组织的政策不一样，除非"创意"一词一切可能的意思由于共同的标签可以被视为有一定的相互关联。吸引域外人才对经济繁荣的重要性是佛罗里达著作最大的影响，其"创意阶层"概念的传播也可以说同样重要；文化和艺术政策的语言联想过程可以向外辐射，引向众多"创意"领域的成功，这就是创意议程的特征（Campbell 2011）。如上所示，佛罗里达的研究成果也强调一个观念，忽视创新就要落后。他断言，"创新经济在重塑我们所知的经济发展的一切方面"（2005, p. 49），不参与这个发展过程的人就会在全球竞争中吃亏。不过，我们可以肯定说的是赞同普拉特的观点（2008, p. 111）：创意阶层的命题与创意的关系和"创意产业"里的意义不一样。鉴于两者的术语相似，都调动艺术性和表现性活动，不难看出，这样的混乱很容易发生，结果就造成有歧义的或矛盾的政策立场。

第十一节　创新与创业

佛罗里达的著作里显然有一个倾向：文化领域对创意的开放被视为向大范围创新和创业活动的开放。虽然他的探讨常常聚焦于具体的文化实践，但我们由此可以看到边界的模糊，借此，创意与广义的创新和创业精神"不可分割"，这样的精神在这个时代日益受重视。这个时代其他有影响的立场继续联手。比如有人说，创意产业不仅构成新经济秩序的基础，而且其创业创意特性为进入这种新经济的其他创业提供了一个范式（Leadbeater and Oakley 1999, p. 13）。

如此，有一种感觉是，创办一家企业和创作一件音乐作品是同一种行为的两个版本，归根结蒂是一样的。在这个时代，有人明确显示这两个版本的联系，在不同形式创意终极统一上甚至比佛罗里达走得更远；给人的终极感觉（无论这样的表达是否准确）是：创新企业家受持续创意文化环境的吸引。虽然有同根的感觉，而且佛罗里达断言，这两种行为是"相互联系、不可分割的"，但这些创意活动的表现未必呈现出等同的样子。固然，"充满活力的艺术社区"使地方行政部门能"吸引并激励创业者"（Florida 2004, p. 55），有一种感觉是，虽然有人断言两者关系密切，但这两种机制是有差别的。然而，在拓宽范围考虑城市环境对重要的文化技术发展所起的孕育作用时，霍尔更强有力地主张创意过程的终极共同性：

> 20世纪的社会既需要哲学又需要电话，既需要歌剧又需要浴室，实际上，社会人欣赏的歌剧多半来自于家用CD播放器，而不是来自于歌剧院。然而，这些新技术源自于相同的创意火花：同样的规律适用于艺术和文化，也适用于更加平凡但同样重要的创意，创意生成重大技术进步，因而生成新物件、新产业和新的生产方式。

（Hall 1998, p. 5）

让我们更详细地看看霍尔的一些例子，很可能不得不问，同样的规则适用于印象派艺术的创作和汽车的制造吗？这里的回答是"对的"——不仅这些行为可以用同样的"创意"语言来回答，而且这相同的用语还是这些行为基本同根的反映。

凡·休尔认为，随着创意议程的发展，创意产业的一个重要政策主题是企业家角色的重要性（Van Heur 2010, p. 135, 又见 European Parliament 2016, p. 8）。波茨和康宁汉（Potts and Cunningham）认为，由于小企业占多数，创意产业主张的主导风格是创业精神（2008, p. 245）。有人用无须雕饰的语言表述创造性的相互交叠的表现：

> 创意人才更倾向于总体上的独立，尤其是经济上的独立。有鉴于此，他们比非创意人士更倾向于开办公司，这似乎有道理……有才华的人比其他人更富有创造性，更具有创业精神。（Acs et al. 2008, p. 5）

因此，新企业的开办与其内部的创新自然是契合的。实际上对当代有些人而言，文化工作和创意工作是创新的理想范式（Nesta 2008, p. 2; Bakhshi et al. 2009; EICI 2012），这是两个"交叠的概念"（The Work Foundation 2007, p. 16）。如此，文化和创意领域为经济转型和发展展现出理想的熊彼特式机遇。

但有人指出，创意产业驱动创新的实际作用并没有得到确认（RSA 2013），关于文化、创意和创新的文献特征更多是一种主张，而不是证据（Throsby 2008b, p. 229; Oakley 2009, p. 407; Trip and Romein 2014, p. 2490）。但有关各种创意形式联手的言论还是维持下来。比如最近就有人说："按照定义，文化和创新经济是由创新和新知识驱动的。"（Holden 2017, p. 3）从这个立场出发，政策谋求营造适合创意活动的任何意义的氛围都是妥当的，因为一切结果基本上都是从一个共核里辐射出来的。同时，创新和创业精神提升"我们生活的品质"（DCMS et al. 2008,

p. 1），推进"社会整合"（Leadbeater and Oakley 1999, p. 17），因而有助于城市的复苏。诸如此类的立场显然与新自由主义围绕"企业"价值的话语有联系，和强调个人为自己的经济情况负责（Morris 1991）有联系；同时它们又呼应"文化产业"讨论里的立场。比如，米耶热就说，小企业能够更好地应对社会需求变化，并更新创造力（Miège 1989, p. 44）。我们看见一个特别富有创意的、小型创新形式的观念被用于文化领域，虽然它可能有被纳入广义的、泛泛讨论的创新之中的风险（Banks and O'Connor 2009, p. 366）。针对这种统一的创新意识产生的环境，博姆和兰德（Böhm and Land）解释说：

> 这里的假设似乎是，"创意"是可迁移的技能，开发人的艺术创造力将把创意和创新传递到其他经济部门。（2009, p. 80）

我们当然可以说，这两件事情都是"创意"的，但用语的相似未必意味着实质内容的相似，因此对诸如此类的宣示抱怀疑态度是妥当的。

第十二节　创意城市

莫尔德（Mould 2017a, p. 2）指出，创新、经济增长和竞争力的联系还被用于"创意城市"的话语中。"创意城市"也许是本章考察的标签中用得最宽泛的一个，几乎被用于任何含有创意形式的情景。比如，虽然佛罗里达的重点显然是"创意阶层"里的个体，说他们的创意职业、品味、性情等，但许多人说到他的著作时却专指其创意城市理念（如 Bakhshi et al. 2013, p. 58; Munro 2016, p. 45）。在这里我们又看见，类似术语的动用容许了边界和定义的模糊。

这些用语有许多交叠，实际上，创意城市主导理论的意向和我们迄今接触的理论是不一样的。对推进"创意城市"起关键作用的也许是查尔斯·兰德里（C. Landry）的研究。他的基本观点是，任何城市未来的成功有赖于城市问题"创意"解决方案的品质。斯科特（2014, p. 567）称赞兰德里2000年论创意城市的"里程碑宣言"，说它"呼唤为城市生存而进行全方位的创造力投入"。这一论断很像创意产业议程的背景，建立在这样一个理念基础上：21世纪初，城市地位发生了根本的变化，或出现了隐而不显的新情况，城市对变化了的情况有必要做出回应。兰德里（2006）认为，这就要求挣脱原有的治理形式和传统的进路。我们可以确认，这一广义构想的、城市治理层次的创意焦点，如何与这个时期新治理形式的日益突出地位协调一致：

> 创新精神从管理主义的危机中兴起，是城市治理的新形式，其基础是经济发展新资源的竞争性追求，是对坍塌的制造业基础的回应，也是对投资流动国际化的回应。（Griffiths 1998, p. 42）

"新"经济时代呼唤新政治举措，因此，创意人士的创新精神也可以反映在城市决策人的创新精神中。

佛罗里达著作里各种创意表现的概念边界变模糊了，被移除了，由此而产生一个更加统一的却又奇怪松散的"创意"概念，尽管如此，对艺术创新价值的特别强调还是保留下来了。但在兰德里论"创意城市"的著作里，"创意"的定义进一步拓宽，似乎偏离了更加显豁的表现性、艺术性用法。

尽管如此，在兰德里的著作里，以及后续被采用的论述里，有关创意性质的模糊和交叠元素再次出现。起初，兰德里明白这一差异，他说："许多城市用'创意城市'的牌号，用来指艺术战略。但创意城市并不是艺术战略；相反，它谋求的是在全市嵌入创意文化。"（Landry 2003, p. 17）与此类似，在他最早界定"创意城市"的书里，对于必将出现的"新"经济环境，兰德里遵循的是我们看见的持续不变的路线，他说："21世纪的产业将越来越倚重通过创新进行的知识生产。"（Landry and Bianchini 1995, p. 4）固然，他这里所谓的创意有点模糊，但它也可能是上文威廉斯所谓的"富于想象力"的创意形式，而这种富于想象力的活动将"生成知识";至少在新兴"知识经济"的运行中,这种富于想象力的活动对未来的城市是有用的。因此,显而易见的是,起初的兰德里并不主张,21世纪的产业主要倚重表现性、文化性意义的创意,也不依靠艺术或"创意产业";他的21世纪产业应该这样来理解:在创意城市里起核心作用的产业(Landry 2000, p. 52)。

如此,创意达成最广义的定义,类似于对创新、多样性和新思想开发的一般的意义。创意城市不受旧问题约束;通过"都市专业人士"的创新技能去寻找新的解决办法,城市可以达成"创新"的目标。因此,这样的创新包括旧治理形式的颠覆,未必需要艺术或文化的特定角色。兰德里邀请我们敞开思想看新视野,比如去思考,"城市战略规划常常用'美''爱''幸福'或'兴奋'之列的字眼打头"(2006, p. 2)。城市战略里动用"美""爱"之类的字眼,诚属罕见,虽然有些人争辩说,这样的创意治理并不像表面看那样乌托邦(Healey 2004),但它的确像一种新异的进路。然而,这里思考的概念具有的象征意义也许是:兰德里起初确定,创意城市与艺术活动没有直接关系,但他在后期的著作里说,在广义的创意中,艺术有独到的角色:

> 把想象变为现实或有形的东西是创新行为,所以艺术与创意、发明和创新的关系,比大多数创意活动更密切。通过转型去重塑或护理城市是创新行为,所以,从事艺术或借助艺术的行为有助于城市的发展。(2006, p. 250)

兰德里这段话是创意议程的象征。为了弄清其意思,我们必须要接受创意的意思,它把任何东西都统一命为创意。既然许多事情都可以被视为创意,我们就摆脱不了一个挥之不去的问题:这一共同的标签究竟是帮助还是阻碍。这个标签似乎促成标签的激增和应用,但其潜在的倾向是标签意义的清晰度受到伤害。不过,无论它用在哪里,我们似乎距离文化活动的一个用法并不遥远,文化活动锚定了"创意"一词的意思。

能肯定的是,无论其用意为何,创意城市概念很快就和具体的文化活动纠缠在一起,而不是被用来推广它起初关心的广义的创意。索罗斯比认为,在创意城市里,"文化政策与文化产业终结连理"(Throsby 2008b, p. 229)。马库森(Markusen)指出,围绕"创意城市和创意场地营造的辩论中,有关艺术和文化在社区和经济发展里角色的论述处在核心位置"(2014, p. 568)。在这个日渐模糊的应用范围里,任何"创意"干预比如创意产业的发展计划,或文化节日的举行,都可以假设有这样的作用:产生和其余一切"创意"活动相关的好处。可以肯定的是,在创意城市议程实施的过程中,艺术和文化发挥核心作用(如 Grodach 2013; Richards 2014)。

无论创意城市这个概念是否连贯一致,或许是因为它能与多个议程对话,就像创意产业和创意阶层的概念在全球成功一样,创意城市的概念也会成功。哈特菲尔德(Heartfield 2006, p. 82)、巴纳克斯和奥康纳(Banks and O'Connor 2017)指出兰德里的理念在全球被广泛采纳的情况,论及这个理念更广泛的影响:

> 在许多方面,兰德里以机会主义的态度回应业已启动的一个过程。然而,其创意城市的理念影响很大,它更普遍地影响创意产业的思想,继续在国际上直接或间接地形塑学术思维和政策思维。这一影响,怎么估计也不过分。

实际上,莫尔德强调持久创意的理念时是在说,创意城市的理念被应用二十年后,"根本就不会离去了"(Mould 2017b)。

第十三节 本章小结

本章展示世纪之交以来创意议程的持久性。该议程强调在新经济时代创意成功的角色,它快速达成了全球的主导地位。"创意产业"重要概念到来的路径一定程度上说明,文化活动是"创意产业"概念的主角;

同时，文化活动始终是"创意阶层"命题的重要概念，且在这一时期更加突出。同样清楚的是，这两个概念超越了专属文化创意的功能，"创意城市"的概念也超越了这个圈子。不过，在有关创意的讨论中，文化活动常常被当作主要的甚至是唯一的考虑对象。有人揭示，微小的术语差异引起了广泛的、有潜在矛盾理解的空间。相同的语言未必意味着相同的所指，但我们还看到，一种直白的立场坚称，一切创意形式都是统一的，不仅是靠共同的语言，而且是靠共同的性质统一起来的。但同时我们又看到，这样的共同性似乎说起来容易、证明起来难。

然而，从潜在可能性看，这种既统一又矛盾的两面性有助于创意议程的崛起，而不是阻碍它。正如本章起首所指出的那样，术语的"用词不当"或不妥反而有助于弥合话语的矛盾，并放大术语的力度。在本章考虑的案例中，这样的不妥肯定不是障碍。如果创意一词没有清楚或准确的所指，它就可以被许多行为者用于许多议程，甚至互相矛盾的议程，却可以维持明显的一致性。即使很少改变，现有的活动也可以重组，焕发出一层新的光辉，被置于对"新"议程讲话的地位。由此可见，创意至少表面上能够掩盖文化政策的矛盾（参见 Hewison 2014, p. 61）。因此，虽然其理论立场严苛，但我们不得不认可普拉特和杰夫库特的观点：

> 创意产业、文化产业、创新经济等标签……都用上了。学术界的用法可以区分，但大多数的政策话语都允许这些标签互相换用。（Pratt and Jeffcut 2009, p. 5）

然而，即使这些术语的使用有不同的意向，且背后有不同的理论，如果政策不分青红皂白地使用这些标签，那就会产生不一致结果的风险。

不过，这可以被视为单纯的理论问题，而不是实践问题。同时，如上文所示，这个时期的一个重点是强调证据搜集的重要性。因为这是具体问题的证据或关系，如果我们考虑这个领域的证据基础，那歧义性空间就会缩小。因此，考虑艺术、文化和创意产业何以成立，是颇有教益的。如果为新经济的必然到来花去了漫长的岁月，而文化折射的创新形式又居于其核心，如果这一切发生在日益关怀证据搜集的时代，实际产出的又是什么证据呢？作为证据搜集的结果，在宣示创意事物联系和共同性的基础上，我们能再前进一步吗？因此，艺术、文化与创意产业发展的道路就成为以下各章的主题。

参考文献

Acs, Z., Bosma, N., & Sternberg, R. (2008). *The entrepreneurial advantage of world cities.* Jena: Friedrich Schiller University.

Adorno, T. W. (1991). *The culture industry.* London: Routledge.

Adorno, T. W., & Horkheimer, M. (1979). *Dialectic of enlightenment.* London: Verso.

Bakhshi, H., & Cunningham, S. (2016). *Cultural policy in the time of the creative industries.* London: Nesta.

Bakhshi, H., Desai, R., & Freeman, A. (2009). *Not rocket science: A roadmap for arts and culture R&D.* Retrieved from https://mpra.ub.uni-muenchen.de/52710/1/MPRA_paper_52710.pdf.

Bakhshi, H., Hargreaves, I., & Mateos Garcia, J. (2013). *A manifesto for the creative economy.* London: Nesta.

Banks, M. (2017). *Creative justice: Cultural industries, work and inequality.* London: Rowman & Littlefield.

Banks, M., & O'Connor, J. (2009). After the creative industries. *International Journal of Cultural Policy, 15*(4), 365–373.

Banks, M., & O'Connor, J. (2017). Inside the whale (and how to get out of there): Moving on from two decades of creative industries research. *European Journal of Cultural Studies, 20*(6), 637–654.

Bazalgette, P. (2009, May 11). Thinking for inside the box. *The Guardian.* Retrieved from https://www.theguardian.com/media/2009/may/10/future-television-industry-recession.

Bell, D., & Jayne, M. (2010). The creative countryside: Policy and practice in the UK rural cultural economy. *Journal of Rural Studies, 26*(3), 209–218.

Bertacchini, E. E., & Borrione, P. (2013). The geography of the Italian creative economy: The special role of the design and craft-based industries. *Regional Studies, 47*(2), 135–147.

Bilton, C., & Leary, R. (2002). What can managers do for creativity? Brokering creativity in the creative industries. *International Journal of Cultural Policy, 8*(1), 49–64.

Böhm, S., & Land, C. (2009). No measure for culture? Value in the new economy. *Capital & Class, 33*(1), 75–98.

Brouillette, S. (2014). *Literature and the creative economy.* Stanford: Stanford University Press.

Campbell, P. (2011). You say 'creative', and I say 'creative'. *Journal of Policy Research in Tourism, Leisure and Events, 3*(1), 18–30.

Catachresis. (n.d.). *Oxford English dictionary.* Retrieved from http://www.oed.com.

CBI. (2014). *The creative nation: A growth strategy for the UK's creative industries.* Retrieved from http://www.cbi.org.uk/cbi-prod/assets/File/pdf/cbi_creative_industries_strategy__final_.pdf.

Chapain, C., & Lee, P. (2009). Can we plan the creative knowledge city? Perspectives from Western and Eastern Europe. *Built Environment, 35*(2),157–164.

Chatterton, P. (2000). Will the real creative city please stand up? *City, 4*(3), 390–397.

Chenyan, W. (2014). *Training program to boost China's creative industries.* Retrieved from http://www.vtibet.com/en/news_1746/china/201405/t20140519_198297.html.

Comedia. (2004). *Culture and regeneration: An evaluation of the evidence.* Nottingham: Comedia.

Comunian, R., Faggian, A., & Li, Q. C. (2010). Unrewarded careers in the creative class: The strange case of bohemian graduates. *Papers in Regional Science, 89*(2), 389–410.

Connolly, M. G. (2013). The 'Liverpool model(s)': Cultural planning, Liverpool and Capital of Culture 2008. *International Journal of Cultural Policy, 19*(2), 162–181.

Conservative and Unionist Party. (2017). *Manifesto 2017.* Retrieved from https://www.conservatives.com/manifesto.

Currid, E. (2007). *The Warhol economy: How fashion, art, and music drive New York City.* Princeton: Princeton University Press.

DCMS. (2004). *Culture at the heart of regeneration.* London: DCMS.

DCMS. (2010). *Creative industries economic estimates: Technical note.* London:DCMS.

DCMS, BERR, & DlUS. (2008). *Creative Britain: New talents for the new economy.* London: DCMS.

De Propris, L., Chapain, C., Cooke, P., MacNeill, S., & Mateos Garcia, J.(2009). *The geography of creativity.* London: Nesta.

EICI. (2012). *European Interest Group on Creativity and Innovation e.V.* Retrieved from http://www.creativity-innovation.eu/european-interest-group-on-creativity-and-innovation-e-v/.

European Parliament. (2016). *Report on a coherent EU policy for cultural and creative industries.* Retrieved from http://www.europarl.europa.eu/sides/getDoc.do?pubRef=-//EP//NONSGML+REPORT+A8-2016-0357+0+DOC+PDF+V0//EN.

Evans, G. (2001). *Cultural planning.* London: Routledge.

Evans, G. (2009). Creative cities, creative spaces and urban policy. *Urban Studies, 46*(5–6), 1003–1040.

Evans, M. (2001). The economy of the imagination. *Locum Destination Review, 5,* 45–50.

Faggian, A., Comunian, R., Jewell, S., & Kelly, U. (2013). Bohemian graduates in the UK: Disciplines and location determinants of creative careers. *Regional Studies, 47*(2), 183–200.

Fahmi, F. Z., Koster, S., & van Dijk, J. (2016). The location of creative industries in a developing country: The case of Indonesia. *Cities, 59,* 66–79.

Flew, T., & Cunningham, S. (2010). Creative industries after the first decade of debate. *The Information Society, 26*(2), 113–123.

Florida, R. (2002). Bohemia and economic geography. *Journal of Economic Geography, 2*(1), 55–71.

Florida, R. (2003). Cities and the creative class. *City & Community, 2*(1), 3–19.

Florida, R. (2004). *The rise of the creative class.* New York: Basic Books.

Florida, R. (2005). *Cities and the creative class.* London: Routledge.

Foord, J. (2008). Strategies for creative industries: An international review. *Creative Industries Journal, 1*(2), 91–113.

Gainza, X. (2017). Culture-led neighbourhood transformations beyond the revitalisation/gentrification dichotomy. *Urban Studies, 54*(4), 953–970.

Galloway, S., & Dunlop, S. (2007). A critique of definitions of the cultural and creative industries in public policy. *International Journal of Cultural Policy, 13*(1), 17–31.

Gans, H. (1968). *People and plans: Essays on urban problems and solutions.* New York: Basic Books.

Garnham, N. (1990). *Capitalism and communication: Global culture and the economics of information.* London: Sage.

Garnham, N. (2005). From culture to creative industries. *International Journal of Cultural Policy, 11*(1), 15–29.

Gibson, C., & Klocker, N. (2005). The 'cultural turn' in Australian regional economic development discourse: Neoliberalising creativity? *Geographical Research, 43*(1), 93–102.

Gray, C. (2009). Managing cultural policy: Pitfalls and prospects. *Public Administration, 87*(3), 574–585.

Griffiths, R. (1998). Making sameness: Place marketing and the new urban entrepreneurialism. In N. Oatley (Ed.), *Cities, economic competition and urban policy* (pp. 41–57). London: Paul Chapman.

Grodach, C. (2013). Cultural economy planning in creative cities: Discourse and practice. *International Journal of Urban and Regional Research, 37*(5), 1747–1765.

Hall, P. (1998). *Cities in civilisation.* London: Weidenfeld & Nicolson.

Healey, P. (2004). Creativity and urban governance. *Policy Studies, 25*(2), 87–102.

Heartfield, J. (2006). A business solution for creativity, not a creativity solution for business. In M. Mirza (Ed.), *Culture vultures: Is UK arts policy damaging the arts?* (pp. 71–92). London: Policy Exchange.

Heinze, R. G., & Hoose, F. (2013). The creative economy: Vision or illusion in the structural change? *European Planning Studies, 21*(4), 516–535.

Hesmondhalgh, D., & Pratt, A. C. (2005). Cultural industries and cultural policy. *International Journal of Cultural Policy, 11*(1), 1–13.

Hesmondhalgh, D., Oakley, K., Lee, D., & Nisbett, M. (2015). *Culture, economy and politics: The case of New Labour.* Basingstoke: Palgrave Macmillan.

Hewison, R. (2014). *Cultural capital: The rise and fall of creative Britain.* London: Verso.

Higgins, C. (2013, March 19). New chair of Arts Council England warns against cuts to culture. *The Guardian.* Retrieved from https://www.theguardian.com/culture/2013/mar/19/arts-council-england-peter-bazalgette-cuts.

Higgs, P., Cunningham, S., & Bakhshi, H. (2008). *Beyond the creative industries: Mapping the creative economy in the United Kingdom*. London: Nesta.

HM Government. (2018). *Industrial strategy: Creative industries sector deal*. Retrieved from https://www.gov.uk/government/uploads/system/uploads/attachment_data/file/695097/creative-industries-sector-deal-print.pdf.

Holden, J. (2017). Foreword. In K. Hewlett, K. Bond, & S. Hinrichs-Krapels(Eds.), *The creative role of research: Understanding research impact in the creative and cultural sector*. Retrieved from https://www.kcl.ac.uk/Cultural/culturalenquiries/171020-TheCreativeRoleOfResearch-WEB2.pdf.

House of Commons. (2013). *Culture, Media and Sport Committee: Supporting the creative economy—Third report of session 2013–14* (Vol. I). London: The Stationery Office.

Jäger, S., & Maier, F. (2009). Theoretical and methodological aspects of Foucauldian critical discourse analysis and dispositive analysis. In R. Wodak & M. Meyer (Eds.), *Methods of critical discourse analysis* (2nd ed.,pp. 34–61). London: Sage.

Keane, M. (2009). Creative industries in China: Four perspectives on social transformation. *International Journal of Cultural Policy, 15*(1), 431–443.

Landry, C. (2000). *The creative city*. London: Comedia.

Landry, C. (2003). The creative city: Aspiration and reality. In H. Ford & B. Sawyers (Eds.), *International architecture centres* (pp. 14–17). Chichester: Wiley-Academy.

Landry, C. (2006). *The art of city making*. London: Earthscan.

Landry, C., & Bianchini, F. (1995). The creative city. London: Demos.

Last, B. (2016). *Connecting creativity, value and money*. Retrieved from https:// zenodo.org/record/55754/files/CREATe-Working-Paper-2016-10.pdf.

Leadbeater, C., & Oakley, K. (1999). *The independents*. London: Demos.

Lee, K.-S. (2007). Questioning a neoliberal urban regeneration policy. *International Journal of Cultural Policy, 13*(4), 335–347.

London Development Agency. (2008). *London: A cultural audit*. London: LDA.

Lysgård, H. J. (2013). The definition of culture in culture-based urban development strategies: Antagonisms in the construction of a culture-based development discourse. *International Journal of Cultural Policy, 19*(2),182–200.

Marchese, D. (2018). *Conversation: Quincy Jones*. Retrieved from http://www.vulture.com/2018/02/quincy-jones-in-conversation.html.

Markusen, A. (2014). Creative cities: A 10-year research agenda. *Journal of Urban Affairs,*

36(s2), 567–589.

McGuigan, J. (2009). Doing a Florida thing: The creative class thesis and cultural policy. *International Journal of Cultural Policy, 15*(3), 291–300.

McKee, A. (2013). The power of art, the power of entertainment. *Media, Culture and Society, 35*(6), 759–770.

Miège, B. (1989). *The capitalization of cultural production*. New York: International General.

Miller, T. (2009). From creative to cultural industries. *Cultural Studies, 23*(1), 88–99.

Morris, P. (1991). Freeing the spirit of enterprise: The genesis and development of the concept of enterprise culture. In R. Keat & N. Abercrombie (Eds.), *Enterprise culture* (pp. 21–37). London: Routledge.

Mould, O. (2017a). *Urban subversion and the creative city*. London: Routledge.

Mould, O. (2017b). *Why culture competitions and 'artwashing' drive urban inequality*. Retrieved from https://www.opendemocracy.net/uk/oli-mould/why-culture-competitions-and-artwashing-drive-urban-inequality.

Munro, E. (2016). Illuminating the practice of knowledge exchange as a 'pathway to impact' within an Arts and Humanities Research Council 'Creative Economy Knowledge Exchange' project. *Geoforum, 71*, 44–51.

Nesta. (2008). *Beyond the creative industries: Making policy for the creative economy*. London: Nesta.

Oakley, K. (2004). Not so cool Britannia: The role of the creative industries in economic development. *International Journal of Cultural Studies, 7*(1), 67–77.

Oakley, K. (2009). The disappearing arts: Creativity and innovation after the creative industries. *International Journal of Cultural Policy, 15*(4), 403–413.

Oakley, K., & O'Connor, J. (2015). The cultural industries—An introduction. In K. Oakley & J. O'Connor (Eds.), *The Routledge companion to the cultural industries* (pp. 1–32). London: Routledge.

Oakley, K., O'Brien, D., & Lee, D. (2013). Happy now? Well-being and cultural policy. *Philosophy and Public Policy Quarterly, 31*(2), 18–26.

Oakley, K., Ball, M., & Cunningham, M. (2018). *Everyday culture and the good life* (CUSP Working Paper No. 9). Guildford: University of Surrey.

O'Brien, D. (2014). *Cultural policy: Management, value and modernity in the creative industries*. London: Routledge.

O'Connor, J. (2005). Creative exports: Taking cultural industries to St. Petersburg. *International Journal of Cultural Policy, 11*(1), 45–60.

O'Connor, J. (2007). *The cultural and creative industries: A review of the literature*. London: Arts Council England.

O'Connor, J. (2013). Intermediaries and imaginaries in the creative industries. *Regional Studies, 49*(3), 374–387.

Olma, S. (2016). *In defence of serendipity: For a radical politics of innovation*. London: Repeater Books.

Peck, J. (2005). Struggling with the creative class. *International Journal of Urban and Regional Research, 29*(4), 740–770.

Potts, J., & Cunningham, S. (2008). Four models of the creative industries. *International Journal of Cultural Policy, 14*(3), 233–247.

Pratt, A. C. (2005). Cultural industries and public policy. *International Journal of Cultural Policy, 11*(1), 31–44.

Pratt, A. C. (2008). Creative cities: The cultural industries and the creative class. *Geografiska Annaler: Series B, Human Geography, 90*(2), 107–117.

Pratt, A. C., & Jeffcut, P. (2009). *Creativity, innovation and the cultural economy*. London: Routledge.

Prince, R. (2014). Consultants and the global assemblage of culture and creativity. *Transactions of the Institute of British Geographers, 39*(1), 90–101.

Richards, G. (2014). Creativity and tourism in the city. *Current Issues in Tourism, 17*(2), 119–144.

Rindzevičiūtė, E., Svensson, J., & Tomson, K. (2016). The international transfer of creative industries as a policy idea. *International Journal of Cultural Policy, 22*(4), 594–610.

RSA. (2013). *New project in collaboration with Arts Council England*. Retrieved from https://www.thersa.org/fellowship/fellowship-news/fellowship-news/new-project-in-collaboration-with-arts-council-england.

Schlesinger, P. (2007). Creativity: From discourse to doctrine. *Screen, 48*(3), 377–387.

Schlesinger, P. (2009). *The politics of media and cultural policy*. Retrieved from http://www.lse.ac.uk/media-and-communications/assets/documents/research/working-paper-series/EWP17.pdf.

Schlesinger, P. (2017). The creative economy: Invention of a global orthodoxy. *Innovation: The European Journal of Social Science Research, 30*(1), 73–90.

Scott, A. J. (2007). Cultural economy: Retrospect and prospect. In H. Anheier & Y. R. Isar (Eds.), *The cultural economy* (pp. 307–324). London: Sage.

Scott, A. J. (2014). Beyond the creative city: Cognitive-cultural capitalism and the new urbanism. *Regional Studies, 48*(4), 565–578.

Sefton-Green, J., & Parker, D. (2006). Foreword. In S. Banaji, A. Burn, & D. Buckingham (Eds.), *The rhetorics of creativity: A review of the literature.*London: Arts Council England.

Smith, A. ([1784] 1818). *An inquiry into the nature and causes of the wealth of nations.* Hartford: Cooke & Hale.

Stevenson, D., McKay, K., & Rowe, D. (2010). Tracing British cultural policy domains: Contexts, collaborations and constituencies. *International Journal of Cultural Policy, 16*(2), 159–172.

Straw, W., & Warner, N. (2014). *March of the modern makers: An industrial strategy for the creative industries.* London: IPPR.

Taylor, C. (2006). Beyond advocacy: Developing an evidence base for regional creative industry strategies. *Cultural Trends, 15*(1), 3–18.

Taylor, C. (2015). Between culture, policy and industry: Modalities of inter-mediation in the creative economy. *Regional Studies, 49*(3), 362–373.

The Work Foundation. (2007). *Staying ahead: The economic performance of the UK's creative industries.* London: The Work Foundation.

Throsby, D. (2008a). The concentric circles model of the cultural industries. *Cultural Trends, 17*(3), 147–164.

Throsby, D. (2008b). Modelling the cultural industries. *International Journal of Cultural Policy, 14*(3), 217–232.

Tremblay, G. (2011). Creative statistics to support creative economy politics. *Media, Culture and Society, 33*(2), 289–298.

Trip, J. J., & Romein, A. (2014). Creative city policy and the gap with theory. *European Planning Studies, 22*(12), 2490–2509.

UN. (2008). *Creative economy report 2008: The challenge of assessing the creative economy—Towards informed policy-making.* Retrieved from http://unctad.org/en/

Docs/ditc20082cer_en.pdf.

Van Heur, B. (2010). *Creative networks and the city*. London: Transaction Publishers.

Vasiliu, O. (2014). *Romanian creative industries to have their own festival*. Retrieved from http://business-review.eu/featured/romanian-creative-industries-to-have-their-own-festival-68944.

Volkerling, M. (2001). From cool Britannia to hot nation: 'Creative industries' policies in Europe, Canada and New Zealand. *International Journal of Cultural Policy, 7*(3), 437–455.

Wang, J. (2004). The global reach of a new discourse: How far can 'creative industries' travel? *International Journal of Cultural Studies, 7*(1), 9–19.

Williams, R. (1983). *Keywords*. New York: Oxford University Press.

第四章 艺术和文化的创新：持久的挑战

创新的推进给人以前景乐观甚至潜在"复苏"的希望。但在第二章勾勒的语境下，在创意议程引人注目的时期，人们日益强调，需要证明这些有益的结果。出于同样的需要，本章进一步考虑创意话语的"持续性"：复苏语汇的持久性，持续聚焦证明文化实践成果的需要，以及艺术和文化的创新所面对的持续的挑战。虽然现有的证据基础中找到了许多问题，但我们还是要指出，迄今为止这并不能阻遏创意议程的推进。实际上，虽然所见的证据并不充分，但人们的回应似乎是强调继续提供更多的证据。这就提出了一个问题：按照安德鲁·朗（Andrew Lang）关于醉汉和灯杆关系的隽语"求支撑，不求照明"，这个证据基础一定程度上就是如此。本章将根据艺术与人文研究理事会（AHRC）的文化价值工程（Cultural Value）考察英国人在 2006 年至 2014 年这个时期所用的方法，他们构建证据基础，说明艺术干预在具体地区"复苏"扮演的角色。我们讨论三个方面：这类证据聚焦的领域，这个时期生成适当证据所遭遇的挑战，对这一切的潜在解释。

第一节 证据的寻找和复苏的兴起：概述

在第二章里，我们已经接触了早期的一些尝试，人们纷纷寻找艺术和文化实践成果的证据基础，我们看到的是：初期的尝试有限，且遭遇到批评。瑟尔伍德（Selwood）考虑文化决策过程证据的作用及其发展过程，他说，在 20 世纪 90 年代晚期的大选之前，工党政府积极推进创意议程，这时英国在文化活动上的主要立场是："业绩评估一般被认为不适当，并且被有效地规避了"（Selwood 2006, p. 35）。以地方政府为例，他指出，20 世纪 90 年代英国的审计委员会几乎不费力去确认艺术拨款有何成就（1991, p. 6）。但舒斯特（Schuster 1996, p. 254）注意到，在整个 20 世纪 90 年代，对统计指标和问责措施的关心与日俱增。在这个领域，从工党执政的 1997 年起，确立"循证政策"的活动增加，呈现出前所未有之势（Oakley 2008; Hesmondhalgh et al. 2015）。

同时，对这一届工党政府而言，文化在经济复苏里发挥作用的理念浮现出来，特别突出，分布面广（Hewison 2014, p. 6）。本章集中研究文化在经济复苏里发挥作用的证据，尤其根据第三章所描绘的"创意"实践的潜在益处来寻找证据。

持久模式的展现是本书的主要关怀之一。有鉴于此，有必要在此驻足确认城市复苏叙事的延续性，其根源在第二章中已做过探讨。比如，在 21 世纪初，伊文思就说，"文化城市的命名、艺术和娱乐用作城市复苏的工具，已然成为普遍的现象"（2003, p. 417）。与之类似，在 2005 年，迈尔斯和帕迪森（Miles and Paddison）就有力地论证，用文化驱动经济发展和竞争力就成了"新的正统"（2005, p. 833）。确立突出地位以后，在此基础上谋求某种形式复苏的计划继续执行到 21 世纪的第一个十年。2011 年，伊文思断定，"复苏计划和城市的努力显露疲态，似乎已经过时"，然而，"文化和复苏现象……还是滚滚向前，影响研究和'基于证据的政策'的研究方法还是继续推进"（2011, p. 15）。在这个十年里，你可以指出，英国主要的参与者还是继续强调，文化"日益被确认在城市复苏里起作用"（Arts Council Northern Ireland 2014, p. 13），或者呼应早前的立场：在英国很多地方，文化处于"复苏的核心"（Conservative and Unionist Party 2017）。

创意议程突显的推进期，大概也是文化承担复苏角色被视为理所当然的时期，这一点不足为奇。在这个时期，证据在支撑政策方面的角色被认为日益重要。因此，你可以假设，这一立场的兴起与这一课题上日益令人信服的证据基础是彼此呼应的。一方面我们看到，在这个时期，归之于文化的角色显然比过去几个时期的各种角色更加突出了，但这一突出地位采取的形式是继续强调：当下文化角色的证据基础不合适，需要发展。比如，里弗斯（Reeves 2002, p. 17）就指出，文化、媒体和体育部1999年的一份报告确认，作为需要政策关怀的关键问题，艺术复苏的影响就缺乏扎实的信息。他断言，在世纪之交：

> 论者普遍认为，虽然有大量传闻证据，但更宽泛地说，艺术项目、文化服务的影响缺乏稳健评估和系统证据。（2002, pp. 31–32）

从这个观点看，利用文化活动以达成复苏的尝试继续进行。利斯和麦尔威诗（Lees and Melhuish）证明，1999年文化、媒体和体育部关于证据缺乏的立场坚持不变，类似的立场"在2001年又被重申，同样的情况在2004年报告里也记录在案"（Lees and Melhuish 2015, p. 253）。

至少在创意议程兴起的早期，我们应该敏于这个事实，虽然这是"循证政策"时代，但该议程的发生伴有一些重大的疑问：对证明我们第二章勾勒的立场所提供的证据是什么性质？一个有问题的证据基础的解决，常常被当作进一步证据的搜集。比如，约翰逊等（Johanson et al. 2014, p. 47）引用默瑟（Mercer 2003）的话说，要搜集"更多数字、更多事实、更多指标，更多基准"；加西亚（García）断言，"开发评估文化影响的技巧"很"关键"，因为"文化和社会影响缺乏令人信服的证据"，结果，评估复苏时就仅仅依靠经济和物理因素了（2004, pp. 324–325）。

至此，虽然对已有的证据基础有诸多疑问，文化与复苏有关联的想法还是增多了牵引力。2004年，伊文思和肖为文化、媒体和体育部提出的报告广泛被人征引。报告题为：文化对英国文化复苏的贡献。加西亚简评这一报告时说，伊文思和肖重申了她上述的关切，"指出一些重要的不足，那是由于缺乏初期遗产的证据，由于对社会影响尤其文化影响的了解有限"（2005, p. 842）。实际上，文化、媒体和体育部自己就指出需要"更有力、更复杂的、纵向的证据基础"（2004, p. 43），也需要这个时期该领域里其他重要的声音（如 Comedia 2004, p. 7）。伊文思和肖在评论中确认，文化在复苏的三个关键领域里发挥作用：经济作用（以数据为证，比如游客消费支出、文化和创意产业提供的就业，或内向投资水平）；物质复苏作用（以数据为证，比如建筑物的重新使用、新建筑的水准、公共艺术创意企业集群）；社会复苏作用（以数据为证，比如变化了的感知或增加了的社会资本）。但他们同时又指出证据基础的一些缺失，比如缺乏主要复苏项目的具体文化结果，缺乏长远的监控。实际上，伊文思说，虽然对循证政策评估的要求不断增长，但长期以来一直有文献指出这一领域里证据搜集方面存在问题（2005, p. 960）。

于是我们看到这样一种情况：随着创意议程的展开，有人不断指出文化作用证据的重要性，同时又有人指出恰当证据的有限性。然而，文化活动达成各种工具性结果，包括以某种形式与经济或社会复苏相联的结果，还是不断增加吸引力。随着创意议程的传播，证据的产出快速增加，有人就宣称，后期证明艺术和文化作用的尝试是对历史实践的改进，可能会提供"以前缺乏的那种证据"（O'Brien 2014, p. 95）。因此，我们可以思考，证据搜集的结果是否显示了实际工作的明显改进。

第二节　继续寻找证据

在伊文思和肖 2004 年的全面评估以后，似乎没有理由假设，文化角色证据基础的缺口正在被弥合。2006 年，瑟尔伍德指出"严谨的文化政策批评稀缺，评估开展不够，记述不足。"（Selwood 2006, p. 45）这一观点得到其他人的强化：贝利估计，文化实践的数据搜集不够严谨（Bailey 2006, p. 3）；格雷小结说，文化门类始终不能"证明某事某物如何且为何比趣闻逸事重要"（Bailey 2006, p. 111）。格雷认为，政府搞的是不适合文化门类的政策评估（2006, p. 111）。贝尔菲奥雷断言，适当证据的缺乏并不能阻挡文化门类"工具性增长的趋势"（Belfiore 2006, p. 239）。

2007 年，詹姆斯·珀内尔（James Purnell）被任命为文化、媒体和体育部大臣似乎是一个信号，喻示着文化部门证据和评估的主要立场可能变化；政府着重提出，需要"信赖我们的艺术家和组织"，让"文化组织摆脱……背包袱的目标"，不当的目标会扼示创造力（McMaster 2008, p. 4）。这些文字选自文化、媒体和体育部的一份报告，其副标题是"从测评到评判"。但测评的重心并未止步。珀内尔在任仅仅 7 个月，"测评"的做法及其遭受的批评并没有显著减少。比如，2009 年，文化、媒体和体育部就联手英国研究委员会发布了一份报告，名为"把握文化、媒体和体育的价值"，探讨"文化和体育证据项目的继续运行"（CASE）（ESRC 2009）。此时，贝尔菲奥雷对搜集证据做法令人不解的持久性提出质疑，尤其对珀内尔前任特萨·约韦尔（Tessa Jowell）的言论提出质疑。约韦尔认为，有必要"继续证明"，文化事业能产生有利的结果：

> 倘若我们能证明艺术参与和教育程度或减少犯罪之间无可争辩的因果关系，那就没有迫切证明的需要。问题是，尽管对文化部门强加了那么多评价和绩效测评的要求，这种无可争辩的影响证据根本就不存在。（2009, p. 351）

与此同时，格雷也指出，考虑文化角色和复苏的关系时，缺乏清晰的测评标准（Gray 2009, p. 578）。

这种关于适当证据缺乏的总体立场一致延续到 21 世纪的前十年。起初，马库森和加德瓦论及上升的创意议程的关键线索，指出，在闹哄哄的创意城市和文化经济中，有关各种城市和地区规模的知识极度缺乏（Markusen and Gadwa 2010, p. 379）。与之类似，弗卢（Flew 2010, p. 87）认为，有关"创意城市"理念的文献往往都轻视证据。2010 年英国新政府上台以后，类似的批评继续下去。利斯和麦尔威诗（Lees and Melhuish）反思工党政府的政策，以及艺术和文化在城市复苏里的定位，研究"社会排斥"，指出：

在新工党的三个任期内,有关执行评估方法重要性的宣示多如牛毛,倡议也发布了若干个,但支持这一立场的扎实证据很少。(2015, p. 243)

他们还指出,保守党执政后文化角色的证据缺乏的情况继续下去,同时还强调指出,工党政府后期发布的文化和体育价值的报告也在结尾处说:"无法用证据说明或断言,这一立场对社群的凝聚力有长远利益,这个领域的研究工作还得继续下去。"(Lees and Melhuish 2015, p. 243)

21世纪的第二个十年里,越来越突显的创意语言进行的评估呼应了这些立场。比如理查兹就认为,"刚性证据的缺乏刺激了基于创新的发展战略"(Richards 2011, p. 1243);2013年的一份报告找不到什么刚性证据说明艺术对社会融入的作用(Hull 2013, p. 9)。虽然缺乏明显进展,2014年有关文化经济影响证据基础的工作还是相当扎实,但就是这样的努力让人们注意到了有关证据的有限性。2014年,"地方经济研究中心"考虑体育和文化的经济影响评估的国际管理时,列举了556份报告,用上了"马里兰科学方法量表",该量表排列的是评估方法。该量表用证据确定任何"干预"的明显作用,从第一级(无"未处理"对照组,统计分析不用控制变量以调节"处理"对照组和"未处理"对照组)到第五级(处理和控制组明显的随机化,如随机对照试验)。在所有考虑的报告中,520份报告达不到第三级评论的最低门槛;在其余的36份报告中,只有3份和文化有关。这些报告的总基调被归纳为:

文化项目评估的稀缺部分源于评估的方法(常常是简单调查参与人数、花费多少、访问的动机等)。在没有恰当控制组的情况下,仅研究游客的项目没有被纳入评估。(What Works Centre for Local Economic Growth 2014, p. 20)

2014年还见证了英格兰艺术委员会相当扎实的工作,基于2010年以后发布的成果,它发布了"艺术和文化对人与社会的价值"的证据评审。评审报告指出，关键领域比如创意产业创新的作用证据缺乏，纵向研究或比较研究也缺乏（2014, p. 4）。2015 年，贝尔菲奥雷指出："经济价值话语"流行 25 年以后，文化支出的研究仍然是困难的任务（p. 102）；虽然其他领域的研究颇有成果，但 2015 年关于文化和体育社会影响的一份评估却发现，"缺乏艺术和社会包容的实质性证据"（Taylor et al. 2015, p. 85）。这份评估报告还认为，艺术对福祉影响的证据是"相当微弱和主观的"（p. 76）。另一个近期评论断定，"许多［与健康和福祉］相关的艺术项目的评估不太严格"（APPG 2017, p. 5）。2016 年英国政府的文化白皮书称，关于文化对经济发展的影响，"理解是最深刻的"；至于文化对"个人福祉、教育水平、生活机遇和软实力的影响，还需要做更多的工作使文化影响的测评精致化"（DCMS 2016, p. 58）。

由此可见，似乎可以公平地说，对需要更多证据的强调持续不断，但生成的证据似乎并不随时间的流动而有实质性的改进。因此考虑这一局面为何形成是至关重要的。

第三节　近年复苏证据的考察

在伊文思和肖 2004 年的全面评估以后的一段时间（2006—2014）里，研究领域缺乏有力的证据，到 2014 年，针对"文化引领复苏"过程中艺术和文化作用的评估项目实施了，这是文艺术研究委员会"文化价值"工程的组成部分。和政策干预有关、明确被描述为"复苏"的材料，或者平常描绘为"复苏"的干预"类型"的材料被搜集起来；材料包括学术研究的资料和灰色文献，还包括与文化门类交谈的情况。这个总结报告集中研究英国的数据，同时又吸收远方的材料，包括重要的欧洲文化复苏项目。一共搜集了 151 个相关的项目，时间从 2006 年到 2014 年，包括文化组织的报告、委托研究的项目以及决策人、地方政府、学者和媒体的资料，这 151 个项目都进行了识别和分析。

首先应该指出，2004 年伊文思和肖记述的证据搜集的三大领域即经济、物理和社会复苏的三大领域，在这个时期都得到了密切的呼应。虽然这样的呼应与发轫期的创意议程似乎更密切，具体所用方法的细节也见诸其他人的研究（Campbell and Cox 2017），但这个时期的证据搜集与以下三大范围的成果有关系：

（1）文化与创意产业门类发展的证据

证据搜集基于一个隐含的假设：文化活动刺激创意产业或创业技能。显然，这与"创意产业"和"创意阶层"的立场有关系，和第三章描绘的宽泛而交叠的创新意涵有关系。从这一定位出发，任何被构想为"创意"的活动包括文化活动，对刺激复苏都是有用的，即使最工具性的、"敲边鼓的文化活动也能吸引创意的员工，也会吸引高技术的投资人"（Pratt 2008, p. 108）。

（2）文化活动公共形象和参与层次提高的证据

证据的搜集还基于相关的、略为不同的假设。这些假设是：文化活动可以调动或提高一个地区的文化活动，或动用一个地区的基础设施。这些活动可能导向更高的土地价值、改善的人居体验、增长的旅游业、增长的大范围供应链以及改善的外在形象。和第一种定位一样，这第二种定位和相关的经济效果密切相关，和这个时期主导的广义的理据密切相关。旅游业经济的"影响"和相关支出的分析被证明始终受欢迎，见于文化项目效应的媒体报道特别多（如 Cavendish 2008; BBC 2009; Gosling 2010; *The Economist* 2012; Brooks-Pollock 2013; Edwards et al. 2013），而且不止于此。旅游业常常与具体的物理基础设施发展联系起来，和建筑聚集的所谓毕尔巴鄂效应（Plaza 2006; Plaza et al. 2009）联系起来，和"偶像"文化中心联系起来，而且和大范围物理变迁的文化节日联系起来。

不过，如果只考虑新文化习俗或建筑物，那就应该指出，有些干预谋求用艺术生成广泛的物理复苏的过程，一定程度上使之更"创新"的过程，类似于第三章所见的"创意城市"理念。比如，建筑及建设环境委员会（CABE 2008, pp. 3-4）就指出，"与西南地区艺术、商务和公共艺术合力……将创新注入发展"，"艺术家参与决定我们城市的未来面貌和感觉"（p. 6）。在这些过程中，创意议程以多种面貌发挥了杠杆作用。

（3）社会效应的证据，比如社会包容和技能培养的证据

最后要说的是这个时期的文化活动的社会效应的证据搜集，隐而不显的假设似乎是：文化活动可能提供培养可迁移技能的机会，可能会密切进行社群交往，并对广阔的社会结果做出贡献，从而改善复苏计划潜在的负面效应。这第三种定位超乎经济关怀，至少以更广阔的关怀建立经济联系。在证据搜集中，文化活动的社会影响继续被强调，文化参与被认为有潜能缓减经济剥夺，而且能改变社会贫困甚至精神贫困（O'Brien 2014, p. 41）。博姆和兰德（Böhm and Land 2009, p. 77）从时间上判定，日益注意文化活动的"较少无形利益"是后期的话语发展，这大概可以解释，在证据搜集做法的评审里，为何潜在社会结果的命题是定义最不分明的。2004 年，伊文思和肖指出，社会复苏的证据搜集是一个新领域。许多文献可以被描绘为"提倡和促进"（p. 28）。许多年以后，同样有人指出，"文化复苏的'社会'影响的证据基础一直是相对薄弱的"（Colomb 2011, p. 81）。

第四节 持久的挑战

可以认为，这个时期的证据搜集围绕一套预期的结果聚集；这些结果又和更长时期的证据搜集密切联系。有鉴于此，我们就必须回到那个问题：为什么研究一直指向这些领域里缺乏扎实的证据基础？

首先应该指出的是，上述结果的特征是研究基于"隐而不显的假设"。其原因是，这个领域罕有清楚阐述的命题、逻辑模型或有关变化的理论。因此，有一点常常是不明确的：在预期里，生成的证据仅仅是什么东西的证据，或为何是这样的证据。正如第三章所云，创意议程潜

在的明晰度欠缺造成了挑战。如果研究起步时的立场是，创意意涵的统一性不容置疑，其逻辑必然是期待文化活动产生创新技能的发展，不需要对假设做明白的表述或检测。话虽如此，造成这个时期证据搜集问题的并不仅仅是命题缺乏清楚的表述。还有另一种情况，证据的来源不太理想。比如，继续依靠文化部门之外的代理资料，或依靠基于方便样本的感知数据的研究。在许多情况下，一个项目的存在本身被假定为成功结果的证据。更宽泛地说，你可以提出一些持久性解释因素，借以说明这个时期证据搜集批评的坚定性。

第五节 短期数据不能确定远期结果

在一个时代里，如果政策必须"基于证据"，结果必须尽可能是"客观的"展示，那么，代表文化事件组织者所用的方法就必须能够向出资人和其他利益相关者展示其"影响"。通常，这是短期的必须动作，研究证据的生成常常与具体的项目或事件同步，与其运行贴近。数据一旦生成，"证据"就完成了自己的任务（至少对有些参与者是这样的）。然而，按照定义而言，城市复苏几乎必然要在计划或事件发生以后很久才会出现（如果出现的话）。由此可见，方法的期限和证据的搜求总是不匹配的。

述及十年间新文化场馆的发展时，希斯洛普（Hyslop）断言："大多数情况下，判断这些项目对社区经济社会发展的远期影响，为时太早。"（2012, p. 153, 又见 Barnardo's 2005, p. 16; CABE 2008, p. 5; Ela Palmer Heritage 2008, p. 30）恩尼斯和道格拉斯尖锐地指出，长期研究是必需的（Ennis and Douglass 2011, p. 2）。利用文化的复苏计划很多，关于长期研究不足的判断适用的范围就更加广泛。实际上，有一份报告就指出证据的稀缺，这个报告聚焦社区与地方政府发布的各种复苏倡议的经济价值（Tyler et al. 2010, p. 21）。

虽然这个问题早就被确认了（Reeves 2002, p. 104; Evans and Shaw

2004, pp. 8, 57），但值得注意的是，长期研究一直是稀缺的。比如，加西亚和科克斯回顾欧洲文化之都计划的历史，根本就没有找到该计划的任何远期效应；关于已有的少量研究，他们指出："关于中期到远期效应的宣示和证据，其质量和一致性有相当大的变异。"（García and Cox 2013, p. 24）至少我们可以期待一些研究提供变革的证据，以确立某种基线，借以测量变化的基线。然而，2013 年，经济和商务研究中心给英国艺术委员会和英国博物馆馆长理事会提供的报告却发现，情况常常不是这样的：

> 许多研究没有全面评估艺术和文化投入之前一个地区的基本情况，或者只在项目完成后评估它短期内的影响。这就对评估远期影响构成问题，而艺术和文化对一个地域的远期影响可能是存在的。（CEBR 2013, p. 88）

远期分析的缺乏尤其成问题，因为文化项目的短期回应与远期回应可能会截然不同，短期回应可能会更加乐观。比如，夏普（Sharp 2007, p. 286）就探讨，围绕项目潜在影响的热情起初可能是很高的，但在很短的时间内，这样的热情就可能发生戏剧性的变化。与之类似，加西亚和科克斯（García and Cox 2013, p. 133）证明，在一个大型文化项目期间，物理基础设施的开发可能被充分利用，旅游业水平短期内可能会被推高，然而，这两种变化都可能难以持久。在短期研究中，这些因素都没有被考察，或可能被遮蔽。这并不是说，长期研究不造成困难（THRU 2013, pp. 10–13），尤其是因为二手资料的参照点可能会随时间波动（Brennan 2010, p. 5; CEBR 2013, p. 113），但长期研究至少可以尝试解决重要的问题。对有些利益攸关者而言，这种潜在的复杂性可能会因短暂的研究而得到"于人有利"的压缩，因为短暂的研究多半聚焦在初始的"好消息"上，可能会不恰当地吹胀文化在更大范围内的作用。一旦这种成功证据被获得，考虑长期效应的政治动力就没有了。对文化项目在城市环境里的规模和性质，这种做法不能为我们提供充分的语境，伊文思言简意赅地做了以下的描绘：

> 文化和复苏的故事需要历史分析，要描绘长时段的变化和效应，而事件仅构成长时段相对较小的（财务和策略）部分。房地产、零售、运输、教育和地方便利设施可能会形成持久的遗产和影响。为了考虑文化如何更好地对复苏过程做出贡献，描绘长时段的变化和效应也是至关重要的，相反的做法是把文化圈入"节日事件"或"年度时段"。（2011, p. 6）

第六节 有限的资源

纵向数据缺乏的原因之一可能是纵向研究经费的消耗。显然，单一横截面研究和年复一年回到同一研究场所去追踪潜在的变化相比，不那么费力。许多人正确地指出初期评估的复杂性和成本（如 Evans and Shaw 2004, p. 58; Ennis and Douglass 2011, p. 10），这超乎大多数机构的财力，只有最大的机构例外（Ela Palmer Heritage 2008, p. 30）。伊文思和肖 2004 年针对经济影响的结论仍然是有效的：

> 人们觉得，计量文化项目之外的经济效应和分布效应所需要的初步调查研究（即使在这样的研究中，分布式数据也难以捕获）既令人望而却步，又难以做出合理的解释，除非有研究经费或其他指令的推动——纵向研究更难以涉足、难以证明。（Evans and Shaw 2004, p. 21）

充分支持文化主张所需的财政资源日益增加，非是文化部门力所能及（Lees and Melhuish 2015, p. 256）。除了财力有限外，我们还可以考虑其他形式资源的局限如何影响证据搜集的做法。复苏证据的生成本身就是困难的任务，但对许多文化领域的工作人员而言，那仅仅是任务之一；对许多文化组织而言，证据搜集的活动可能超乎其治理和管理能力。赫斯蒙德霍等人不仅描绘了绩效管理指标的增加，而且描绘了这样一个事实：文化部门的人员"常常缺乏要求他们提供证据的技能和资源"（Hesmondhalgh et al. 2015, p. 92）。比如纽辛格和格林（Newsinger and Green）就指出，评估经费和预期评估结果不匹配，文化部门人士对标准评估技术普遍持怀疑态度（2016, p. 388）。探讨统计模型的使用与文化领域的关系时，阿曼和泰勒（Oman and Taylor）指出，这样的模型"是文化部门的许多人难以进入的"（2018, p. 229）。

此外，寻求"复苏"那样的证据常常和一些结果相关，而这些结果未必是运营或慈善目标的基本部分。一方面，可用于宣传目的的证据似乎值得去生成，另一方面，对许多组织而言，不能用于宣传目的的证据似乎价值更有限（如 O'Connor 2007, p. 44）。鉴于有限的资源和大量的竞争性压力（Selwood 2006, p. 41），看见上述证据搜集做法遭受到持续批评，就不足为奇了。针对可能适用于文化组织的竞争性压力，而且可能适用于潜在外部研究伙伴的竞争性压力，通用公共代理（General Public Agency 2008, pp. 8–9）考虑的一点情况，可能也给人以教益：

> 评价方法取决于搜集量化数据的人员如何动用地方的权威数据。虽然做出了很大的努力，现已证明，确保搜集数据的人员证实文化在复苏里的作用是不可能的。如果英国艺术委员会要强调"刚性证据"，它可能会希望以这些人员的参与为条件进行拨款。

因此，为建立确凿证据而进行评估时，可利用的资源仍然在几个意义上是有限的。维克里（Vickery 2007, p. 21）指出，在地方当局习惯的语境下，文化是地位不太优先的选项。的确，许多近年的复苏倡议为艺术和文化找到了一个角色，将其作为大范围投资计划的一部分，然而，近年做法里一个关键的连续性仍然是，这种计划里的文化活动处在边缘的地位。在这个阶段，为文化复苏提供助力的行动包括：专项复苏预算，比如资助公共艺术（Gateshead Council 2006; Public Art Leicester

2005）、社区音乐项目（Dhamak Beats 2012）和艺术工作室（ACAVA 2014）的预算；还有在新文化设施更新和建设中投资的欧洲区域发展基金（European Commission 2013），以及对文化事业的商业赞助；还包括有些地区的社区新政，用二手艺术品和文化活动去应对心理健康不平等的问题（Blank et al. 2004）；还有房地产市场更新计划，用以赞助艺术家工作室（NFASP 2010）、公共艺术（Pendle Borough Council 2014）和艺术家引领的参与性工程（Arts Council England 2009; Media and Arts Partnership 2008）。这类倡议为文化项目提供资金，声称文化项目能为大复苏目标贡献力量；然而，在应对持久的证据缺口时，这种活动的边缘地位被证明是成问题的，因为典型的情况是，对于文化作用与这些项目在经济复苏里的总体作用，几乎就没有什么讨论（如 Audit Commission 2011; DCLG 2007, 2009, 2010; Leather et al. 2012）。只要文化在广义的城市政策里处于较低的优先级，我们就可以预料到存在反映这一地位的证据基础。还应该指出的是，即使文化项目的焦点全然是文化的，比如欧洲文化之都就全然是文化的项目，但和其他大规模的复苏计划相比，欧洲文化之都计划的投资规模常常是很小的（Cox and O'Brien 2012, p. 97）。

第七节　研究术语不够明晰

然而，即使资源不是研究的障碍，检讨这个时期的做法时还遭遇到其他一些障碍，其中之一是研究试图达到的目标不甚了了。研究的出发点常常的定位是：文化活动有已知的利益和已知的效应，以前的评价已经揭示了这样的利益和效应，因此是可以继续推行的。比如，如果文化活动的目标是推进"文化产业"，什么是推进这一目标的机制呢？上文业已指出，对有些人而言，这个问题不会发生，因为一切创新形式被认为具有内在的联系。然而，若要证据搜集发挥作用，这类问题就必须要做出清楚的解答。内尔和欧克利（Knell and Oakley 2007, p. 21）针对这个例子指出，虽然创意产业的讨论已很突出，艺术活动的资助还是像以前那样进行，任何的内在联系是假设的，而不是清楚阐明的。但正如许多研究领域共同指明的一样，关联性并不隐含因果关系，单纯监察文化事件的发生过程未必就能证明，文化事件达到了什么目标。在这个课题上，具体在近年与欧洲文化之都的关系上，加西亚和科克斯（García and Cox 2013, p. 142）指出，人们继续说该计划与文化产业发展假定的关系，而不是阐明任何推进这种关系的清楚的计划。

再者，评价文化活动的成就时，寻找"好消息"而不是确立可靠的证据似乎是这一做法的特征。如果不阐明文化发挥作用的机制，证据搜集就可能对任何为文化有用论加权的信息"一网打尽"，那就偏离研究、走向宣传了。比如，围绕文化干预的居民普查提供的报告可能是更高的安全感或更大的自信感，但如果大多数居民都没有直接的干预体验，或者根本就没有人质疑，把任何改善归之于正在评价的计划就可能不恰当了。

然而，文化项目的存在常常被视为（实际上可能是）广泛转变的"催化剂"（García and Cox 2013, p. 132），但消除文化角色的歧义在短期研究中常常是不可能的，在长期研究中是极其困难的（THRU 2013）。虽然提供证据的人有时承认，确定清楚条文的问题的确存在（如 Labadi 2008, pp. 59–60），但明晰度的缺乏可能使我们持这样的立场：或肯定（如 New Economy 2013, p. 27），或怀疑（THRU 2013, p. 259），或者研究被证明纯粹是描写性的，而不是分析性的（Markusen and Gadwa 2010, p. 382）。相比而言，虽然更具体的关系似乎可以确定——比如文化机构的集中与房价的关系就可以确定，但这一关系的走向和性质未必就是清楚的（CEBR 2013, p. 113）。

考虑文化角色与物理基础设施开发关系的清晰度问题，维克里指出，政策常常假设，文化发展对打造公民身份有益，但他问道："在文化异质性时代和历史性公民美德和传统权威瓦解的时代，公民身份究竟是什么呢？"（Vickery 2007, pp. 73–74）地标建筑的证据是可以提供的，其成本和经济影响也有证据可查，但如果要期待公民身份的改善，这样的证据并没有回答核心的问题，反而可能被用来代理本不存在的数据，即使证据存在，它也可能没有相关意义。公民身份这类的问题未必符合英国财政部的"绿皮书"——绿皮书指导稳健的评估实践，指明评估清晰理据的需求，阐明如何求得利益，以及受益者获益的机制（2003, pp. 54–55）。但这类问题的研究是可以考虑的有用的出发点，因为它可以更清楚地了解多种力量的博弈。

清晰度的不足也不是新情况。比如，2002年检讨围绕艺术影响证据搜集的一般做法时，里弗斯就指出，艺术组织艺术干预意向中的结果不清晰（Reeves 2002, p. 39）；而且，不清晰的现象不仅在晚近的时期可以找到，在早前的各个时期也可以看到。在文化如何在预期中对复苏做出贡献，以及凭借什么做出贡献时，情况并不清晰，既然如此，大多数证据只适用于其独特的语境，此外并无相关意义。伊文思对付这个颇有争议的问题，露出一丝机敏：

> "证据"、技巧和方法并不短缺，但如果它们与治理及复苏机制有任何关联的话，它们又如何关联呢？决定什么文化、谁的文化"应邀参加节日活动"的权力位居何处呢？这样的问题并不明显，至少它们并非评价研究或影响研究过程的一部分。至于举办这类重大文化事件广泛影响所积累的证据有多大的适用性，将来能被利用到什么程度，为将来的事件提供什么信息，对将来的文化战略和复苏战略有什么启示，这个问题只不过是边缘性的问题而已。（Evans 2011, p. 13）

尽管如此，证据的积累仍在继续。可以说，文化活动的许多重大效应即使不说不可能计量，至少是难以计量的——至于对人与人活动差异的反应，甚至对个人随时间而变的反应，则是可以计量的。但这并不意味着，实践中没有改进的余地。恩尼斯和道格拉斯检讨英格兰关注文化与复苏的"区域发展代理"，他们发现，和经济结果相关的证据比如"有保障的工作岗位"可以是牢固扎实的，但其他领域的证据就留给"定性

判断"了。呼应以上几点,他们接着写道:

> 在有些情况下,这些定性评估只不过是怀抱希望的言论,缺乏长久以来需要的具体证据。比如,无数评估指向街区已改善的感觉,并没有证明这与长远的复苏目标有关系。与此相似,社区改善工程据说提高了居民的信心,其根据是在项目完成之后旋即进行的小型调查。既然评价一般是在项目完成之后不久进行的,它们并不显示长远的影响,而长远影响对复苏才是最重要的。(Ennis and Douglass 2011, p. 8)

拉巴迪也指出,复苏计划影响的定性数据可能会带上"乐观主义偏向"的色彩,他指的是这样一场研究:同意采访的六个人全都持肯定意见,他们都深度卷入复苏计划,因此并不能真正保持必需的批判距离。(Labadi 2008, p. 107)

再者,由于上述原因,复苏影响"研究"可能太偏近文化组织的宣传,不可能准确描绘取得的成就,主要是谋求证明正面的影响,而不是判定正面的影响是否存在(如 General Public Agency 2008, p. 11; DC Research 2011, p. 2; LARC 2011, p. 9)。理论上,有许多方式改变这样的惯习,但这种改变的证据非常有限。比如,2002 年,里弗斯(p. 104)就指出确定文化活动效应时缺乏综合研究,没有使用控制组。考察更晚近的做法时,没有找到综合研究的证据,反而注意到基于这些问题的证据基础存在更广泛的问题(Belfiore 2006; What Works Centre for Local Economic Growth 2014)。奥布莱恩论及广泛文化参与影响评价方法时指出,"在过去的十年间,评价和研究几乎没有进展"(O'Brien 2014, p. 47);利斯和麦尔威诗(Lees and Melhuish 2015, p. 243)指出,评价艺术项目与社会复苏关系时遭遇到重重困难。

瑟尔伍德(Selwood 2006, pp. 50–51)认为,在理想的情况下,意在评价的大量研究对决策人和资助者有一个要求:"解释并证明,个人转化的经验可以是而且的确是从个人向社会迁移的"。但她确认,这样的事情没有发生，接着，她以反映上述探讨的方式写道：

> 这并没有排除改进的需要：合理解释文化、媒体和体育部等机构数据的期望；区分宣传和研究的期望；长期评价投入而不是短期评价的期望，因为短期评价是由融资回合决定的；关于艺术"转化"品质更成熟和诚实讨论的期望。总之，如果突破老一套华而不实的修辞，文化部门的政治和实践都会受益无穷。

这样的实用主义可能会造成维克里所谓的"承认不可见、难量化的经验元素"（Vickery 2007, p. 16），也许还承认，正如格雷（引用 Gallie 1956）所言，艺术和文化"基本上是互相角逐的概念"（Gray 2008, p. 212）。正如第二章主要的评价方法遵循意识形态发展，试图证明自己的"客观性"一样，这样的实用主义可能引向一个结果：强调确认一个领域的结果——经济的一面。

第八节　过分强调经济的一面

英国文化、媒体和体育大臣（2012—2014）玛丽亚·米勒（Maria Miller）说，她"要求艺术促进经济价值，挨了一顿乱棍"，但她的立场是妥当的，因为经济措施构成"人人能懂的客观事实"（Miller 2013）。很可能就是这样的情况。实际上，由于以上勾勒的种种困难，文化艺术的经济影响是难以确定的；由于政治兴趣的缺乏，经济影响也是难以确定的。因此，文化活动委托人和资助人的目标未必和文化机构的目标匹配，也未必和公众的目标匹配（García 2005, p. 846; Holden 2007, p. 32; Shin and Stevens 2013, p. 644）。比如，埃拉·帕默遗产（Ela Palmer Heritage）讨论遗产项目的使用以达成复苏目标时，就注意到社会影响证据的缺乏，原因是：

社会影响评价的缺乏,原因是复苏的经济影响成为评价的焦点,评价集中在市场价值、就业机会的提供和地域商务的满意度。(2008, p. 30)

研究经济问题时,社会影响似乎被视为理所当然,"滴漏效应"自然就在期待之中。然而,就像上文探讨的许多命题一样,这种结果的发生机制并不明确,因而是令人质疑的。实际上,有些研究特别争辩说,"如果没有各种规模的、积极主动的、强大的政治干预和公共干预,文化投入并不以滴漏效应渗透到贫困和边缘化人口中"(Colomb 2011, p. 77, 另见 Evans and Shaw 2004, p. 58)。至于广义的复苏计划,对"滴漏效应"的合理质疑也是存在的(Jones and Evans 2008, pp. 72–73)。

与以上模式相呼应,就以具体文化干预的经济影响的数据本身而论,文化干预的经济影响也难以和其他投资和复苏项目的影响分离开来(Cox and O'Brien 2012)。也许更成问题的是,正如奥布莱恩(2014, p. 12)所言:"我们的经济评价方法可能会使我们忽视尝试评价的重要意义。"

虽然如此,环境造成的对经济评价方法的依靠还是继续下去。但这并不意味着,这个领域应用的方法没有改进的余地。在较早评介这个领域的方法时,里弗斯指出对经济指标的依靠,同时又注意到以下几个问题:

(1)对狭隘经济价值和经济指标的依赖被认为不足以计量"难以量化"的结果;

(2)未考虑地方经济支出的替代和漏损;

(3)未区分艺术支出的分布式效应和总收入效应(Reeves 2002, p. 46)。

早在里弗斯列举的这些问题之前,类似的批评已经能看到(如 Hughes 1989, p. 38),而且在这个领域依然存在。

2010年,马库森和加德瓦考虑大范围内与文化和创新相关的研究时指出,许多研究都深受无根据假设和推断问题的困扰。这些问题有:

（1）未充分说明艺术是出口的基础产业；

（2）把一切支出视为新支出，而不是分解为地方经济里其余领域的花销；

（3）没有承认非营利性的艺术支出直接得到公共领域的补贴，包含资金和运行方面的支持；

（4）没有计算非营利地位赋予的免税。（Markusen and Gadwa 2010, pp. 380–381）

考虑这个时期评介的具体研究时，也发现类似的情况（如 Labadi 2008, pp. 28–29）。针对这些问题的指导有：英格兰策略联盟的"附加性指南"（2008），英国政府的"绿皮书"针对渗漏、耗损和替代的评估也提供了指导（HM Treasury 2003, p. 53），但重要的是注意下述的告诫：

> 有些情况下，评估额外性（additionality）的最佳资讯可能来自于在决策结果里有利可图的人。在这样的情况下，资讯和预测应该由一个独立源来确认。

这个时期与文化领域相关的案例里（如 GHK 2009, p. 28），常常难以确定，是否有人接受这样的告诫。情况似乎相反，"传统的"方法依然如故，并不听这样的忠告。比如，英格兰策略联盟（2008, p. 14）就告诫，评估干预时要防止假设零耗损；而在实际操作中却仍然可以看到这样的假设（比如 Roger Tym and Partners 2011, p. 27）。不过，更常见的情况是，在已有的研究中，诸如此类的问题根本就没有被考虑过（CASE 2011, p. 63）。如上所述，"地方经济研究中心"（What Works Centre 2014）所做的证据综述中就没有纳入文化干预对经济影响的研究，比如游客人数的影响就没有纳入；其依据是，已有的研究足够有力，在指认文化干预净收入方面特别有力。之所以对许多诸如此类的问题缺乏考虑，上述的有限资讯、从事研究的组织相互矛盾的优先安排至少是部分的原因。这些因素还可以用来解释对小样本、初级研究缺乏的批评；这些问题的后果是，有些经济影响的数字只不过是"瞎猜"而已（Labadi 2008, p. 34）。

但还应该指出的是，即使考虑了这些因素，对经济影响研究本身的批评还是很猛烈。拉什顿（Rushton 2015）断言："这类研究没有产生洞见，也没有什么政策意涵"，它们"耗资不菲、无用，研究结果被人遗忘"。因此，自从马登（Madden 2001）详细考察这些技法以来，几乎没有什么变化。他发现，虽然技法激增，"检讨艺术的'经济'影响的经济学家，几乎人人表达对方法和实际局限的关切"（2001, p. 165）。这些关切反映了上述研究的"失败"，却反映了更多的观念问题，换言之，经济影响的研究"没有提供政府拨款的理据"（p. 161）；实际上，研究的设计不为这样的目的服务。它们不能说明，一个文化部门"是重要还是不重要"（p. 165），常常"夸大政府拨款对地方经济的净财务影响"（p. 168）。

说到什么证据可以用来说明文化活动的作用时，马登一段话特别给人以启发：

> 就其本质而言，经济影响研究拙于说明无形的因素。值得指出的是，政府倾向于把无形因素的考虑置于财务考虑之前。比如，政府常常出手压制毒品、卖淫和色情"产业"，虽然它们有时会带来"顺势"的效应。（2001, p. 1170）

然而，为了呼应上列问题，马登断言，虽然文化活动的经济影响研究在被利用时有许多不妥当，但这些研究还是可以被视为对政治要求的合理回应（p. 174）。理解其用途肯定是有用的，但这并不能舒缓它们造成的问题。克朗普顿（Crompton 2006 cited in CASE 2011, p. 79）的话在这里具有一定指导意义，他指出："多半的影响研究都是受委托的，是要为政治立场提供合法性，而不是要寻求经济真相。"这句话也适用于其他影响计量领域。就像对各种方法的研究一样，我们可能不会被引向更有用的证据基础，但达成这样一个证据基础可能并不是评价工作的主要目标。巴赫西等（Bakhshi et al.）稍后就这类研究大增进行研究，他们的结论在这个语境下是有用的：

> 英国艺术类资助人被铺天盖地的经济影响研究搞得头晕目眩，这些研究没有一致的方法论，质量也千差万别。最差的样品把构想较好的研究往下拉；在变异的困境中，有些组织觉得一定要委托人做经济影响研究，因为别人在这样做……囚徒困境只能靠有决断力的领导来解决。在文化领域，严谨经济评价研究的缺乏使艺术向粗糙工具主义的价值判断敞开大门，这是凯恩斯会憎恨的工具主义。（2013, p. 72）

鉴于这类"影响"研究把结果简化为简短的数字，它们还特别容易受神话传说编造的影响（当然这是许多研究领域的通病，见 Rekdal 2014），借助这样的"神话"机制，一段普通的数据，一个数字或一套数字就成了"已知的"真相，接着在多个源头被重复，脱离语境，然后又成为人们将来研究中期望的复制点。英国艺术委员会（Arts Council England 2014, p. 19）指出，赫普沃斯·韦克菲尔德艺术馆对地方经济的贡献估计达 1000 万英镑，但这个数字源头的语境信息却很有限，那是直接取自 2013 年地方政府协会的报告。关于这个数字的源头，协会报告也语焉不详（LGA 2013, p. 6），以后再也没有跟进源头的信息。但进一步的调查向好奇者揭示，这个数字似乎来自于艺术馆自己的年度报告（Hepworth Wakefield 2012, p. 80），该数字的基础是：游客 511,781 人，人均花销 21 英镑。这个 1000 万英镑的新闻标题和其他类似的数字很容易脱离语境，被大量应用；它们被引用的形式并非一看就懂，因而受到了以上批评。

第九节 经济、文化和社会结果的区分

虽然经济影响分析可能有问题，但文化活动具有广义的经济影响是毋庸置疑的，问题在于如何最好地理解这样的影响。即便这样说，但如果证据越来越只聚焦于经济影响，把经济指标比如旅游业水平用作文化活动成功的指标，那样也不妥当。加西亚就提出了这样的警示：如果吸引人的旅游业被视为文化项目的主要目的，取代旅游业的体育竞赛或企业活动也可以带来相当多的高消费游客（García 2005, p. 863）。

与此相似，文化供给改变地方形象的期待之所以受重视，主要是因为其终极产出和旅游业增长相关。即便如此，刘（Liu）也指出，文化项目的营销支出和城市游客人数只表现出有效的相关性，而且：

> 形象营造本身并不保证游客流入。实际上，很多情况下，如果活动不维持下去，如果没有战略营销倡议或有效投资跟进，即使活动办得很好，地方形象也不会有重大的中长期改变。（Liu 2014, p. 506）

更广泛地看，重新思考上文提到的毕尔巴鄂效应时，普拉扎等人对城市环境新文化基础设施未考虑文化效应的说法提出质疑。虽然人们很注意旅游业水平和城市形象，"但有关古根海姆博物馆毕尔巴鄂效应的艺术效应，几乎没有人发表意见"（Plaza et al. 2009, p. 1712）。回头看上文提到的"工具主义"理念，正如维克里所言，在政策圈子里，最容易被忽视的正是文化活动的"固有"利益：

> 需要有经验性案例说明，文化如何吸引更多的游客，如何使一个地方更有趣，但公共政策领域没有概念"驱动程序"，强势肯定

文化本身的作用是不够的。（2007, p. 67）

尽管如此，这个时期的一些言论还是赞同文化的广义社会结果，强调倡议不可分割的模式，认为这一模式正是创意议程的特征。比如，2009年文化、媒体和体育部的一个报告就称：

> 创意产业是就业和创造国民财富的重要源头，特别能带来文化和社会利益。（DCMS and BIS 2009, p. 106）

如此，经济、社会、文化元素被说成是日益融合的特征（Stevenson 2004, p. 127）。康纳利指出，在创意议程时期，文化政策关怀逐渐从"社会正义"走向"社会包容"。日益增长的文化参与能养成包容，包容的终极证据是"经济参与"（Connolly 2013, p. 168, 另见 Warren and Jones 2015, p. 1741）。与此相似，斯蒂文森（Stevenson 2004）指出，文化活动"激活"的城市公共空间可以被视为一种代理的力量，使人参与公共领域的活动以及更广泛公民社会的活动。

但如上所述，大范围社会结果证据的缺乏也可以这样来解释：相比而言，社会结果难以求证。比如，埃拉·帕默遗产（Ela Palmer Heritage 2008, p. 7）就宣示：

> 关于经济复苏对社会资本的利益，几乎没有什么量化的评估。这可能是因为难以计量整个社区的经验。最成功的这类评估是小型复苏计划参与人数的评估，比如志愿者活动或公民行动水平的评估。参与人数的确定相对容易，确定这种参与的效果则是更大的挑战（Newsinger and Green 2016）。就像经济影响问题一样，参与效果的评估提出了文化干预价值的问题。格雷以更广阔的眼光审视文化政策，指向这种政策评估可能存在的问题：评估的方式与实际采用的是文化政策或社会包容政策，根本就没有关系，他又说，就性质而言，这样的社会结果"常常在任何直接、传统的意义上是不可能得

到的"。(Gray 2006, p. 105)

同样在这个更广泛的层面上，欧克利等人就文化参与或志愿服务对解决社会问题的假设提出警告：

> 表面上看，文化参与能生成福祉，但首先获利的人是健康、幸福和教育水平足以使自己抓住机会的人。更令人不安的是，有些志愿服务的研究似乎与福祉相关联，对它们的研究似乎说明，福祉水平、起步高的人更容易改善自己的福祉。(Oakley et al. 2013, p. 23)

第十节 盘旋兜圈子？

就文化引领城市复苏的证据而言，近年我们可以看到的证据说明，历史上在该领域发现的问题仍然以原有的生成方式继续存在。里弗斯（Reeves 2002, p. 102）发现，20世纪90年代所用方法生成的证据有局限，稍后，伊文思和肖（Evans and Shaw 2004）和维克里（Vickery 2007）呼应了里弗斯的看法；显然，近年生成的证据仍然表现出这样的局限性。实际上，批评始终如一，但专项评价的流行并不能用于打造一个扎实的证据基础（Ennis and Douglass 2011, p. 10）；现在的评价更倾向于宣传，并不能接受负效应的可能性（Belfiore 2006, p. 32）。虽然这些发现并非是全新的内容，但鉴于创意议程持久不变的样子，确立这些重要模式的继续运行就至关重要了。形塑证据搜集的底层议程维持不变，由此生成的证据也维持不变。实际上，虽然对证据基础的批评一直在继续，但我们可以说，沿着这些路子展开的证据搜集强化了这样一种立场：什么证据"应该"有，什么问题是恰当的。如上所示，从这一点证据得出的结论更可能是：证据不足，尚需继续搜集，以令人信服地证明：文化活动有推进创意产业发展和广义创新的作用；而不是证明这样的证据不存在，研究最好聚焦于其他课题。既然如此，根据劳和厄里的方法论在"制定社会政策"里的作用来思考问题，定有助益（Law and Urr 2004）。文化的作用在某些方面是由所用方法"建构"的；以上各位的发现并非定论，是第二位的；第一位的发现则是，它们促成了：在牺牲其他框架的情况下，文化和创意的价值应该是什么的框架才能长久保持。

可见，谋求创建某些证据形式就是要接受某些立场。无论证据基础是否令人信服，都会产生一些实际效应。比如，欧克利就认为，从文化实践证明文化产业有用证据的研究有助于文化活动得到资助，但它同时"损害了公共文化拨款的其他一些论点：这样的资助对经济有益"（Oakley 2009, p. 410）。证实这一立场所用的方法抵制其他方法，即使经济增长和文化产业的关系有待商榷（参见 Hesmondhalgh 2007, p. 141 和本书第七章）。这些方法参与建构一个研究对象和实践领域——这个领域确立于 21 世纪初，直到 21 世纪的第二个十年，很可能延续到可见的未来，也许会强化量化研究的驱力。鉴于生成宝贵和"客观"证据的终极目标，面对上述证据，使用二手数据统计分析的热情有增无减（如 Markusen and Gadwa 2010, p. 382; Arts Council England 2014, p. 6），恐怕这是受到近年"大数据"热情的激励。这一现象不足为奇。但在这里谨慎行事是有充分理由的。2014 年，艺术委员会检讨文化价值的证据时（Arts Council p. 6）就指出，"用逻辑回归技术的工作前景很好"，但统计发现的工作实际上所获不多。继续在这个方向上推进前，注意戈拉德（Gorard）针对广泛使用统计分析提出的告诫是明智之举：

> 假证据的危险是常见的，用回归的替代形式并不能克服危险……实际上，更复杂的方法会使情况更糟……复杂的统计分析不能事后用来解决设计问题或数据集不足的问题。（Gorard 2006, pp. 82–83）

这个问题还附带产生一个从已有二手数据中能真正获得什么的问题。用大型二手数据集能应对上文勾勒的第一手数据搜集所面对的一些挑战，同时，这个问题的案例研究（2011）又得出这样的结论：二手数据和相关方法主要是在考虑商务和财产数据时有用（p. 71），当前的方法论常常不能有效地考虑经济置换问题（p. 4）、适当比较器的问题（p. 17），或直接归之于具体干预的问题（p. 80）。当采用这类方法的数据可资利用时——而这样的情况又罕见，唯有相当大规模干预才能得到充分的评估。如此，这一轨迹不太像是必定能规避上述问题的轨迹。

鉴于以上情况，这样的走势似乎不太可能，关于文化在经济复苏里的作用，约束其可靠证据生成的大范围因素将消失。也许更紧迫的问题是，文化引领的复苏这个理念本身是否已经到顶（Evans 2011, p. 15; Lees and Melhuish 2015, p. 243）。然而，即使这个理念不再处于上升状态，围绕这些问题创建稳健证据基础的重要意义仍然是突出强调的问题，围绕文化复苏潜能的论述还是颇为耳熟，在英国国家层面上是这样的：

> 文化能在五个重要的方面促进地方经济：吸引游客、创造就业机会和培养技能、吸引并留住重振地方经济的企业、培养人才……强有力的证据表明，艺术活动的参与能促进社区的凝聚力，减少社会排斥和孤立，使社区的感觉更安全、更有力。（Arts Council England 2014, pp. 7–8）

在国际层面上耳熟能详的言论有：

> 文化引领的倡议和产业在地方和区域发展中有多重作用，传统上增加了区域的吸引力，确保了社会经济包容以及乡村和偏远地区的发展，而且还使整合的、可持续的城市复苏成为可能。（European Parliament 2016, p. 8）

如此，我们可以看到，围绕文化价值的言论和针对这些言论的批评，似乎都具有令人印象深刻的稳定性。英国艺术委员会检讨 2010 年以降的证据搜集时发现，"大多数评估文件不能确定艺术和文化与广义社会影响的因果关系"（Arts Council England 2014, p. 8），再次突显纵向研究的需要。然而，这个文件继续用上了一种循环论证，借以部分说明上述进步缺乏的原因。文化活动和广义的社会影响的因果关系没有被确定，我们发现委员会的报告接着说：

> 艺术和文化在诸多方面发挥重要作用：通过地方复苏促进社会经济目标，吸引游客，培养人才和创新，改善健康福祉，提供基本服务。（p. 11）

即使遭到批评，创意议程还是继续推进：我们不能确认政策修辞暗示的因果关系，但我们"知道"文化发挥着重要的作用，它培育创新、推进复苏、改善经济，等等。鉴于第二章所考察的这些立场的前兆，显然许多人感觉，他们知道诸如此类的事情已有一段时间了，但同样清楚的是，这样的知识不是一系列令人信服的证据积累的结果。实际上，鉴于上述局限，即使这类证据可以被搜集，现在的情况却有违证据的搜集。虽然更好、更精细和纵向的数据到来时，数据究竟在政策制定中发挥什么作用，情况仍然是不清楚的。尽管如此，推进创意议程的需要最终似乎仍然是"已为人知"的。

第十一节　本章小结

在基础的社会学层面，舒茨断言："唯有显示其目的或原因，人的活动才是可以理解的。"（Schutz 1960, p. 214）如此，在考虑如何说明文化和艺术的再生力量时，我们可以说，长时期内，虽然有上述持久的挑战，但为了支持城市环境里文化作用的叙事，搜集证据的方式还是类似的，因为证据的生成被认为是必要之举。如上所示，证据的缺乏意味着，文化门类理想上"需要"的研究证据并不是常常能找得到的，所以，人们的研究遵循业已确定的模式，符合以上各章追溯的趋势：经济价值优先。因此，这个时期搜集证据的做法缺乏创意，不乏一丝讽刺意味。文化政策的作用相对弱小，证据搜集的资源有限；有鉴于此，我们可以考虑更隐形的因素在更大范围里的结构作用，伊文思论及这些因素在这个领域里持久的影响：

> 大型文化引领的复苏计划并非完全根基扎实，也并非完全以理性决策为基础。（Evans 2005, p. 960）
>
> 主办城市的决定缺乏"常态"理性，常常被地缘政治和个人（商务、政治、"人格"）要求压倒，最后还是靠盲目信念采取行动，相反的证据被剔除或抵消，更紧要的利益尤其财产、声望和自豪感的因素占上风。（Evans 2011, p. 14）

在这样的语境下，短期工程、方便取样和对二手数据的关注是可以理解的，却不能带来长期主张的稳健的纵向数据；即使信念和威望是决策过程中更偏重的考虑，稳健的纵向数据也可能会无关紧要。即使这一决策过程瞄准的的确是依托冷静已有证据的考虑，我们也可以指出这个领域"制度记忆"（institutional memory）的不足，以及无意于"价值评估"的倾向：

> 相关的利益攸关者没有意向、时间或机会来估计它们委托的或使用的研究成果，无论研究成果是思想资源或竞选工具；没有福祉评估结果的资源，很少研究者能确认他们受委托所做的长期研究。资源和成果确认的缺乏使宣传研究成为可能，宣传研究被贴上合法的标签，成为文化门类的重大资源（以及资源的应用）。（Oman and Taylor 2018, p. 239）

鉴于持久需要证据去"证明"政策干预，我们就处在这样一种境地：证据的搜集有时就类似研究的拟像；问题不清，前提不明，罕有人觉得现存的发现已为人知，或能在其基础上做进一步的建构（Schuster 1996, p. 262）。既然没有清楚的命题去验证，在证据搜集技法和批评主导的情况下，进一步的建构就难以持久了。"快速政策"（Peck 2002）要求"速成结果"，而且是正面的结果（Van Heur 2010, p. 190）；在这样的语境里，更稳健的发现越发不可能。既然如此，对业已相信文化作用的人而言，继续增长的证据基础多半就没有必要了；对不相信文化作用的人而言，继续增长的证据基础也不太可能具有说服力了。

参考文献

ACAVA. (2014). *Regeneration archive*. Retrieved from http://www.acava.org/regeneration/regeneration-archive.

APPG. (2017). *Creative health: The arts for health and wellbeing*. Retrieved from http://www.artshealthandwellbeing.org.uk/appg-inquiry/Publications/Creative_Health_Inquiry_Report_2017_-_Second_Edition.pdf.

Arts Council England. (2009). *The North West Housing Market Renewal arts partnership*. Retrieved from http://www.artscouncil.org.uk/media/uploads/publications/NW-Housing-Market-Renewal.pdf.

Arts Council England. (2014). *The value of arts and culture to people and society: An evidence review*. Manchester: Arts Council England.

Arts Council Northern Ireland. (2014). *Ambitions for the arts: A five year strategic plan for the arts in Northern Ireland 2013–2018*. Belfast: Arts Council Northern Ireland.

Audit Commission. (1991). *Local authorities, entertainment and the arts*. London: Her Majesty's Stationery Office.

Audit Commission. (2011). *Housing Market Renewal: Housing, programme review*. Retrieved from http://archive.audit-commission.gov.uk/auditcom-mission/SiteCollectionDocuments/Downloads/201103HMRprogrammereview.pdf.

Bailey, C. (2006). *Cultural values and culture led regeneration: The case of Newcastle-Gateshead*. Retrieved from http://www.fokus.or.at/fileadmin/fokus/user/downloads/acei_paper/Bailey.doc.

Bakhshi, H., Hargreaves, I., & Mateos Garcia, J. (2013). *A manifesto for the creative economy*. London: Nesta.

Barnardo's. (2005). *Art of regeneration: Evaluating the impact of the arts in a disadvantaged community.* Retrieved from http://www.dmss.co.uk/wp-content/uploads/2013/06/art_of_regeneration_report.pdf.

BBC. (2009). *City gears up for culture finale.* Retrieved from http://news.bbc.co.uk/1/hi/england/merseyside/7820243.stm.

Belfiore, E. (2006). The unacknowledged legacy: Plato, the Republic and cultural policy. *International Journal of Cultural Policy, 12*(2), 229–244.

Belfiore, E. (2009). On bullshit in cultural policy practice and research: Notes from the British case. *International Journal of Cultural Policy, 15*(3), 343–359.

Belfiore, E. (2015). 'Impact', 'value' and 'bad economics': Making sense of the problem of value in the arts and humanities. *Arts & Humanities in Higher Education, 14*(1), 95–110.

Blank, L., Ellis, L., Goyder, E., & Peters, J. (2004). *Tackling inequalities in mental health: The experience of new deal for communities.* Retrieved from http://extra.shu.ac.uk/ndc/downloads/reports/RR34.pdf.

Böhm, S., & Land, C. (2009). No measure for culture? Value in the new economy. *Capital & Class, 33*(1), 75–98.

Brennan, D. (2010). *A better place to live: 10 years of the new deal in Radford and Hyson Green.* Nottingham: Castle Cavendish Foundation.

Brooks-Pollock, T. (2013, October 12). Manchester International Festival created hundreds of new jobs in £38 m boost for city, report says. *Manchester Evening News.* Retrieved from https://www.manchestereveningnews.co.uk/news/greater-manchester-news/manchester-international-festival-created-hundreds-6173999.

CABE. (2008). *Artists & places: Engaging creative minds in regeneration.* Retrieved from http://www.liminal.org.uk/uploads/9/warwick_bar_masterplan_Artist_and_Places_2008-pdf.

Campbell, P., & Cox, T. (2017). 'Regeneration' in Britain: Measuring the outcomes of cultural activity in the 21st century. In V. Durrer, T. Miller, & D. O'Brien (Eds.), *The Routledge handbook of global cultural policy* (pp. 538–557). London: Routledge.

CASE. (2011). *The art of the possible—Using secondary data to detect social and economic impacts from investments in culture and sport: A feasibility study.* Retrieved from https://www.gov.uk/government/uploads/system/uploads/attachment_data/file/77608/

CASE_The_Art_of_the_possible_2.pdf.

Cavendish, N. (2008). *Culture and money.* Retrieved from http://www.newstatesman.com/theatre/2008/06/festival-lift-economic/.

CEBR. (2013). *The contribution of the arts and culture to the national economy.* London: Centre for Economics and Business Research Ltd.

Colomb, C. (2011). Culture *in* the city, culture *for* the city? The political construction of the trickle-down in cultural regeneration strategies in Roubaix, France. *Town Planning Review, 81*(1), 77–98.

Comedia. (2004). *Culture and regeneration: An evaluation of the evidence.* Nottingham: Comedia.

Connolly, M. G. (2013). The 'Liverpool model(s)': Cultural planning, Liverpool and Capital of Culture 2008. *International Journal of Cultural Policy, 19*(2), 162–181.

Conservative and Unionist Party. (2017). *Manifesto 2017.* Retrieved from https://www.conservatives.com/manifesto.

Cox, T., & O'Brien, D. (2012). The "Scouse Wedding" and other myths and legends: Reflections on the evolution of a "Liverpool model" for culture-led regeneration. *Cultural Trends, 21*(2), 93–101.

DCLG. (2007). *The Single Regeneration Budget: Final evaluation.* Retrieved from http://www.landecon.cam.ac.uk/pdf-files/cv-etc/pete-tyler/SRB_RESEARCHSUMMARY_2007.pdf.

DCLG. (2009). *National evaluation of Housing Market Renewal Pathfinders 2005–2007.* Retrieved from webarchive.nationalarchives.gov.uk/20120919132719/http:/www.communities.gov.uk/documents/housing/pdf/1362833.pdf.

DCLG. (2010). *The new deal for communities experience: A final assessment.* Retrieved from http://extra.shu.ac.uk/ndc/downloads/general/A%20final%20assessment.pdf.

DCLG. (2013). *Investing in your future: Case study booklet—East Midlands European Regional Development Fund programme, 2007–2013.* Retrieved from https://www.gov.uk/government/uploads/system/uploads/attachment_data/file/147821/East_Midlands_ERDF_Case_Study_Booklet_Edition_1.pdf.

DCMS. (2004). *Culture at the heart of regeneration.* London: DCMS.

DCMS. (2016). *The culture white paper.* London: DCMS.

DCMS & BIS. (2009). *Digital Britain.* Norwich: The Stationery Office.

DC Research. (2011). *Economic value and impact of Yorkshire Sculpture Park*. Retrieved from http://www.ysp.co.uk/media/editor/file/YSP%20Economic%20Impact%20 Final%20Report%20Web%20251011%20CF.pdf.

Dhamak Beats. (2012). *About Dhamak*. Retrieved from http://dhamak.bare-foot-hosting.com/wordpress/?page_id=11.

Edwards, A., Crossley, C., & Brooke, C. (2013, November 20). City of culture? It's a hull of a thought! £184 million boost for the area once derided as a dump. *Daily Mail*. Retrieved from http://www.dailymail.co.uk/news/article-2510411/City-culture-Its-Hull-thought-184million-boost-area-derided-dump.html.

Ela Palmer Heritage. (2008). *The social impacts of heritage-led regeneration*. London: Ela Palmer Heritage.

English Partnerships. (2008). *Additionality guide: A standard approach to assessing the additional impact of interventions*. Retrieved from https://www.gov.uk/government/uploads/system/uploads/attachment_data/file/191511/Additionality_Guide_0.pdf.

Ennis, N., & Douglass, G. (2011). *Culture and regeneration—What evidence is there of a link and how can it be measured?* London: GLA.

ESRC. (2009). *Not only...but also: Capturing the value of culture, media and sport*. Swindon: ESRC.

European Commission. (2013). *Housing investments supported by the European Regional Development Fund 2007–2013: Housing in sustainable urban regeneration*. Retrieved from http://ec.europa.eu/regional_policy/sources/docge-ner/studies/pdf/housing/2013_housing_study.pdf.

European Parliament. (2016). *FEFF report on a coherent EU policy for cultural and creative industries*. Retrieved from FEFF http://www.europarl.europa.eu/sides/getDoc.do?pubRef=-//EP//NONSGML+REPORT+A8-2016-0357+0+DOC+PDF+V0//EN.

Evans, G. (2003). Hard-branding the cultural city—From Prado to Prada. *International Journal of Urban and Regional Research, 27*(2), 417–440.

Evans, G. (2005). Measure for measure: Evaluating the evidence of culture's contribution to regeneration. *Urban Studies, 42*(5–6), 959–983.

Evans, G. (2011). Cities of culture and the regeneration game. *London Journal of Tourism, Sport and Creative Industries, 5*(6), 5–18.

Evans, G., & Shaw, P. (2004). *The contribution of culture to regeneration in the UK: A review of evidence.* London: DCMS.

Flew, T. (2010). Toward a cultural economic geography of creative industries and urban development: Introduction to the special issue on creative industries and urban development. *The Information Society, 26*(2), 85–91.

Gallie, W. B. (1956). Art as an essentially contested concept. *The Philosophical Quarterly, 6*(23), 97–114.

García, B. (2004). Cultural policy and urban regeneration in Western European cities: Lessons from experience, prospects for the future. *Local Economy, 19*(4), 312–326.

García, B. (2005). Deconstructing the city of culture: The long-term cultural legacies of Glasgow 1990. *Urban Studies, 42*(5–6), 841–868.

García, B., & Cox, T. (2013). *European Capitals of Culture: Success strategies and long-term effects.* Retrieved from http://www.europarl.europa.eu/RegData/etudes/etudes/join/2013/513985/IPOL-CULT_ET%282013%29513985_EN.pdf.

Gateshead Council. (2006). *The angel of the North.* Retrieved from http://www.gateshead.gov.uk/DocumentLibrary/Leisure/Angel/Angel%20Pack%20large.doc.

General Public Agency. (2008). *Art at the centre phase II—Final evaluation report 2005–2008.* London: General Public Agency.

GHK. (2009). *Economic impact of HLF projects, volume 1—Main report.* Retrieved from http://www.hlf.org.uk/aboutus/howwework/Documents/Economic_impact_HFprojects2009_Finalreport.pdf.

Gorard, S. (2006). *Using everyday numbers effectively in research.* London: Continuum.

Gosling, P. (2010, March 2). Economic future is bright for the city that's brimming with culture. *Belfast Telegraph.* Retrieved from http://www.bel-fasttelegraph.co.uk/news/campaigns/derry-culture-bid/economic-future-is-bright-for-the-city-thats-brimming-with-culture-28536848.html.

Gray, C. (2006). Managing the unmanageable: The politics of cultural planning. *Public Policy and Administration, 21*(2), 101–113.

Gray, C. (2008). Arts council England and public value: A critical review. *International Journal of Cultural Policy, 14*(2), 209–214.

Gray, C. (2009). Managing cultural policy: Pitfalls and prospects. *Public Administration, 87*(3), 574–585.

Hepworth Wakefield. (2012). *Annual review 2011–12.* Retrieved from https://ripassetseu.

s3.amazonaws.com/www.hepworthwakefield.org/_files/documents/dec_12/ FENT__1355235958_THW_Annual_Review_2011-12_LR.pdf.

Hesmondhalgh, D. (2007). *The cultural industries.* London: Sage.

Hesmondhalgh, D., Oakley, K., Lee, D., & Nisbett, M. (2015). *Culture, economy and politics—The case of new labour.* Basingstoke: Palgrave Macmillan.

Hewison, R. (2014). *Cultural capital: The rise and fall of creative Britain.* London: Verso.

HM Treasury. (2003). *The Green Book: Appraisal and evaluation in central government.* Retrieved from https://www.gov.uk/government/uploads/system/uploads/attachment_data/file/220541/green_book_complete.pdf.

Holden, J. (2007). *Publicly-funded culture and the creative industries.* London: Arts Council England.

Hughes, G. (1989). Measuring the economic value of the arts. *Policy Studies, 9*(3), 152–165.

Hull, D. (2013). *Examining social inclusion in the arts in Northern Ireland.* Belfast: Northern Ireland Assembly.

Hyslop, D. (2012). Culture, regeneration and community: Reinventing the city. *Gateways: International Journal of Community Research and Engagement, 5,* 152–165.

Johanson, K., Glow, H., & Kershaw, A. (2014). New modes of arts participation and the limits of cultural indicators for local government. *Poetics, 43,* 43–59.

Jones, P., & Evans, J. (2008). *Urban regeneration in the UK.* London: Sage.

Knell, J., & Oakley, K. (2007). *London's creative economy: An accidental success?* London: The Work Foundation.

Labadi, S. (2008). *Evaluating the socio-economic impacts of selected regeneration heritage sites in Europe.* Retrieved from http://www.encatc.org/pages/fileadmin/user_upload/Forum/Sophia_Labadi_2008CPRA_Publication.pdf.

LARC. (2011). *Liverpool Thrive programme final report.* Retrieved from http://www.larc.uk.com/wp-content/uploads/2013/06/Thrive-Final-Report.pdf.

Law, J., & Urry, J. (2004). Enacting the social. *Economy and Society, 33*(3), 390–410.

Leather, P., Nevin, B., Cole, I., & Eadson, W. (2012). *The Housing Market Renewal programme in England: Development, impact and legacy.* Retrieved from http://www.inta-aivn.org/images/cc/Habitat/background%20documents/HMR%20legacy%20paper%201%2012.pdf.

Lees, L., & Melhuish, C. (2015). Arts-led regeneration in the UK: The rhetoric and the evidence on urban social inclusion. *European Urban and Regional Studies, 22*(3), 242–260.

LGA. (2013). *Driving growth through local government investment in the arts.* London: Local Government Association.

Liu, Y.-D. (2014). Cultural events and cultural tourism development: Lessons from the European Capitals of Culture. *European Planning Studies, 22*(3), 498–514.

Madden, C. (2001). Using 'economic' impact studies in arts and cultural advocacy: A cautionary note. *Media International Australia Incorporating Culture and Policy*, 98, 161–178.

Markusen, A., & Gadwa, A. (2010). Arts and culture in urban or regional planning: A review and research agenda. *Journal of Planning Education and Research, 29*(3), 379–391.

McMaster, B. (2008). *Supporting excellence in the arts: From measurement to judgement.* London: DCMS.

Media and Arts Partnership. (2008). *Housing Market Renewal.* Retrieved from http://www.maap.org.uk/sholver/.

Miles, S., & Paddison, R. (2005). Introduction: The rise and rise of culture-led urban regeneration. *Urban Studies, 42*(5–6), 833–839.

Miller, M. (2013, June 20). I argued for the arts—And won. We will keep the philistines from the gates. *The Guardian.* Retrieved from https://www.theguardian.com/commentisfree/2013/jun/20/argued-for-arts-and-won-philistines-economic-case.

New Economy. (2013). *Beyond the arts: Economic and wider impacts of the Lowry and its programmes.* Retrieved from http://www.thelowry.com/Downloads/reports/The_Lowry_Beyond_the_Arts.pdf.

Newsinger, J., & Green, W. (2016). The infrapolitics of cultural value: Cultural policy, evaluation and the marginalisation of practitioner perspectives. *Journal of Cultural Economy, 9*(4), 382–395.

NFASP. (2010). *Developing affordable artists' studios in a Housing Market Renewal area.* Retrieved from http://artspace.org.uk/download-file/downloads/Manor-Oaks-CS.pdf.

Oakley, K. (2008). Any answer as long as it's right: Evidence-based cultural policymaking. In L. Andersen & K. Oakley (Eds.), *Making meaning, making money* (pp. 18–41). Newcastle Upon Tyne: Cambridge Scholars.

Oakley, K. (2009). The disappearing arts: Creativity and innovation after the creative industries. *International Journal of Cultural Policy, 15*(4), 403–413.

Oakley, K., O'Brien, D., & Lee, D. (2013). Happy now? Well-being and cultural policy. *Philosophy and Public Policy Quarterly, 31*(2), 18–26.

O'Brien, D. (2014). *Cultural policy: Management, value and modernity in the creative industries.* London: Routledge.

O'Connor, J. (2007). *The cultural and creative industries: A review of the literature.* London: Arts Council England.

Oman, S., & Taylor, M. (2018). Subjective well-being in cultural advocacy: A politics of research between the market and the academy. *Journal of Cultural Economy, 11*(3), 225–243.

Peck, J. (2002). Political economies of scale: Fast policy, interscalar relations, and neoliberal workfare. *Economic Geography, 78*(3), 331–360.

Pendle Borough Council. (2014). *Housing Market Renewal.* Retrieved from http://www.pendle.gov.uk/galleries/gallery/5/housing_market_renewal_hmr/.

Plaza, B. (2006). The return on investment of the Guggenheim Museum Bilbao. *International Journal of Urban and Regional Research, 30*(2), 452–567.

Plaza, B., Tironi, M., & Haarich, S. (2009). Bilbao's art scene and the "Guggenheim effect" revisited. *European Planning Studies, 17*(11), 1711–1729.

Pratt, A. C. (2008). Creative cities: The cultural industries and the creative class. *Geografiska Annaler: Series B, human geography, 90*(2), 107–117.

Public Art Leicester. (2005). *Cultural mapping public art programme Leicester.* Retrieved from http://www.leicester.gov.uk/culturalmapping/index.html.

Reeves, M. (2002). *Measuring the economic and social impact of the arts: A review.* London: Arts Council England.

Rekdal, O. B. (2014). Academic urban legends. *Social Studies of Science, 44*(4), 638–654.

Richards, G. (2011). Creativity and tourism: The state of the art. *Annals of Tourism Research, 38*(4), 1225–1253.

Roger Tym & Partners. (2011). *Economic impact of the Liverpool Arts Regeneration Consortium.* Retrieved from http://www.larc.uk.com/wp-content/uploads/2011/10/LARC-Economic-Impact-Final-Report.pdf.

Rushton, M. (2015). *On the return to public investments in Museums.* Retrieved from http://www.artsjournal.com/worth/2015/03/on-the-return-to-public-investments-in-museums/.

Schuster, J. M. (1996). The performance of performance indicators in the arts. *Nonprofit Management & Leadership, 7*(3), 253–269.

Schutz, A. (1960). The social world and the theory of social action. *Social Research, 27*(2), 203–221.

Selwood, S. (2006). A part to play? The academic contribution to the development of cultural policy in England. *International Journal of Cultural Policy, 12*(1), 35–53.

Sharp, J. (2007). The life and death of five spaces: Public art and community regeneration in Glasgow. *Cultural Geographies, 14*(2), 274–292.

Shin, H., & Stevens, Q. (2013). How culture and economy meet in South Korea: The politics of cultural economy in culture-led urban regeneration. *International Journal of Urban and Regional Research, 37*(5), 1707–1723.

Stevenson, D. (2004). "Civic gold" rush—Cultural planning and the politics of the third way. *International Journal of Cultural Policy, 10*(1), 119–131.

Taylor, P., Davies, L., Wells, P., Gilbertson, J., & Tayleur, W. (2015). *A review of the social impacts of culture and sport*. Retrieved from https://assets.pub-lishing.service.gov.uk/government/uploads/system/uploads/attachment_data/file/416279/A_review_of_the_Social_Impacts_of_Culture_and_Sport.pdf.

The Economist. (2012). Art the conqueror. Retrieved from http://www.economist.com/node/21550291.

THRU. (2013). *Townscape heritage initiative schemes evaluation—Ten year review report*. Oxford: Townscape Heritage Research Unit, Oxford Brookes University.

Tyler, P., Warnock, C., Provins, A., Wells, P., Brennan, A., Cole, I., ..., Phang, Z. (2010). *Valuing the benefits of regeneration*. Retrieved from https://www.gov.uk/government/uploads/system/uploads/attachment_data/file/6382/1795633.pdf.

Van Heur, B. (2010). Small cities and the geographical bias of creative industries research and policy. *Journal of Policy Research in Tourism, Leisure and Events, 2*(2), 189–192.

Vickery, J. (2007). *The emergence of culture-led regeneration: A policy concept and its discontents*. Warwick: Centre for Cultural Policy Studies.

Warren, S., & Jones, P. (2015). Local governance, disadvantaged communities and cultural intermediation in the creative urban economy. *Environment and Planning C:*

Government and Policy, 33(6), 1738–1752.

What Works Centre for Local Economic Growth. (2014). *Evidence review 3: Sports and culture*. Retrieved from http://www.whatworksgrowth.org/public/files/Policy_Reviews/16-06-15_Culture_and_Sport_Updated.pdf.

第五章 创意产业的不断发展

上一章展示艺术和文化价值时遭遇到一系列挑战。这一章阐述创意产业时,我们可以期待,生成证据的努力不会遭遇到那么多困难。可以假设,证据搜集起步时的目标就更加明确。比如,具体岗位上工作的人数是可以估计的,产业经济产出的数据可以从国家统计机构获得。然而,本章将要证明,事情并不那么简单;勾画这类数据如何构成、如何用于推进创意议程的方式还是不够的。

首先,本章将要讨论,在创意议程的第一个十年里,在文化聚焦的创意产业经济成就里,叙事手段是如何扎根的。然后,我们考虑定义在证据搜集里的重要作用,考虑文化、媒体和体育部的统计数据被修订的方式,借以展示,21世纪第二个十年初期主流的叙事如何被瓦解。从这点出发,我们追踪外部机构迅速"修补"这些统计数据的作用,接着考虑这个过程和第三章广义创意议程的联系,然后再考虑第二章确定的"新"经济时代出现的预成性思维(pre-existing thinking)。本章结束时反思创意产业数据的现今的状态,经过几十年的数据争论后,许多没有解决的紧张状态依然存在。

第一节 第一阶段:事实证明,创意产业有重要经济意义(1998—2011)

我们在第一章初识创意产业当前和未来的重要意义,这一持久立场的关键要素是有关创意产业特别经济表现的统计数据。英国政府确定搜集统计数据的一套方法有助于创意产业概念的国际传播,第三章已有论及。在这个时期,文化、媒体和体育部的定义被指是"实际上的世界标准"(Bakhshi et al. 2013, p. 3)。文化、媒体和体育部描绘了在这个领域里自身举措的简史,指出其影响:

> 从2001年起,文化、媒体和体育部发布英国经济里创意产业规模的年度估算报告,用国家统计局(ONS)的数据来估计,创意产业对英国就业、总增加值(GVA)和出口的贡献。文化、媒体和体育部这个统计方法成为衡量创意产业贡献的国际先例。(DCMS 2007, p. 2)

在这个时期的大部分时间里,文化、媒体和体育部发布了一系列的"创意产业经济估算"(CIEE)报告,概述创意产业的表现,这些文件里的主要的总体数据旋即被学者、决策人、咨询师和媒体采用——实际上,凡是优先讨论创意产业的人似乎都采用了这些数字。本章将考虑这些报告里的总体数据(如"总增加值",以及"计量每一生产者、产业或门类对经济的贡献"[ONS 2006, p. 25]),接着讲索罗斯比的解释:这是估算经济贡献时需要考虑的两个最重要的变数(Throsby 2015, p. 64)。"创意产业经济估算"报告以1998年和2001年的"创意产业规划文件"为基础,有所发明。普拉特(Pratt)早前论述这个数据搜集过程,认为在这类文件里,统计数据信息:

> 是确立"创意产业"合法性的关键,尤其是对财政部而言。就创意产业的经济权重而言,这个合法性的建立有助于创意产业的经济解释。(Pratt 1999, pp. 155–156, cited in Volkerling 2001, p. 445)

实际上,其他作者反思这个时期说,这些文件表现的经济统计数据的量级"使创意产业受到认真的对待",英国和外国的财政大臣都予以重视(Banks and O'Connor 2017, p. 645)。仅举一例说明这些数据的国际影响。伦德泽韦丘特等人（Rindzevičiūtė et al.）指出，"我们向立陶宛政府介绍创意产业给英国国家财政和地方财政增收的数据，立陶宛政府对创意产业的地位产生了兴趣"（2016, p. 600），"立陶宛创意产业联合会旋即组成，遵循英国人对这个门类的定义，生成自己的类似数据"（2016, p. 604）。除了在国家一级和国际的作用之外，这些规划文件呈现的经济图像对地方各级采纳创意产业政策也起到了关键作用，它们"被倡导者紧紧抓住，被视为重要而权威的论述"（Taylor 2006, p. 8），除了勾勒当前的重要性外，这些数据还发挥另一个重要作用：宣示创新在未来会日益重要（如 Bazalgette 2017, p. 7）。那么，这类数据展示了什么模型呢？

我们列举一连串典型的言论，借以揭示文化、媒体和体育部数据的广阔应用，构建其模型。以下是创意产业前十年数据搜集者的记述：

> "（创意产业团队）确认，创意产业是英国'后工业'经济'木桶'的一块核心木板，他们指出，这一产业占1998年的国民总收入的5%，雇用了1400万人，其增速是英国经济增速的两倍。"（Flew and Cunningham 2010, p. 113）
>
> "2003年7月，文化、媒体和体育部发布的统计公报显示，创意产业占2001年英国经济总增加值的8.2%。"（Montgomery 2005, p. 340）
>
> "2002年，创意产业占英国经济总增加值的8%；1997年到2002年，创意产业的年均增长率为6%，相比而言，英国经济总体的年均增长率为3%。"（Comedia 2004, p. 12）
>
> "2004年，创意产业占英国经济总增加值的8%，而1997年的占比是4%；1997年到2004年，创意产业的年均增长率是5%，相比而言，英国经济总增长率是年均3%；英国创意产业的就业人口达1800万。"（Holden 2007, p. 1）
>
> "（创意产业）占总经济的7.3%，正在以每年5%的速度增长（几乎是其余经济增速的两倍）。加上相关创意职业的人，创新经济

的就业人口是 1800 万。"（Jowell in The Work Foundation 2007, p. 6）

"在英国，创意产业给英国总增加值的贡献超过 6.4%，其增速比总体经济快。2007 年，创意产业的总收入达到 675 亿英镑。"（Technology Strategy Board 2009, p. 7）

虽然以上数字的差异并非不重要，而且我们在下文将进一步予以考虑，但我们至少能看到这个时期主导的总体画面。因此，琼斯和赖特 2007 年得出的以下广域结论是可以理解的：

> 现在我们很清楚，文化产业是我们经济的重要组成部分。我们讲述创意产业的成功故事，常常引用占 GDP 百分之八的数字，创意产业是我们经济增长最快的部分。（Jones and Wright 2007, p. 40）

与此相似，我们可以理解，为什么英国政府的跨部门报告《创意英国》（本书第一章已提及）开篇第一段是这样写的：

> 英国是创意之国，我们的创意产业对英国日益重要。2000 万人在创意职业里就业，创意产业每年给英国贡献 600 亿英镑——占英国经济的 7.3%。在过去的十年里，创意产业的增长速度是总体经济增长的两倍。（DCMS et al. 2008, p. 6）

以上是数据搜集前十年的简短回眸，你从这里得到的印象是创意产业雇用了将近 2000 万人，占总增加值的比例不断上升，从 5% 上升到 8%，约 600 亿英镑；创意产业的增速将近英国经济增速的两倍。至少在总体数据层次上，创意产业似乎真的具有合法的经济意义，而且用"人人能懂的硬事实"展示其经济作用，前文化、媒体和体育大臣玛丽亚·米勒（2013）宣示的这一点特别重要。

有些文献指向对总体数据性质的关切或困难，但这个时期主流的态度是直引现有的统计数字，将其视为清楚的证据，说明创意产业是新兴经济不可分割的部分，对任何地方的经济成功都极为重要。富尔德（Foord 2008, p. 92）提供证据显示，这种状况不仅是英国的特征，而且是国际上呈现创意产业的主导方式。因此，这样的统计数字代表着创意产业广义话语里的重要"知识"门类之一（Jäger and Maier 2009, p. 34）；它们被反复引用，构成推进创意议程合理化的关键因素。这种数据长期整理的过程可以看出与"基于证据的决策"的总体转向是一致的。比如欧克利就指出，数据的出现成为重要的政治关注对象，围绕创意产业的任何讨论"总是伴随着对证据的强调"。（Oakley 2008, p. 21）

（一）让数据与文化联手

任何数据收集实施的关键问题都是定义。本书第三章首先考虑创意产业活动，并指出，虽然创意产业范围拓宽到了其他领域，但多半的活动还是与早前的"文化产业"交叠。这个时期里上述经济指标的讨论反映了文化活动的中心地位，"文化产业"和"文化"常常被当作近义词。我们来考虑临近这个时期末尾时几种突出的论述，比如第一国务大臣曼德尔森男爵就指出，除了驱动我们的经济，创意产业"还确保英国在全球文化舞台上超常发挥"（2009）。2010年3月，17个大型的英国文化组织的联合会发布"文化资本"报告，副标题是"文化投资将建成英国的社会经济复苏"。这个报告重刊了上文那些数字和指标，用下面这段话提供理据，强调指出，2008年的金融危机以后，"创新"的目的论理解强化了：

> 创意是经济复苏的关键。艺术和遗产的公共投资有助于生成文化资本，文化资本滋养创意产业……文化创意产业比其余经济门类的增长快，占总增加值的6.2%。（Arts Council England et al. 2010, p. 7）

具体的活动被挑选出来例证创意产业时，它们具有类似的文化属性。比如，数据搜集项目的成果指出，创意产业的价值部分源于"新书新电影"之类的产品（Stoneman 2009, p. 4）；英国艺术委员会的首席执行官报告,"人们普遍认为,艺术是创新经济的基石"(Davey in Fleming and Erskine 2011, p. 1)。注册学习艺术科目的英国学生人数下降,在那样的语境下,英国大学联盟的首席执行官尼古拉·丹德里奇(Nicola Dandridge)认为:

> 对于在艺术领域就业,学生有惧怕心理,他们需要接受挑战。首席执行官尼古拉·丹德里奇指出,英国有"世界上最宏大、最成功的创意产业之一",经过十年的大发展后,创意产业雇用了全国劳动力的8%。(Davis 2011)

与此相似,媒体有关英国艺术委员会削减经费的报道指向艺术家"投资回报"被放弃的议论。这显然是有所忽视:

> 如果我们总体上看艺术(含受补贴的和商务的艺术),和其他产业相比,艺术的回报巨额丰厚——艺术补贴仅占GDP的0.07%,创意产业的贡献率却高达GDP的7%。(Babani and Gerrard 2011)

由此我们看见,即使在这一句话的简短素描中,这个时期创意产业的经济表现也是被人认可的,而且,其经济表现最终与文化活动联手,或者说,创意产业被认为是从艺术文化活动里辐射出来的。

(二)设置定义边界

虽然创意产业特别与文化活动联手,但是自20世纪90年代创意产业的概念浮现之日起,围绕其定义的争论、对更严格的定义的呼吁就络绎不绝(见Evans 2001, p. 274; Comedia 2004, p. 11)。即使在2006年7月文化、媒体和体育部委托的数据搜集的"创新经济计划"中,我们也发现了吞吞吐吐的措辞:"定义和涵盖面仍然是议论较多的问题。"(2007, p. 4)到了这个时期的末尾,围绕定义和计量,班克斯和奥康纳也在直指"必要(但似乎没完没了)的辩论"(Banks and O'Connor 2009, p. 366)。

然而，定义问题显然是上述经济总体数据衍生的关键问题。因此，详细考察这个定义如何达成、经济数据测量是如何进行的，至为重要。

第三章勾画了"创意产业"术语兴起的大致轮廓，但本章还是有必要指出这个时期那场辩论，那是围绕何为那些术语最恰当对象的辩论；我们将看到，那样的辩论仍然是创意产业这个领域的特征。定义的移动发生在焦点从"文化"产业转向"创意"产业的转变中，这种转变以及两种产业表述的差异是一个重要的因素。给这个经济门类划分逻辑疆界时，理解疆界内所含产业的角色时，这就是一个重要的因素。在这个时期，定义最终达成之后，有一些问题依然存在：关于什么群体最适合纳入创意产业这个新奇集群，还有一些互相冲突的进路；这些群体与国家或区域的文化门类交叠到什么程度；为了达成准确的测量水平，什么样的方法论可用于这两个领域（除非定义有一个数据源可供其应用，否则"完美的"定义也没有用处）。这个时期的诸多立场不可能在这里完全勾勒一番，文化、媒体和体育部文件的以下节选，说的是文化门类测量的宽泛考虑。它可以让我们品尝这些辩论的历史风味和持久性质，辩论的地理范围，还可以使我们领略达成共识的困难：

> 在欧洲，有关文化门类构成的讨论绵延不绝……一个领导小组报告协调1999年文化统计的可能性，一个文化统计工作小组继续探索这些问题。"领导小组"确认，定义问题一定程度上是政策问题，与联合国教科文组织的《文化统计框架》（Framework for Culture Statistics）在定义的"广度"上相去甚远，"领导小组"确立的文化门类参数更受局限。于是，体育、环境、广告、时装、语言和游戏等子门类被排除在外了。（DCMS 2004, p. 8）

因此可以说，这类定义有必然且本然的政治属性，正如"基于证据的政策"的全部努力具有政治属性一样（Oakley 2008）。然而，上述讨论指的是创意产业里文化门类的计量。如第三章所示，虽然文化产业和创意产业有潜在的同等性，在文化门类这个领域里，细小的差异也很重要。无论定义多么精细，如果文化实践的统计数字显示的就业增长率极端小，而另类定义的创意实践生成的统计数字显示异乎寻常的增长率，那么，这些表面看似琐细的差异却可能产生截然不同的政策回应。实际上，虽然表面看难以落定在一个坚实的定义上，区分两者差异的尝试还是层出不穷。我们在这里再次尝试，为了对"无尽头"的定义工作的性质有所了解，我们就这个时期欧洲委员会认定这两个领域的工作介绍如下：

（1）"文化门类"

——生成不能再生产商品和服务的非产业门类，生产的宗旨是现场"消费"（音乐会、艺术博览会、展览会）。这些门类是艺术领域（绘画、雕塑、手工艺、摄影等视觉艺术；艺术品和古董市场；歌剧、交响乐、戏剧、舞蹈、马戏等表演艺术；博物馆、遗产地、考古遗址、图书馆、档案馆等遗产）。

——生产文化产品的产业门类，生产的宗旨是大众生产、大众传播和出口（比如图书、电影、录音）。这些门类是"文化产业"，包括电影、录像、游戏、广播、音乐、图书和出版业。

（2）"创意门类"

——在创意门类里，文化成为非文化商品生产的"创意"输入。该门类包含设计（时装设计、室内设计和产品设计）、建筑和广告之类的活动。在这类研究中，创意的理解是，在非文化门类的生产过程中，文化资源被用作中间的消费。因而被认为是创新的源头（KEA European Affairs 2006, p. 2）。欧洲事务智库（KEA）为欧洲委员会提交了一份文件，思考"文化对创新的影响"，在此我们发现这样的表述：

> 基于文化的创新有助于促进福祉、创新生活方式、丰富消费行为、提高社群的信心和社会凝聚力……；有助于产品创新、品牌建设、人力资源管理和交流。（KEA European Affairs 2006, p. 6）

显然，在突显有力的社会经济结果方面，这段话与前文接触到的更广阔的创意议程产生强烈共鸣。不过，还有一点清楚的是，为了让"基于文化的创意"有意义，这段话暗示，文化与创意这两个概念既交叠又分离。以 2006 年 KEA（欧洲事务智库）报告为基础，英国文化、媒体和体育部委托的工作基金会（Work Foundation report 2007, p. 4）假设了一个同心圆模式，创意为"核心"，它"高强度表现价值辐射"，并伸入"文化产业"；文化产业"含有表现性产出的大众生产"以及"纯表现价值的商业化"（pp. 103-104），例子有音乐或电影业；尔后，创意又伸入"创意产业与活动"，表现性价值的利用是其中的基本属性（p. 4）。创意和文化被这一模式分离开来，但某种形式的表现活动渗透到整个门类，是整个行业的主要特征。表现性的创意（但非文化的）产业包括建筑、设计和时装产业。于是，根据这一分离的模式，广告是"创意的"，音乐是"文化的"；设计是"创意的"，电脑游戏是"文化的"；但"文化的"实质上是广义的表现和创意产业更集中的形式。诸如此类的划界展示了分类划界的困难，试图以任何简单或许有用的方式分离这些活动领域时都会遭遇困难，尤其在上文强调的术语相互换用的情况下会遭遇困难。

（三）详细考察创意产业统计数据——DCMS 文件的 13 个门类

以上章节介绍了英国文化、媒体和体育部的创意产业定义是如何产生国际影响的。虽然数据搜集过程经过了许多修正，位于创意产业规划文件根基的定义和创意产业经济估算的报告在十年内还是相对稳定的。这一节详细考察 2009 年创意产业经济估算报告里的定义和统计数据，因为这个报告是一个时间点，代表着这个定义相对连续时期瓦解的开始，报告披露的创意产业表现的数字自此经历了重新定义的过程。

虽然早期发布的证据的范围和可靠性曾受到质疑（Oakley 2004, p. 68; Schlesinger 2009, p. 13），2006 年/2007 年文化、媒体和体育部委托制订的"创意经济计划"还是就创意产业的性质和贡献提供了更详细的理解（DCMS 2007）。这个计划提供了以后再无镜像的大量统计数据，探索创意门类规模化范围、溢出效应和跨国公司角色之类的问题，其框架基于 1998 年原初的创意产业规划文件。但有一点它并不谋求去做，那就是定义问题。相反，它再次启用这些范畴，"以维持与此前文件的一致性"（2007，p.4）。如此，这些范畴在我们考虑的这个十年的大部分时间里都相对稳定。因此，这个门类清单是本章开篇指出的总体数据的基础。这个时期的文化、媒体和体育部明确提出这个定义的一连串转喻：这些门类的主要特征是，它们"源于个体创造性、技能和才能……通过知识产权的生成和探索有生产财富和就业的潜能"（2007，p.4）。鉴于对个人角色的强调，同样清楚的是，作为创意议程关键的创新企业家精神的角色在这里也至关重要。不过如上所示，工作基金会解释任何产业这样纳入这个清单的标准：

> 创意产业的特色是，其收入多半靠"表现价值"的商业化来生成，相比其他知识经济部分而言，它们的商业营业额更大程度上归之于真正的"创意源头"。（2007，p.96）

根据文化、媒体和体育部 2009 年的文件所示，现将基于这些定义所列的创意产业的 13 个门类抄录如下：
（1）广告；
（2）建筑；
（3）艺术与古董；
（4）手工艺；
（5）设计；
（6）时尚设计；
（7）录像、电影和摄影；
（9）和（10）音乐、视觉艺术和表演艺术；
（11）出版；
（8）和（12）软件、电脑游戏和电子出版；
（13）广播电视。

这个清单清楚显示，索罗斯比表达的"几乎全部"（2008，p.220）活动门类是"文化的"概念是如何产生的，"表现价值"的角色似乎也相当清楚。然而，这里勾勒的创意产业概念似乎又超乎这个问题：我们可以把电脑游戏看成是表现性的或文化的，但其他一切"软件"生产呢？这个问题我们稍后将进一步考虑，但我们在这里必须首先问，为什么文化、媒体和体育部要把者 13 个门类分为 11 组呢？这就使我们回到测量有困难和官方数据源有限的问题。文件指出，"由于官方分类的结构，在生成统计数据时，有必要把'交互式休闲软件'和'软件和计算机服务'结合起来，把'音乐'和'表演艺术'结合起来"（DCMS 2009, p. 3）；搜集第四组"手工艺"和第五组"设计"的统计数据尤其困难。因此，考虑这样分组是否恰当的问题之前，还有必要考虑一个关系密切的问题：数据是如何溯源的，因为创意产业的分类一定程度上还取决于相关数据是否可资利用的问题（如 OECD 2007, p. 41）。

（四）数据源：工业分类码（SIC Codes）、标准职业分类码（SOC Codes）、年度业务查询（ABI）和劳动力调查（LFS）

创意产业的国别定义有差异（OECD 2007, p. 48）。此外，所有国家都面对数据源是否妥当的问题。欧洲事务智库（KEA）针对这个时期发出以下警示：

> 统计工具并不能使人恰当把握文化和创意门类。在欧洲层次和国家层次，统计分类常常太宽泛。数据罕有可比性。在相当多的文化活动发生的机构里，首要的分类是非文化的，因而并不记录在现存的分类里。个体经营的人不能被认定为哪一类。（2006, p. 4）

因此，即使定义问题解决了，如何最好地搜集文化和创意门类数据的任务依然存在。不过，在考虑上述"非文化"事务中的"文化活动"问题上，值得指出的是，这个时期英国生成的统计数据的确在一定程度上采用了希格斯等（Higgs et al. 2008）提出的"创意三叉戟"（creative trident）进路，他们尝试把握创意产业内外的创意产出，不过仅仅分离出三根叉中的两根叉，只给了两方面的数据：(1) 创意产业里的就业总数,(2)创意产业外的创意职业的就业人数。

在这个时期的多半时间里,政策话语和统计产出都依恋优于其他产业的一套分离创意产业的理念上,而不是关心渗透整个经济的更泛化的创新理念。那么,有关创意产业的统计数据来自何方呢？

为了官方数据的搜集,一切创业活动都被分配了一个标准工业分类码(SIC code)。标准工业分类码提供逐级升高的特异性,从 2 到 5 共四层；这个分类码映射到欧洲经济统计术语(European NACE)系统,达到四位数的层次。比如,从 2009 年的 13 个门类清单,"出版业"的数据确定靠的是源自于这套四位数的标准工业分类码:

22.11——图书出版；
22.12——报纸出版；
22.13——期刊出版；
22.15——其他出版；
92.40——通讯社活动。(DCMS 2009, p. 9)

由于 22.15(其他出版)分类码范围宽广,只有其中的一部分活动被用上,这就突显用 SIC 分类码生成创意产业数据的问题。在许多领域,兴趣活动与分类码捕获的活动之间的匹配是不完全的或微不足道的。这个问题产生的原因是,工业分类码基本上是非回应性,创意产业门类的变化无常使这个问题加剧了(DCMS 2007, p. 2)。早期围绕工业分类码系统的讨论表明,由于数据连续性涉及"大问题和高成本",唯有"极其严重的原因"才会发生根本的变化(Government Statisticians Collective 1979, p. 140)；如此,工业分类码 1970 年刚刚确定时,代码常常并不能很好地描绘文化活动,尤其不能描绘"新经济"里的活动。

经济合作与发展组织(OECD)让我们感到这个问题很大,它指出,"欧洲委员会一个领导小组"依据狭义的文化定义计算,罗列了它认为与文化相关联的 57 种产业门类(2007, p. 64)。实际上,经合组织就负责产业门类信息数据的官员所做的调查发现,"回应倾向于证实,各国都发现，现有的分类不适合用于文化门类","文化门类没有充分反映在现有的分类标准中"（2006, p. 2）。这份报告又指出：

  在20世纪80年代晚期和90年代早期，所有这些分类都经过了重大的修正。当时的希望是，修正可以使多种标准之间更为一致；在文化相关的领域里，这个修正过程的成功特别受局限（2007, p. 11）

  但到了21世纪，这些产业门类还是有了一些更新。这里考虑的2009年的统计数字是根据2003年更新的工业分类码做出的，以下考虑的稍后时段使用的是2007年迭代的分类码。不过如上所示，虽然创意产业和2007年的分类码的匹配略有改进，但改进有限，因为变化发生的速度有限。比如，2007年的修正（仍然用于下文介绍的2018年的统计数字）是始于2002年的一系列考虑的结果，是与欧盟的工业分类系统的重大修改协同执行的结果（ONS 2009, p. 2），这种重新分类所得的数据离最初参照它的时间已相距7年。显然，因为任何重估都花费了大半个十年，而且还使用了又一个十年，这种代码迅速回应和反映大范围经济变化的余地就很少了。既然如此，任何数字"充其量应该被视为估计，而不是最终评价"（Work Foundation 2007, p. 194）。虽然如此，既然一切统计数据都受制于一些不确定性，这个分类系统还是手头用起来方便最好的系统，可用于生成国民经济的估算。

  虽然采集恰当数据以求创意产业门类构成的准确感觉困难重重，应该指出的是，尽管名为创意产业的活动没有自己分离的工业分类码，它们至少有立足之地，因此我们对这个估算的数据抱有一点信心。话虽如此，许多人还是准确地指出，创意产业特有的某些活动对采集数据提出一些特殊的问题，因为数据源主要是依靠增值税（VAT）和所得税预扣（PAYE）记录，而这些记录漏掉了低于某些阈值运行的企业。在这本书写作的2018年，英国的增值税记录是强制性的，任何年度营业额超过85000英镑（这个十年期开初是68000英镑）的企业必须申报，阈值以下的企业自愿申报；预扣税记录取决于许多因素，至少一个员工的薪酬超过每周107英镑（这个十年期开初是每周97英镑）。此外还要记住，在官方的数据源里，有一个问题：

> 自雇者和中小企业（SMEs）数据缺乏的问题——年度业务查询（ABI）不包括自雇者（文化门类许多部分的重要范畴），只抽用中小企业的有限样本。鉴于文化门类里有许多记录在案的中小企业——和总体的经济相比，调查数据的准确性就要打折扣。（DCMS 2004, p. 6）

近年来，小企业含自雇者众多的情况也引起了注意（如 Last 2016, p. 12）；但最近的统计数字又显示，英国76%的企业没有雇员，96%的微型企业的雇员不到10人（Rhodes 2017, p. 5）。如此，英国经济总体上有许多小企业，所以这样的统计涵盖的挑战并不仅限于创意产业。此外，既然没有被充分记录的企业仅限于营业额和雇员人数低的企业，我们就可以确信，创意产业多半的经济产出还是由这样的数据源捕获的。

上一段提及的年度业务查询（ABI）是英国文化、媒体和体育部推荐的两大证据工具箱之一，被用于下文考虑的创意产业经济估算（CIEE）的报告（另一个工具箱是劳动力调查/LFS）。年度业务查询提供全国数据直到四位数的标准工业分类码（SIC code）层次，这个数据取自跨部门商业注册机构（IDBR），这是英国国家统计局（ONS）使用的英国企业清单，涵盖将近99%的英国经济活动（ONS 2010a）。这个数据不仅涵盖增值税（VAT）记录的企业和所得税预扣（PAYE）企业的记录，而且还包括了回收25万家企业问卷的数据。

创意产业之外的相关就业类型还源于标准职业分类码（SOC），加上劳动力调查（LFS）数据，使人了解到创意产业之外就业的创意人数。再以"出版"为例，2009年创意产业经济估算（CIEE）报告确认，下列标准职业分类码被用来生成统计数据：

> 3431——记者，报刊编辑；
> 5421——原稿人，排版人和打印程序准备人；

5422——承印人;

5423——装订人和打印人;

5424——丝网印刷人。(DCMS 2009, p. 11)

标准职业分类码基于公司信息,所以它捕获了不那么常规的就业模式,以及自雇者和小企业。不过,对这类数据能否涵盖这个时期整个文化工作的情况,还是有不少保留意见(DCMS 2004, p. 34)。虽然有这样的告诫,我们还是有理由对创意产业的统计数据有一定的信心,相信它们一定程度上使我们对子门类有相当的了解,尤其对其经济地位有所了解,虽然这些数据有明显的局限性。

(五)数据:2009年创意产业经济的估算

到2009年,已有7份年度产业经济估算报告发布。2009年的迭代是以下四个图表(图5.1—图5.4)的基础。早期推进创意议程的人士不得不做出这样的声明:创意产业毫无疑问"是未来财富和职业生成的源头"(Smith 1998, p. 31)。至此,回顾十年里的数据,以寻求"未来"状况出现的征兆就有可能了。首先,让我们对上文列举的有关经济贡献和就业的总体数据进行探讨。图5.1显示了1997—2006年创意产业对英国总增加值(GVA)贡献的比例。

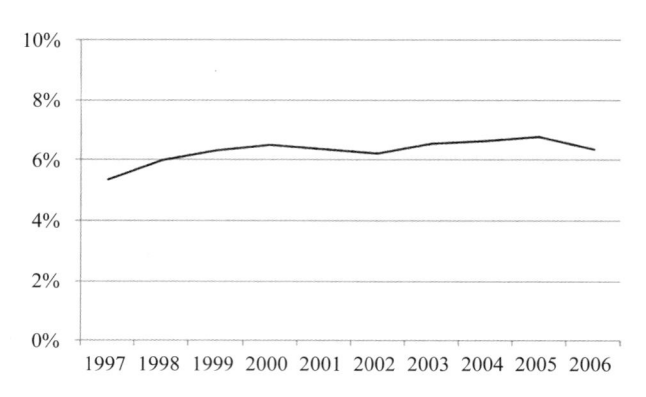

图5.1 创意产业增加值占英国经济总增加值的比例(按2009年的定义)

(资料源于DCMS 2009)

虽然创意产业的贡献占英国总增加值 8% 的比例似乎令人乐观，而数据并未显示同比的持续增长，但是创意产业对英国总增加值的贡献率总体上确实在上升，第一个十年的年均贡献率是 6.3%。在就业数据中也可以看到类似的情况，如图 5.2 所示。

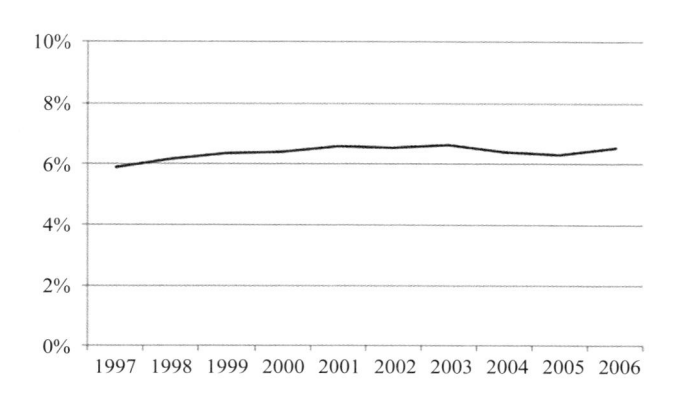

图 5.2　创意产业就业量占英国总就业量的比例（按 2009 年的定义）
（资料源于 DCMS 2009）

必须强调指出，2009 年创意产业经济估算（CIEE）报告显示的是创意经济的总就业量，包含创意产业里的就业人数，以及更广泛的经济领域中从事创意性工作的就业人数。两者相加，第一个十年里广义"创意经济"里的就业量占英国就业总量的比例平均每年为 6.4%。此外，虽然并非始终如一，但这个时期总体的趋势是逐年上升的。然而必须指出，在任何一年里，图 5.1 涵盖的创意产业的就业量只占创意经济就业量的 60%。由此可见，这个时期创意产业里的年均就业量可能只接近英国总就业量的 4%。

无论怎么定义，有一点是清楚的，创意产业贡献的就业量和总增加值并非大范围经济微不足道的一部分，但鉴于这个门类的规模和整体经济相比而言较小，图 5.1 和图 5.2 无法清楚呈现逐年的增长情况。然而，我们可以用另一种方式来看这个问题，把 1997 年当作基线，将该年的水平视为 100%，比较这个时期创意产业的增长与总体经济的增长水平。这样的模型见于图 5.3 和图 5.4。

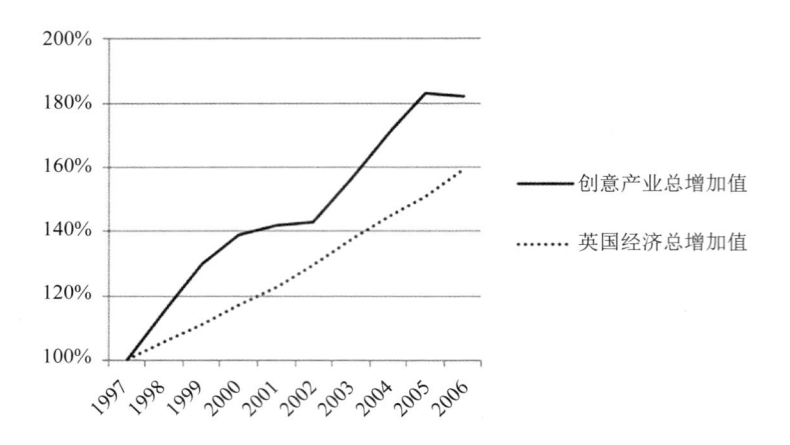

图 5.3　以 1997 年为基线，英国创意产业和经济总增加值增长水平的比较
（按 2009 年的定义）（资料源于 DCMS 2009）

在图 5.3 里，我们看到，虽然创意产业的增长水平并不像上文有些数据所示的那样两倍于总体经济的增长率，但这个时期创意产业的高水平增长是显而易见的。虽然 2006 年英国经济总增加值几乎比 1997 年的水平高出 60%，但创意产业的总增加值上升了 80%，大体上和逐年持续的优异表现一致。基于这些数据，我们可以更中肯地说，创意产业的增长率大约是总体经济增长率的 1.3 倍。

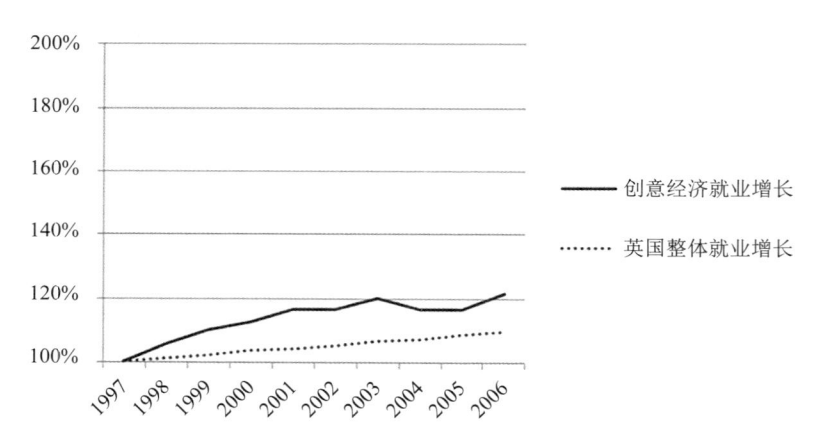

图 5.4　以 1997 年为基线，创新经济与英国整体就业增长水平的比较
（按 2009 年的定义）（资料源于 DCMS 2009）

虽然整体就业量的增长低于经济总增加值的增长，但图 5.4 里代表创意经济的实线表示，创意岗位的就业人数从 150 万人增加到了将近 200 万人，大体上与上文引用的数据一致。不过，还需要强调的是，这不仅仅是创意产业的就业水平，创意产业的就业水平只占这个数据的 60%。

因此根据 2009 年的数据，我们可以看到，虽然上文引述的较早时期的一些立场似乎过于乐观，但的确有证据证明，相比于国民经济总体而言，一套创意产业的叙事是有道理的。那么，显然与文化表演相联的文化表现活动的地位也能得到证明吗？我们看见文化表现活动的地位在这个时期也居于主导地位。这里就出了个问题。考虑这些数据时，另一种情况也显而易见：很大程度上，它们都受 13 个创意产业门类之一的主导，这个门类就是"软件、电脑游戏和电子出版"。

（六）软件问题的浮现

在判定什么要素整合创意产业这个问题上，业内人士一贯强调的都是文化活动和表现活动。有鉴于此，"软件"被纳入创意产业的总体定义和随之而起的数据搜集就始终受到质疑。针对文化、媒体和体育部早期的规划文件，比尔顿（Bilton）和里尔利（Leary）说到，这些文件集合"寻常的可疑对象（音乐、表演艺术、广播电视）以及更富有争议的候选对象（软件和计算机服务）"（2002, p. 50）。与之相似，莫尔德认为，这些规划文件是"颇为随机"的操练，软件之类门类的纳入"一定程度上夸大了（核实的）数据"（Mould 2017, p. 35）。2005 年，赫斯蒙德霍（Hesmondhalgh）和普拉特（Pratt）说，"宽泛得令人生疑的"定义产生"夸张的评论"，比如"许多软件设计与录音录像之类的文化活动模糊不清了"（p. 8）。彼时，诸如此类的证据搜集正在进行。为判定创意产业定义为什么会覆盖如此宽泛的活动，超越了传统上被视为"文化产业"的范围，他们两人引述了"工党圈子里很有影响和受人尊敬的"（2015, p. 51）英国电影制片人普特南勋爵在接受采访时所说的一段话："产业圈子里的活跃分子谋求影响政府，试图说服政府接受电影、音乐录制等门类的经济意义。"（p. 50）这次访谈讨论了上文考虑的数据问题：

> 我认为，我们最先确定的创意产业在GDP里的占比是2.2%……你们与克里斯和史密斯交谈时，需要和他说一说，我的记忆告诉我，他说过我们可以把整个数字提高到3.5%。你们知道的，我们还可以再提高一点。然后，我们激动地议论5%。我想当时就是那个数字，没有多少人会反驳（这种观点），大概是比6%少一点。（普特南语，转引自 Hesmondhalgh et al. 2015, pp. 63–64）

的确，从上引数字来看，经济总增加值和就业量在整体经济中的占比都定在6%似乎是合适的结论。那么，人们为何把经济产出占比从3.5%调整到6%呢？百分比可能微不足道，但在整个经济语境下，总增加值的差异可能就达数百亿英镑了。为了实现这一增长，赫斯蒙德霍等人指出有必要"采用创意产业很包容性的定义，要纳入很大的软件和建筑门类"，使之与通常被视为创意产业的活动并列。（2015, p. 64）你可以说，有些建筑形式里存在某种文化表达的活动，但赫斯蒙德霍等人对纳入"软件"是恰当之举的分析实在是赤裸裸的：

> 开发……软件的活动和"创意产业"激起的艺术表现的（或新闻信息）的追求是截然不同的。这一艺术表现的元素乃"艺术家"的光环，对政界人士和其他决策人而言，这就是"创意产业"概念性感的源头。（2007, p. 179）

鉴于这一分歧，加纳姆争辩说，软件的纳入说明了向"创意"用语的转移。软件生产一般不被视为表现性、艺术性意义上的文化，因此不适合纳入"文化产业"，但他又说，唯有通过纳入软件，有关创意产业"规模和产值强劲增长的说辞才成为可能"（2005, p. 26）。班克斯和奥康纳赞同这个观点，说这个新的"创意"用语专门用来打造一座桥梁，把表现性文化活动和软件连接起来，使软件的经济表现与这些更具文化性的活动联手，使这个门类"受到财务大臣和政府会计的认真对待"。（2017, p. 645）

这里涉及的问题是，虽然人们一直在说艺术活动和文化活动对创意产业的重要性，但以上几位作者说得对，在审查这个时期的经济数据时，实际上软件这个最不寻常的门类才是最重要的。同时，报道整体经济数据时，软件这个门类几乎从来不被提及。因此，泰勒指出，在这个时期，数据搜集中纳入与软件有关的代码最终"给人留下经济规模不合理的印象"（2006, p. 9）。图5.5显示创意产业总增加值里"软件、电脑游戏和电子出版"贡献的比例几乎逐年稳步提高，接近经济总量的一半。就像创意产业总增加值里的贡献率一样，软件对创意产业就业量的贡献率也差不多一样高，如图5.6所示。

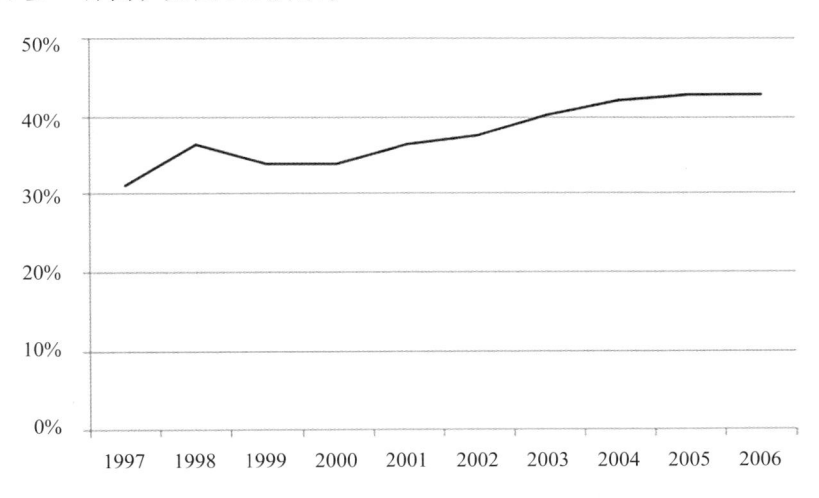

图5.5 软件对创意产业总增加值贡献的比例（按2009年的定义）

在此，有人可能反对说，把"软件、电子游戏和电子出版"简称为"软件"，那就忽视了这个范畴里的文化元素，而这个元素正是上列表现性、文化性门类恰如其分的同胞兄弟姐妹。倘若出版因其表现性形式的传播而成为名副其实的创意产业，电子出版为什么不能是创意产业呢？认为电脑游戏不是表现性形式——难道这不就是文化精英主义的一种形式吗？因此应该指出，构成创意产业这个群组的是广泛得多的活动。在我们记忆里，信息技术和软件的发展入侵越来越多的人类生存领域，本身就具有重大的变革性，在文化领域也具有重大的变革性（如

Hesmondhalgh and Meier 2018）；相反，此刻似乎没有理据把这一技术发展和基于艺术表达及文化表达的一群产业联系在一起，没有理据将其与这个立场联系在一起：一切与软件相关的活动都被视为表现性的，而不是出于上文勾勒的膨胀性动机。

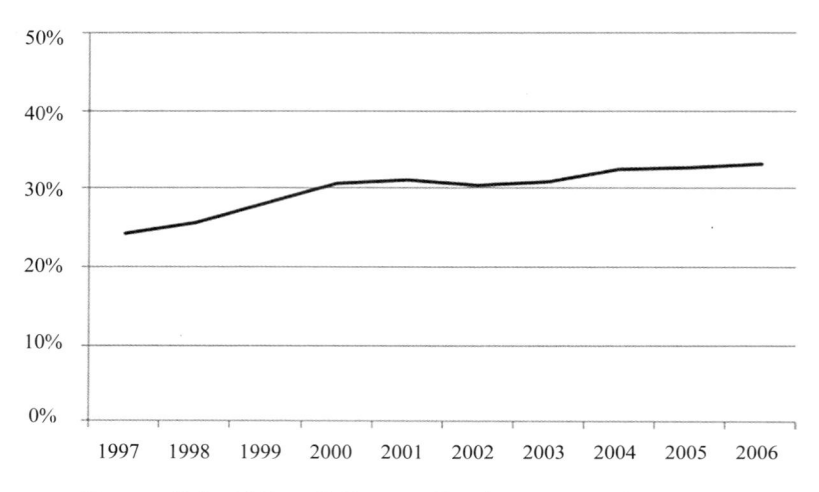

图 5.6　软件对创新经济就业贡献的比例（按 2009 年的定义）

如上所示，整理数据时，标准工业分类码（SIC）被认为只具有部分代表性，所以比例因子（scaling factors）被用于这些代码，以求更准确地代表创意门类。如此，我们可以考虑什么比例因子可用于创意产业，因为至少软件的一些发展动态无疑和文化实践相关。然而，对"软件、电脑游戏和电子出版"而言，代表大批量就业和经济总增加值的标准工业分类码根本就没有分级的比例因子，因而总体上被认为是"创意的"。2009 年，文化、媒体和体育部文件里的 8/12 群组由三个分离的标准工业分类码（SIC）构成。从以下三个官方的定义可以感觉到它们涵盖的活动以及它们在数据搜集里所占的比例：

22.33 计算机媒体的复制（25%）

这个类别包括：软件母版、光盘和磁带数据的复制。

72.21 软件发行（100%）

这个类别包括：现成（非定制）软件的开发、生成、供给和文档化。

72.22 其他软件咨询和供给（100%）

这个类别包括：

——随时可用系统的分析、设计和编程；

——用户需求和问题分析，最佳解决方案咨询；

——根据具体用户订货的定制软件开发、生产、供给和文档化；

——根据用户指令写软件；

——网页设计。

（HMSO 2002, pp. 77, 149–150）

图 5.7 表现这些代码的相对规模，以及 2007 年英国这些领域里的就业水平。

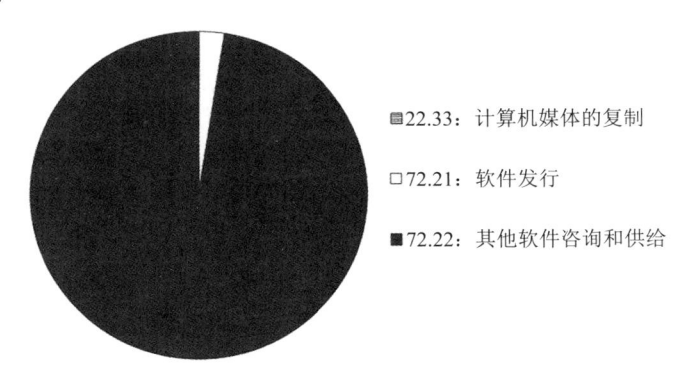

图 5.7 2007 年标准工业分类码 SIC03 中与软件相关的就业情况
（资料源于 ONS 2010b）

虽然 2003 年的标准工业分类码不能使电脑游戏分离出来，但在 DCMS 文件的 8/12 类别"软件、电脑游戏和电子出版"中，"电子出版"所占的比例小到几乎不见于图 5.7，可以忽略不计，所以把这群产业简称为"软件"是有其合理性的，已如上述。然而，如果用上文介绍的 2007 年更精细的标准工业分类码作图，这个图表就可以更精细一些。结果如图 5.8 所示。

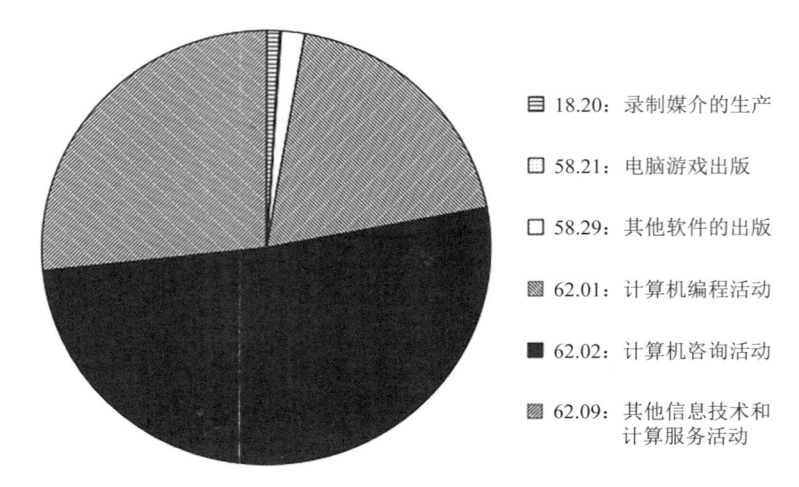

图 5.8　2007 年标准工业分类码 SIC07 中与软件相关的就业情况
（资料源于 ONS 2010b）

- 18.20：录制媒介的生产
- 58.21：电脑游戏出版
- 58.29：其他软件的出版
- 62.01：计算机编程活动
- 62.02：计算机咨询活动
- 62.09：其他信息技术和计算服务活动

整体格局可以得到更精细的理解：代码 18.20 表示"录制媒介的生产"，乃计算机媒介的一部分，可忽略不计；代码 58.21 是线上线下"电脑游戏出版"的新代码，在图 5.8 中基本看不到；代码 58.29 代表"其他软件的出版"（即不包含电脑游戏），类似图 5.7 里 72.21 的切片；而图 5.7 里 72.22 那块大切片在图 5.8 里用三个分离的代码表示，正式的界定如下：

62.01 计算机编程活动

这类编程包括软件的编写、修正、测试和支持。

具体包括：

——设计代码的结构和内容，编写必需的代码以创建和执行：

系统软件（含更新和补丁）；

软件应用（含更新和补丁）；

数据库；

网页；

——软件定制，即修正和配置现有应用程序，使之在用户的信息系统环境里运行。

62.02 计算机咨询活动

这类编程包括计算机系统的规划和设计，使计算机硬件、软件和通信技术整合一体。具体的服务包括用户的相关培训。

62.09 其他信息技术和计算服务活动

这类活动包括没有纳入其他类别的信息技术和计算机相关的活动，比如：

——计算机故障恢复服务；

——个人电脑的安装；

——软件安装服务。

（资料源于 ONS 2009, p. 189）

显然，大多数这类活动与表现性价值或文化形式很少有什么关系，而表现性价值或文化形式是创意门类的特征。虽然上述领域的就业数据被当作总体规模的代理，但 DCMS 的创新经济计划又给人电脑游戏不重要的感觉，该计划暗示，电脑游戏只占"核心"创意产业活动就业总数的 1%，营业额的 3%（Frontier Economics 2007, p. 119）。

在这个时期，我们又开始看到一些争论，有人主张搜集数据以展示创意产业的成绩时去除那些代码。内斯塔（Nesta）创新基金会 2006 年的一份报告既反对纳入软件，又反对生产就业岗位的"创新经济"模型：

> 据悉，"创新经济"包括通常并不被视为创造性的经济门类与活动。最明显的例子的 DCMS 文件里纳入的软件和计算机服务。这个门类占经济总增加值（207 亿英镑）的 37%，就业总数的 33%，创意产业企业总数的 43%。而且，在常被引用的就职于创意领域的 180 万人中，77 万人在创意企业之外就业。这 77 万个岗位不是创意产业生成的，不能被视为创意产业重要性的直接象征。（Nesta 2006, p. 53）

2006 年还有迹象表明，其他机构的数据搜集的进路不同于文化、媒体和体育部（DCMS）：

> DCMS 加上英国的软件门类——就业人数和收入贡献最大的门类，却与艺术无关——借以推高了 50 万个岗位和 364 亿英镑的收入。（贸易工业部强制性地排除计算机软件，在计算创意产业的收入时不将其纳入，贸工部不承认软件是创意产业的一个门类。）（Heartfield 2006, p. 77）

事实上，施莱辛格（Schlesinger）也指出，在贸工部（后更名为商业、企业和监管改革部／BERR）内部有人判断，与软件相关的数据不恰当地吹胀了创意产业（2009, p. 16）。在更广泛的文献中，有人在猜想，倘若软件类别被除去，创意产业的统计数据会受到什么影响（White 2009, p. 341）。不过不久之后，诸如此类推测的需求就停止不见了。

第二节　第二阶段：变化中的定义（2011—2014）

2010 年，常规的 DCMS 的创意产业经济估算（CIEE）报告首次发布，用上了 2007 年标准工业分类码。至此，年度业务查询（ABI）作为年度商业调查（ABS）发布，而数据源仍然可比，但由于新数据范畴的引入，与早期阶段不连续的警告声明被纳入了报告。收入并非直接可比，但 2010 年创意产业对英国经济总增加值贡献的比例仍然类似于图 5.1 里的数据，只不过是略低于 5.6%。软件仍然是最大的子门类，而创意产业的总增加值和就业率的贡献分别占英国经济总增加值的 45% 和 33%。此外，"创新经济"就业占创意产业总就业率的比例还是类似的数字 56%。

然而，总体图像虽然可比，2010 年报告的总增加值却略有减少，原因是图 5.1 里新的标准工业分类码使软件门类的测量更精细了，具体说明如下：

2003 年标准工业分类码 72.22 的细分使我们能更好地测量这个门类。72.22 被分为三个代码：62.01、62.02 和 62.09。借用 2001 年的创意产业规划文件，我们能放弃创意产业定义里 62.09（其他信息技术和计算机服务活动），因为显而易见，这个子门类并不属于创意产业。62.09 这个范畴包含以下三种服务：

计算机故障恢复服务；

个人电脑的安装；

软件安装服务。（DCMS 2010, p. 30）

62.09 这个范畴被视为不恰当而被排除在创意产业之外，总体的统计数字图像受到影响的另一种解释是：

如果我们按照 2007 年的方式（含 62.09 范畴）测量软件，创意产业总增加值的估算就接近 7%，比过去高得多。62.09 被排除以后，我们估算创意产业的能力更精确（主要活动并非创意的企业被排除在外），但我们估算的总增加值反而下降。（DCMS 2010, p. 30）

显然，更精确的定义应该比精确性较次的定义受欢迎，但如果我们认为，过往使用的大多数代码（或更精确地说撰写代码的新版本）被视为"创意"的，总体统计图像只会稍微改变，绝不会戏剧性地改变。然而到了 2011 年，在精准和恰当捕捉"创意"的名义下，更多与软件相关的代码被移除，进一步的修订发生了。因此，DCMS 做了这样的描绘：

62.02 和 62.01/2 范畴被排除在标准工业分类码之外，因为它更多地与商务软件捕捉的产业相关联，而不是和创意软件相关联。（2011, p. 9）

至此，经过多年的数据生产之后，上文勾勒的诸如此类批评被听进去了。由于被移除的软件代码构成统计数据一大部分，这进一步的移除戏剧性地改变了创意产业的总体图像。2011年创意产业经济估算报告的总增加值折半——从5.6%下降到2.8%，低于以前的任何水平（见图5.1）。相比过去1500百万就业人数的水平，创意职业就业总人数下降了65%，占就业总人数的5%，也低于任何过往的水平（见图5.2）。

既然经济叙事居于首要地位，总增加值的减少似乎对推进创意议程构成一些问题。利益攸关方在猜度，这样的修正代表着对外部压力的回应。英国创意产业理事会的杰里米·西尔弗（Jeremy Silver）形容，这一变化是"对统计数字狂热场景的报复"。他猜想，社交媒体被标记为创意产业不妥，称之为通信公司更妥当；"也许，统计数字迷太惧怕敏于指标价值的工业游说集团，不太惧怕不精于数字的创意产业说客"（2012）。

或许是这样吧，不过另一种可能性也存在，整理统计数据的人尝试回应技术战略董事会之类的呼吁。彼时，西尔弗是该董事会的"首席创意产业专家"。董事会的观点是纳入社交媒体，同时他又说，"这有助于把宽泛的软件开发范畴从创意产业门类移除出去"（2009，p. 21）。与之类似，文化创意产业发展署主席阿纳玛丽亚·威尔斯（Anamaria Wills）也说，文化、媒体和体育部似乎"屈服于财政部的鄙视"（2013）。无论如何，经过许多年数据搜集的开发后，统计数据至少可以让人辩护说，修订后的定义"更精确"，抓住了更富于文化表达的活动，使之位于文化产业的中心，其结果是这样一个图景：这个门类只占总增加值的3%。因此，创意产业的主导地位何以持久，实在是难以看清。它假设生成一个快速增长的经济门类的一套艺术和文化表达活动，将近占总增加值的10%，是未来经济成功的重要因素。然而，这个主导地位维持下来了。主要原因是，上述"危机"点不是创意产业地位更合乎实际图景的逐渐呈现，而是有关定义的技术问题，技术问题总是有客观的技术解决办法。

修复创意产业的统计数据

2011年统计数字大幅度减少的创意产业经济估算报告发布后，文化、媒体和体育部"同意利益攸关方的意见"，暂停发布任何创意产业经济估算，直到在"新的定义"上达成一致意见（2013a, p. 2）。为什么需要

第五章　创意产业的不断发展

任何变化呢？不可能是因为数字很"需要"变大。更准确地说，文化、媒体和体育部2013年说，原因是"本部方法论不一致的现象……因时间的流逝冒出来了"（2013b, p. 6），在纳入的活动领域和用于捕捉这些活动的标准工业分类码这两个方面，不一致的现象都出现了。但情况似乎是，这些方法论问题在有些领域被确认已有十年之久，直到它们对经济统计数据产生重大影响，他们才在具体行动时足以成为问题。

在英国对创意产业统计数据的"修复"起关键作用的是创新基金会（Nesta），该基金会1998年由新工党政府组建；自2012年起，其运行机制大变，成为基于慈善的组织，第一章已简略述及（Oakley et al.［2014］对Nesta的历史有详细描绘）。2011年的创意产业估算报告发布后不久，Nesta就注意到，新近减少的指标是定义变化的最终结果，而不是实际活动的任何变化（Bakhshi and Freeman 2012）。2013年初，创新基金会发布报告，提议一个新的定义（Bakhshi et al. 2013），其开篇就正确指出，虽然"创意"概念一直好用，但经过多年的数据生产以后，生成数据的人从来就没有明确界定过何为"创意"（p. 6）。报告又指出，2011年的再定义显示，文化、媒体和体育部的统计数据是基于对标准职业分类码（SOC）和标准工业分类码（SIC）的"实用主义"选择，而不是基于"系统的方法论"。（Bakhshi et al. 2015, p. 8）

于是，一个基于"创意强度"（creative intensity）概念的新模式被提出来，以纠正这样的局面：如果创意产业雇用许多创意职业的人，它就有较高的"创意强度"。这个结论是基于弗里曼2004年的发现：比如2003年伦敦创意产业里48%的人员同时还拥有创意职业（creative occupations）（GLA Economics 2004, p. 7）。于是，按照这一模式，我们开始决然地告别对具体产业的关切，走向具体的创意活动。如此，上一节末尾有关这一走向所示的创新基金会2006年表达的关切（虽然有不同的人论及，虽然在不同的组织结构下立论）至此就被搁置一边了。如此，我们看到的是第三章考虑的更宽泛模式的应用。在证据搜集方面，创意也证明是一个可塑的概念，能依据手头的任务而改变形态。

按照这个新模式，巴赫西等指出，文化部用来界定创意产业的标准工业分类码（SIC）分布的范围从较高的创意强度（如9003码的"艺术创新"里，90%的人员在创意职业里就业）到很低的创意强度（如5829码的"其他软件发行"里，3%的人员在创意职业里就业）。由此可见，现在的任务就是界定什么类别是恰如其分的"创意"。创新基金会报告修正定义的第一迹象是这样表述的：

> 创意人员有一个"什么"效果可取的概念，但无人告诉他们如何用装配线工人或熟练技工受训的方式去生成那样的效果。我们认为，创意包含的意蕴是，设计独创的方式，以满足有区别的需要或要求，而这样的需要或要求却不是用准确语词表达的。（Bakhshi et al. 2013, p. 22）

所以，创意产业的首要特征是员工的"创意才能"：创意产业的区分不是靠文化产出，而是靠革新和创新，必然如此（p. 23）。那么，什么构成特色鲜明的创意职业呢？以下的定义呼应上一段引语：

> 创意职业是创造过程里的一种角色，它发挥认知能力，生成差异化，产生新异的或显著提升的产品，其终极形态并不是预先充分明确规定的。（p. 24）

这里有一点成问题的循环论证。一方面，创新基金会的报告准确地指出，历史地看，系统的定义付之阙如，另一方面我们又在这里发现，创意职业的意蕴包含"创造过程里的一种角色"——那么，什么是创造流程（creative process）呢？该报告进一步提出另一套5个标准，以便使事情更加明朗。

第一，创意角色（creative role）必须用新异方式达成目标；即使既定的流程存在，创意职业也要在这个流程的许多阶段表现出"创意"（p. 24）。

第二，创意角色必须抵制机械化：事实是，创意产业的界定性特征是使用专技人员，这就证明，创意人员的贡献显然是没有任何机械替代品的。(p. 24)诚然,我们可以选择把创意界定为抵制机械化的品质,但这并不是客观上一望而知的。

第三,创意角色不会有重复性,这有助于我们对机械化的抵制。

第四,这一角色必须对"价值链做出创造性贡献",结果必须是"新异或创新的",无论语境。再次说明,这似乎是于事无补的循环论证,但巴赫西提供了一个例子:

> 游船上(运输业)工作的一位音乐人仍然是创意人员,银行里工作的油漆工大概用的是印刷技术,因而要被视为机械工,而不是创意人员。(p. 24)

为什么音乐人有创造性?音乐产出有什么"新异性"吗?贝克(Becker)特别说到在另一个迥然不同的背景下工作的音乐人的例子:

> 我们通常认为,在交响乐团里演奏是极富原创性和创造性的谋生方式,不过即使不是大多数乐团里的音乐人,至少他们许多人证明,他们的工作极具重复性,很烦人。你能很多次"创造性地"演奏贝多芬九大交响曲吗?(Becker 2017, p. 1580)

如果新异性仅仅是寓于一个事实:既然任何现场表演在一定意义上都是"新"的,那么,大概印刷工的产出也有一丝新异性吧。如果音乐人的创造性是因为音乐的创造性,那么,我们并没有更接近何为创造性的实际定义,并没有超越已在使用中的定义。最后,巴赫希等的报告还把创意角色界定为"诠释,不仅仅是转化",将其作为第五个标准。报告还举例说:

> CAD制图人接过设计师的二维图纸,将其转化为一个三维建筑效果图。虽然制图人要有很高的技能和一定的创意判断,但我们可以说,新异性的产出多半是设计师生成的,而不是由制图师完成的。

(Bakhshi et al. 2013, p. 24)

在此，我们又可以拷问那类假设的音乐人的情况，他们在创造性地诠释演奏的作品呢，抑或是把乐谱转换为声音，其工作方式类似于制图师把设计图转化为效果图呢？在此我们又看到，如果音乐"天生固有"创造性，我们在这里并没有确定其根据何在。

这五个标准留下许多进一步澄清的地方，同时，巴赫西等的描绘又用这样的调子来结尾：孤立考察时，这些标准"当然"有问题，它们不提供严格的规则以判断某一职业是不是有"创造性"（Bakhshi et al. 2013, p. 25）。据此，你完全可以拷问，在明确的定义或系统方法论预先就缺席需要矫正时，我们究竟能走多远。然而，巴赫西等还是继续往前走，用这五个标准去给每一个标准职业分类码打分，用 5 积分制。得 4 分或 5 分的职业是"创造性"的。试举几例，舞蹈人和编舞人、艺术家和音乐人得 4 分或 5 分，图书馆员、信息技术战略和规划的专业人员，以及营销和推销总监同样得 4 分或 5 分（p. 27）。在另一个地方，巴赫西坦承这是"内在主观的操练"（2016, p. 5）。鉴于这个定义过程的重要性，奇怪的是，解释这个过程的时间花得相当少，解释其潜在效果的时间花得很多。由于其偏好是统计中的一型和二型错误，以及贝叶斯先验①，对许多创意产业内的人而言，这样的解释可能有点晦暗不清。把统计方法用于主观打分之后，创新基金会的报告接着说，若要把任何产业视为"创意产业"，那就需要 30% 以上的员工角色的得分够得上"创意"。报告追溯统计方法打分以后的潜在统计数字，巴赫西说"内斯塔"的目标是让"英国政府和文化部采用我们的方法论"（2013）。他们这个目标基本上实现了，"创意强度"的方法被视为 2014 年创意产业经济估算（CIEE）报告的基础。这个统计过程揭示的模式被誉为"强劲"（DCMS 2014a, p. 4）。

鉴于 2011 年前喜庆的经济头条，我们不妨问，过去被判为不适合纳入创意产业的软件业——因为它们主要与商务软件相关，如今"创意

---

① 贝叶斯先验（Bayesian priors）：由英国数学家贝叶斯（Thomas Bayes, 1702—1761）提出的概率论定理，用来描述两个条件概率之间的关系。——译者注

强度"的方法却使它越过了30%的门槛,软件业是否就能纳入创意产业呢?接着,文化相艾德·瓦兹伊(Ed Vaizey)2013年对文化产业理事会(CIC)的信息更新通报(在文化部公布的修订后的软件业估算发布之前)给人启示(文中用简写的"软件"指软件业):

> 文化、媒体和体育部应询提供创意产业分类和测量的更新意见:创意产业网站需要修订后的经济估算和近期的战略。瓦兹伊报告,咨询的结果和估算很快就公布。(CIC 2013a, p. 4)

考虑30%"创意强度"的门槛时,值得注意的是,构成"软件"范畴一大块的标准工业分类码62.02("计算机咨询活动")回归了,因为计算的结果是,其"创意强度"是32.8%(虽然图书馆和音乐人的"创意强度"低于25%,经过协商,其代码也被纳入了[DCMS 2014a, p. 27])。

在这里指出一点或许有用:赫斯蒙德霍等人笔下的文化产业理事会(CIC)是2010年新工党联合政府的创意产业特别小组的翻版,"塞满了公司企业的数字,掌握了一些与信息技术门类相关的数据"(Hesmondhalgh 2015, p. 195)。还值得注意的是,早前的2013年,文化产业理事会也强调"数据在促进国内外创意产业里的重要意义"(2013b, p. 1)。

这个流程最终产生了一个新的创意产业的9门类模式,基本上含有原13门类的模式,9门类模式的门类如下:

(1)广告与营销;
(2)设计;
(3)手工艺;
(4)设计与时装;
(5)电影、电视、广播和摄影;
(6)信息技术、软件和计算机服务;
(7)出版;
(8)博物馆、美术馆和图书馆;
(9)音乐、表演艺术和视觉艺术。(DCMS 2018a, p. 12)

第三节 第三阶段：创意活动的持续经济成就（2014—？）

如此，创意产业的重新定义产生的官方数据回归，反映了创意产业以前的形态。2014年的经济估算使用了年度商业调查（ABS）和年度人口调查（APS）资料——APS将劳动力调查（LFS）的资料和增强样本（UKDS 2012）结合。于是，数据源在这个时期大体上是可比的。基于新定义的2014年数据揭示，广义的软件回归以后，软件成为创意产业最大的子门类，占创意产业总增加值的43%，而创意产业占英国经济总增加值的5%。此时，创意产业的就业人数为250万人，占全国就业人数的8.5%（DCMS 2014a）。于是我们看见经济成功叙事的重要修复，有鉴于此，我们可以检视，自2016年使用这一模式的最后一个创意产业经济估算报告以来，在将近二十年的时间里，创意产业的表现呈现什么样的时间序列数据。图5.9包含了图5.1显示的2009年的估算，与之比较的是2016年这个新模式提供的估算。

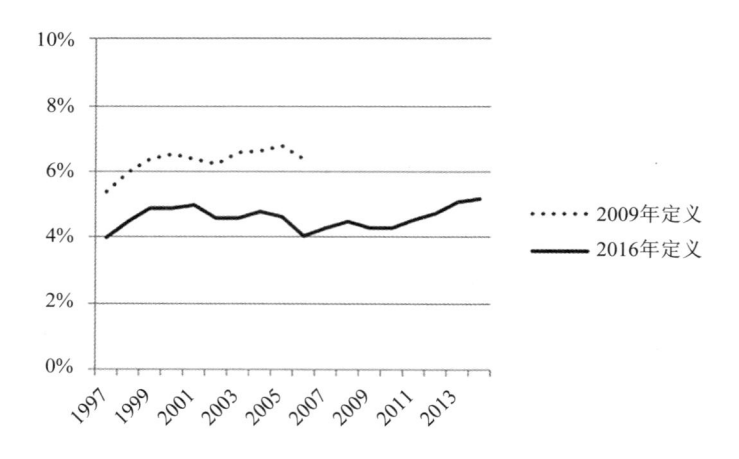

图5.9 创意产业对英国经济总增加值贡献的比例（按2009年/2016年的定义）
（资料源于DCMS 2009, 2016a）

在这段时间里,创意产业对英国经济总增加值贡献的比例年平均是4.6%,大体上逐年增长,2014 高达 5.2%。到了这个阶段,早期 8% 的宣示显得更乐观了。图 5.9 的终点水平相当于图 5.1 的起始点。虽然相对总增加值的数字略低一些,但 2009 年和 2016 年模式的增长模式非常近似,创意产业群组的表现仍然出色,如图 5.10 所示。软件在总增加值中的主导地位亦继续存在,如图 5.11 所示。

2016 年的创意产业经济估算(CIEE)报告并没有提供能对就业模式进行长时间比较的数据,但在 2011 年至 2015 年间,创意经济总体就业人数占英国就业总数的比例从 8% 增加到 9%,反映了图 5.6 里的模式,其间,软件占创意经济就业的 31%。2012—2016 年度跨部门商业注册机构(IDBR)的数据同样显示,进入"信息技术、软件和计算机服务"范畴的创意产业企业的比例也逐年增加,从 45% 上升到 49%(ONS 2017)。

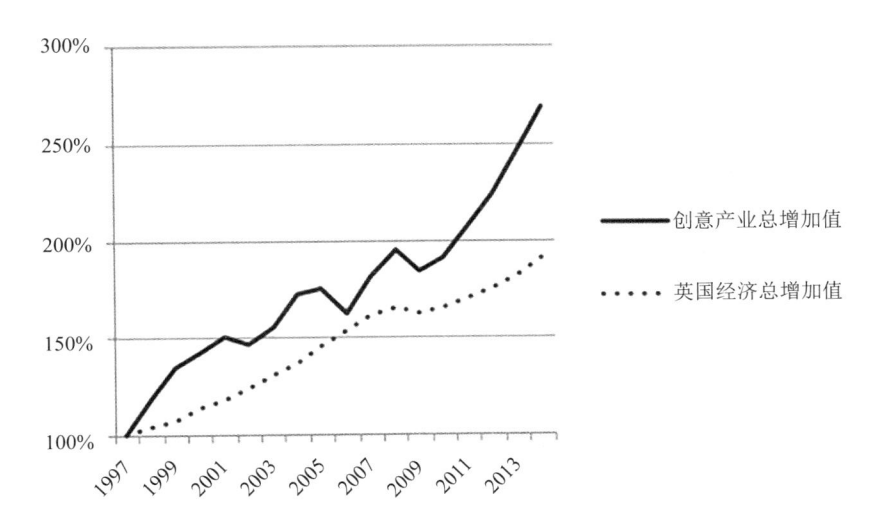

图 5.10 以 1997 年为基线,英国创意产业和经济总增加值增长水平的比较
(按 2016 年的定义)(资料源于 DCMS 2016a)

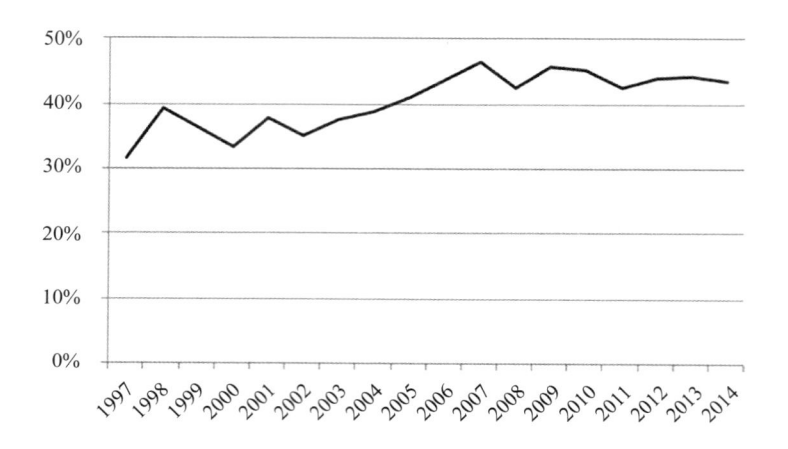

图 5.11 软件对创意产业总增加值贡献的比例（按 2016 年的定义）
（资料源于 DCMS 2016a）

（一）在围绕创意的讨论中软件的地位变得更为突出吗？

软件回归定义之前，围绕创意产业定义和软件归属的讨论，有一段时间颇为混乱；此间，早期围绕文化的、表现性产业活动乃核心的言论让位于广义创意职业为中心的言论。有鉴于此，我们可能期待，到了稍后的阶段，软件对总体创意产业集群的重要性会更加明朗，围绕创意产业的讨论不再那么明显地与艺术的、文化的活动相联。然而如上文所示，这个时期的整体经济数据发布时，我们仍然看到，总体经济产出与具体的文化产业还是明显一致的。比如：

> 今天官方的统计数据揭示，英国创意产业——包含电影、电视和音乐产业，每年为英国经济贡献 714 亿英镑。（DCMS 2014b）

实际上，在有些新闻稿里，软件之外的几乎每一个门类都提到了：

> 新统计数据显示，2016 年，英国兴盛的创意产业对经济的贡献创了新的纪录。广告与营销、艺术与电影电视和广播，以及博物馆

和艺术馆都包含在这个蓬勃发展的经济门类中，其产值将近 920 亿英镑。（DCMS 2017a）

再次说明，问题不是这些文化产业是否值得讨论，这段话透露，创意议程几乎绝口不提创意产业最大的子门类（软件）。在为文化宣示时，这个时期见证一个理念的持久不衰：艺术是广义经济活动的"核心"。比如，英国艺术理事会主席尼古拉斯·塞罗塔（Nicholas Serota）就称：

> 对我而言，有关艺术和文化角色的最有趣的，是其对创意产业其余门类的影响……如今，创意产业这个门类的规模比汽车、生命科学、石油和天然气以及航空航天技术加在一起还要大。（2017）

鉴于这个时期的"证据"持久的重要意义，塞罗塔援引艺术理事会的报告进一步说明自己的观点。这个报告为艺术在广义创新经济里的角色提供证据，大体上依靠5个千字左右的简短案例，那是 2017 年初搜集的素材（SDG Economic Development 2017）。按照第四章确定的模式，我们可以再次强调一个持久的问题：艺术门类依靠传闻逸事的素材。这个报告不阻拦创意产业门类之间建立有问题的连接。一篇标题为"电脑游戏的基础信息"的专栏文章报道了英国的电脑游戏公司总数和消费水平，有一点说明是："信息技术、软件和数字游戏在创意产业对英国总增加值的贡献中占 50% 左右"（SDG Economic Development 2017, p. 18）。但这个报告并没有澄清，文化部这个时期的数据显示，电脑游戏占创意产业产值的 1% 左右（DCMS 2016a）。同时，重要的新闻报道继续把经济统计数据和文化实践联系起来，经济总增加值被称为"创新艺术的意外收获"（Partington 2018），与"设计和娱乐之类的产业"（Boren 2014）联系起来。"'艺术'和传统产业一样，对未来的经济成功很重要"的头条新闻，见诸报端（Belfast Telegraph 2017）。

然而，艺术和文化仍然是这些统计数据的重要部分。实际上，无论"创意强度"怎么算，文化部文件规定的 9 类创意产业门类在这个新时期覆盖的范围还是和此前各时期覆盖的范围基本相同，上文提及的有关软件基本差异的立场还是恰当的。即使软件据此再一次被分离出来，我们仍然可以看到，软件肯定是创意议程上升时期非常高增长的一个门类，但其余创意产业与英国总增加值相比时，已有的数据并不显示这样的模式，如图 5.12 所示。

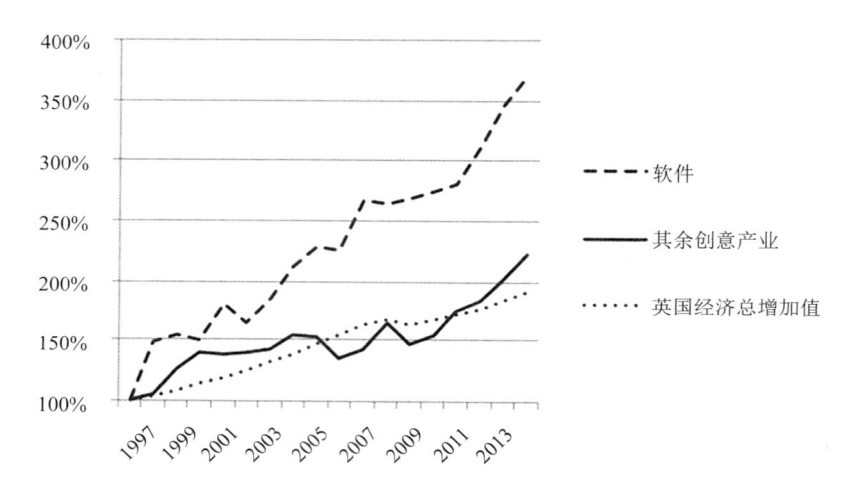

图 5.12　以 1997 年为基线，软件与其余创意产业总增加值增长水平的比较
（资料源于 DCMS 2016a）

其余创意产业显然有重要的经济意义，在许多方面或许更关键，但如果总体上让创意产业的经济表现继续和其余一切产业联手，却把软件排除在外，根据这一模式，那是不妥当的。

（二）文化从创意产业分离出来吗？

根据第三章考虑的一些立场，宽泛创意定义被采用的时候，文化的中心性变得有点模糊了。此间，我们在数据采集中还看到一个动向：文化从狭义的创意产业里一步步分离出来。而且，文化部发布的统计数据似乎在对内斯塔创新基金会率先清楚勾勒的立场做出回应。2016 年见证了最后一份创意产业经济估算（CIEE）报告的发布，从中还看到内斯塔的

"挑衅"呼应了上文所示的立场，即较少文化性的领域比如软件亦有重要的角色：

> 文化利益因与创意产业的模糊关系而获益，这样的模糊性使文化能从创意产业生成的 870 亿英镑的总增加值中得到直接或间接的认可；实际上，这个总增加值的 43.5% 是由"信息技术、软件和计算机服务"贡献的。……我们认为，创意产业和文化政策的混杂对英国的利益有害。这意味着，虽然有艺术的重要溢出效应，创意产业增长的最大驱动力并没有引起经济政策的足够注意，这些驱动力多半位于软件、广告和设计等服务门类；这也意味着，文化在促进国民文化福祉里的作用并没有引起足够的注意。（Bakhshi and Cunningham 2016, p. 6）

文化性和表现性的活动曾经被置于创意产业的中心，如今一些人主张，更多的注意力要给予创意产业最大的经济驱动力——对这些子门类之外的人而言，这是一个令人忧虑的迹象，依靠经济产出统计数据的人也可能死于这些统计数据。依循上述方法，有人说，文化门类应该从创意产业中分离出来，经济之外领域的文化角色需要我们去"整理"（2016, p. 7）。鉴于第四章里讨论的内容，我们可能要对这样的尝试抱谨慎的态度。无论如何，至此，我们似乎再次循环回到创意产业话语的起点，我们试图有效地界定何为"文化的"，以及"文化的"与"创意的"又如何区分。

文化部的文件反映了这样的尝试，其统计数据报告转向分门类的经济估算，创意产业是一个门类，文化门类是与创意产业有交叉却较小的门类：20 个 SIC 代码被用来生成"文化门类"的数据，其中的 16 个子门类同时又被纳入了生成"创意产业"数据的 31 个代码当中（4 种活动是"文化的"，但不是"创意的"；这四种活动是"录制媒介的复制""乐器制造""专卖店音乐和视频作品的零售"和"历史遗迹和建筑的运营和类似的旅游景点"）。这样的分类不阻断创意产业数据与具体文化活动的联系（对这个过程咨询的回应继续拷问纳入软件是否恰当

[DCMS 2017b, p. 8]）。图5.13显示这些新划分的门类的统计数据的量差。

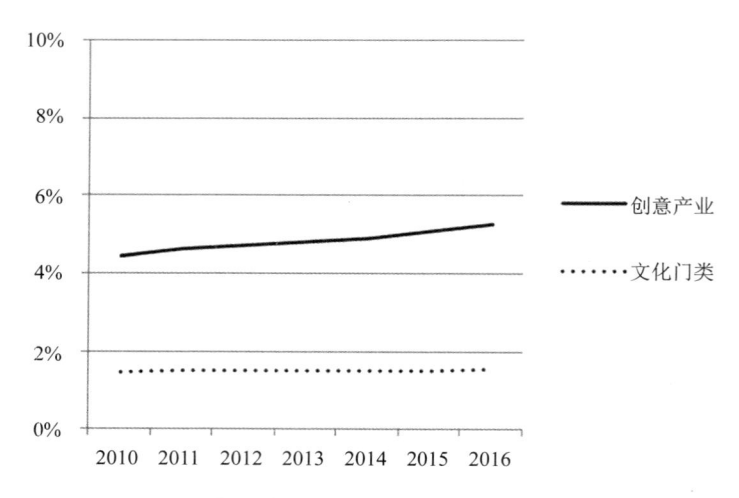

图 5.13　文化门类和创意产业占英国经济总增加值的比例
（资料源于 DCMS 2017c）

图5.14也可以看到就业的类似一景（图中还显示了"创新经济"的数据，可以和图5.2相比）。

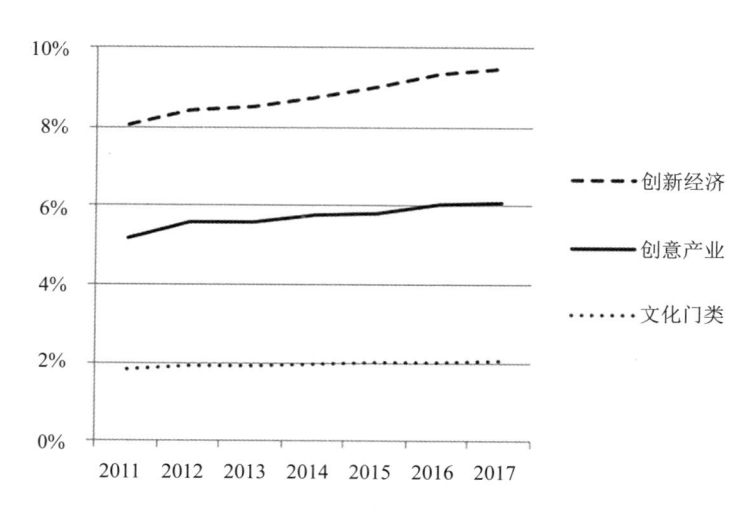

图 5.14　文化门类、创意产业和创新经济就业人数占英国就业总人数的比例
（资料源于 DCMS 2018b）

同一时期，英国艺术委员会也参与类似的证据生产过程，委托经济和商务研究中心（CEBR）发布了一系列有关"艺术和文化对国民经济的贡献"的报告。同时，这样的报告还产生减量版的文化对整体经济数据的贡献。

第一份报告使用的定义产生的结果是："艺术与文化产业"占"英格兰就业总数的0.48%"，"约占英格兰经济总增加值的0.4%"（CEBR 2013, pp. 2–3）。2015年的更新报告显示，2010年至2013年，经济总增加值相当强劲地上涨了36%，总值是相当可观的770亿英镑，其中0.56%要归之于艺术与文化（p. 31）。相比而言，2010年至2013年间的总增加值只"强劲地"上涨了36%，后续的一份报告则是"令人震惊"的12%的增长（CEBR 2017, p. 4），艺术与文化产业占英格兰总增加值的0.66%（p. 23），就业仍然接近于此前0.46%的水平（p. 24）。

与之类似，在这个时期，文化部的文化白皮书把"文化价值"定在350亿英镑至550亿英镑之间，约占英国经济总增加值的0.3%（2016b, p. 16）。你可能会问，在这个时期的后半段，文化门类在总增加值和总就业人数中的占比尚不到1%，它是否打出了最有力的牌。一方面，艺术价值非常勉强地与高增长、经济上成功的创意产业的叙事拉在一起；另一方面，文化逐渐从统计数据里分离出来又有一种风险：稍后岁月里不那么乐观的叙事要冒出来。正如加纳姆所言，倘若艺术和软件在"创意"的旗帜下联手：

> 这样的联手是信息社会的简称……文化门类和文化政策制定者试图分享政府关系，分享媒体的政策呈现，分享赋予信息社会和任何有利于其发展的、毋庸置疑的威望……（Garnham 2005, p. 20）

我们禁不住沉思，如果这一威望被拿走，后果是什么。无疑，英国艺术和人文研究委员会的"金牌创新经济鼓吹人"安德鲁·奇蒂（Andrew Chitty）提出了发展的方向：

创意产业的理念至今大约二十年。但有些人仍然认为，它是"文化"，却不是制造喷气引擎或汽车之类的实物。（AHRC 2017）

也许，随着更多的时间流逝，创意议程将会有足够的可塑性，以进一步从文化焦点漂移，走向更名副其实的创意产业。但就论述经济成功而言，在创意产业数据采集的第二个十年结束时，我们似乎看见与数据采集时代发轫时几乎同样的言论：

英国创意产业以惊人的速度发展。根据数字、文化、媒体和体育部（DCMS）最新的统计数据，在2011年至2016年间，这个门类的就业人数比总体经济就业人数的增长快4.5%；在2010年至2015年间，创意产业对总增加值的贡献翻了一番。（Mateos Garcia et al. 2018, p. 9）

第四节 本章小结

鉴于以上追溯的变化，我们不妨问，自文化、媒体和体育部（DCMS）早期的创意产业规划文件以来，究竟发生了多大的变化。2001年的创意产业规划文件披露，创意产业占 GDP 的 5%（DCMS 2001, p. 10），就业人数为 1300 万人（p. 11），约占就业总人数的 5%。2017 年公布的创意产业估算占英国总增加值的 5%，就业总人数的 6%（DCMS 2017c, d）。数据采集方法经历了许多变化，但总体呈现的图像几乎一成不变。然而，从一个观点看问题，虽然创意产业似乎静止不变，但它们依然维持了向前发展的叙事，于是，20 世纪 90 年代末确定的特别重要的叙事就维持不变。本章谋求的是展示创意产业发展而叙事不变的路径，借以确定创意议程底层潜隐的另一套不变的模型。

早期数据采集呈现出特别的针对性，但它生成的经济统计数据却有助于英国创意产业的模式在全球扩散，有助于创意产业在全国和地方推广。在这个时期的大部分时间里，文化的表现性活动被视为中心。后来，软件这个子门类的产出被移除。接着是一段反思的时间，一个新模式兴起，其核心是广义的创意定义，这个定义使软件回归创意产业门类。于是软件回归它在英国统计里最大子门类的角色（如 Heinze and Hoose 2013）。由此看来，我们重温劳和乌尔（Law and Urry）关于方法在"演绎社会"中的角色的理论，不无裨益（2004）。创意产业的形式并不固定，亦不分明，一定程度上是由界定形式的方法构成的。用于拷问数据源的范畴、可资利用的数据源，以及从数据源采集的证据，全都在以某种形式构建对象的过程中承担着一个角色。我们还看见，创意议程在构建过程中的危机点上有足够的弹性，容许新方法的新形式来构建创意对象。一个定义被瓦解，另一个略为不同的定义出现，然而总议程多半维持不变。在这个语境下，考虑普林斯论咨询者角色的研究，也不无裨益。

他认为，咨询者在"文化与创意的全球组合"中起作用。在这个过程中：

> 证据采集是为了支持预先的决策。但这不是因果关系的颠倒。中性的、表面上先于理论的定性证据赋予政策概念客观的地位。（Law and Urry 2014, p. 98）

这就使我们回头去考虑第二章首先指出的量化数据的地位（见 Rose 1991, p. 674）。团队性数据范畴很快就有了弹性并引向看似客观的、"中性的"信息，支撑并强化某些立场（如 Beer 2016）。无疑，这种量化信息的作用似乎维持了它对创意议程的重要意义。但在更晚近的一些时期里，有迹象表明，有人把早前的文化观念从创意概念里清除干净。休伊森认为，1997 年将国家遗产部更名为文化、媒体和体育部是"深刻的意识形态"举措（Hewison 2014, p. 27）。我们可以在这样的语境下思考 2017 年文化、媒体和体育部更名为数字、文化、媒体和体育部的举措（这里的数字被用作名词），可以这样思考随机创设的"数字和创意产业部"。巴赫西指出，这个新部的焦点对创意活动统计数据的整理产生了限制性的影响（Bakhshi 2016, p. 5），而焦点的迁移产生了这样的可能性：为了继续与上述经济成功的故事联手，文化门类更加迫切地需要论证自己是一股数字创新的力量。在这样的语境下，2018 年文化、媒体和体育部发布的报告题名"文化是数字的"（2018c），报告将技术和文化定位成"终极的动力配偶"（p. 5）。这给人启示。像其他门类一样，文化门类肯定有数字创新的角色扮演，但如果这样的更新是最受珍视的品质，文化政策就有沦为技术发展的风险。不过暂时而言，软件继续是"房间里的大象"，它加入创意产业的价值——威压群雄却不被认可，令人莫名其妙。

从以上分析可见，赞同加纳姆的评估有道理：无论什么增长水平是由于新经济的出现，新经济"却不是源于我们通常认为的媒体和文化……而是源于商务信息服务"（Garnham 2005, p. 22）。加纳姆写这段话是在创意产业的第一阶段，他关于文化活动和非文化活动（cultural and non-cultural activities）的联手还有一丝谨慎的调子。到第三阶段时，有影响的人就会说，这样的联手完全是妥当的，因为在没有明确方向去执行任务的模糊意义上，它们都是"创意"的活动，产生的结果都有一丝新异，等等。实际上，这样的声音开始暗示，如果我们有志于创新的利益，我们应该更注意商务信息系统。因此，大多数创意产业的非凡表现就给我们提出了一些真实的问题，对它们假设的经济再生器的角色提出质疑。从本章出现的图像看，我们必须对这一类政策要极端谨慎：它们正在通过文化和艺术对创意产业运行的干预带来经济再生。一方面，文化活动和非文化活动有大量的交叠；另一方面，如上所示，两者正在分离的说法又值得一辩。不过，虽然有这样的分离，但总体的创意议程提供的一致性还是维持下来了。

参考文献

AHRC. (2017). *Interview: Professor Andrew Chitty*. Retrieved from https://ahrc.ukri.org/research/readwatchlisten/features/interview-professor-andrew-chitty/.

Arts Council England, Association of Independent Museums, Cultural Learning Alliance, English Heritage, The Heritage Alliance, Heritage Lottery Fund, … Visit England. (2010). *Cultural capital—A manifesto for the future*. Retrieved from http://webarchive.nationalarchives.gov.uk/20160204122224/ http://www.artscouncil.org.uk/advice-and-guidance/browse-advice-and-guidance/cultural-capital-manifesto-future.

Babani, D., & Gerrard, N. (2011, April 3). Will funding cuts be good for the arts? *The Observer*. Retrieved from https://www.theguardian.com/culture/2011/apr/03/arts-funding-cuts-debate.

Bakhshi, H. (2013). *Measuring the creative industries in the UK*. Retrieved from https://www.arts.gov/art-works/2013/measuring-creative-industries-uk.

Bakhshi, H. (2016). *Putting creativity on the map—Classification, measurement and legitimation of the creative economy*. Retrieved from https://www.nesta.org.uk/sites/default/files/putting_creativity_on_the_map.pdf.

Bakhshi, H., & Cunningham, S. (2016). *Cultural policy in the time of the creative industries*. London: Nesta.

Bakhshi, H., & Freeman, A. (2012). *How big are the UK's creative industries?* Retrieved from http://www.nesta.org.uk/home1/assets/blog_entries/how_big_are_the_uks_creative_industries.

Bakhshi, H., Freeman, A., & Higgs, P. (2013). *A dynamic mapping of the UK's creative industries*. London: Nesta.

Bakhshi, H., Davies, J., Freeman, A., & Higgs, P. (2015). *The geography of the UK's creative and high-tech economies*. London: Nesta.

Banks, M., & O'Connor, J. (2009). After the creative industries. *International Journal of Cultural Policy, 15*(4), 365–373.

Banks, M., & O'Connor, J. (2017). Inside the whale (and how to get out of there): Moving on from two decades of creative industries research. *European Journal of Cultural Studies, 20*(6), 637–654.

Bazalgette, P. (2017). *Independent review of the creative industries*. Retrieved from https://www.gov.uk/government/publications/independent-review-of-the-creative-industries.

Becker, H. S. (2017). Creativity is not a scarce commodity. *American Behavioral Scientist, 61*(12), 1579–1588.

Beer, D. (2016). *Metric power*. London: Palgrave Macmillan.

Belfast Telegraph. (2017, April 15). *Arts 'as important to future economic success as traditional industries'*. Retrieved from https://www.belfasttelegraph.co.uk/business/news/arts-as-important-to-future-economic-success-as-tradition-al-industries-35624848.html.

Bilton, C., & Leary, R. (2002). What can managers do for creativity? Brokering creativity in the creative industries. *International Journal of Cultural Policy, 8*(1), 49–64.

Boren, Z. (2014, January 12). *Chancellor should invest in Britain's thriving creative industries, says think tank*. Retrieved from https://www.independent.co.uk/news/uk/politics/chancellor-should-invest-in-britain-s-thriving-creative-industries-says-think-tank-9053756.html.

CEBR. (2013). *The contribution of the arts and culture to the national economy*. London: Centre for Economics and Business Research Ltd.

CEBR. (2015). *The contribution of the arts and culture to the national economy—An update of our analysis of the macroeconomic contribution of the arts and culture industry to the national economy.* London: Centre for Economics and Business Research Ltd.

CEBR. (2017). *The contribution of the arts and culture to the national economy—An updated assessment of the macroeconomic contributions of the arts and culture industry to the national and regional economies of the UK.* London: Centre for Economics and Business Research Ltd.

CIC. (2013a). *Creative Industries Council (CIC) meeting 2.00 pm to 3.30 pm, Wednesday 27 November 2013.* Retrieved from https://assets.publishing.service.gov.uk/government/uploads/system/uploads/attachment_data/file/265414/CIC_minutes_27_Nov.pdf.

CIC. (2013b). *Creative Industries Council—Minutes of the meeting held January 31st 2013 3.00 pm–4.30 pm at DCMS.* Retrieved from https://www.gov.uk/government/uploads/system/uploads/attachment_data/file/136338/31_Jan_2013_Creative_Industries_Council_Minutes.docx.

Comedia. (2004). *Culture and regeneration: An evaluation of the evidence.* Nottingham: Comedia.

Davis, R. (2011, October 30). Are Britain's art schools in crisis, as fees stifle a creative generation? *The Observer.* Retrieved from https://www.theguardian.com/education/2011/oct/30/art-and-design-students-college-fees.

DCMS. (2001). *Creative industries mapping documents 2001.* Retrieved from https://www.gov.uk/government/publications/creative-industries-mapping-documents-2001.

DCMS. (2004). *DCMS evidence toolkit—Technical report.* London: DCMS.

DCMS. (2007). *The creative economy programme: A summary of projects commissioned in 2006/7.* London: DCMS.

DCMS. (2009). *Creative industries economic estimates statistical bulletin.* London: DCMS.

DCMS. (2010). *Creative industries economic estimates (experimental statistics)—Full statistical release.* London: DCMS.

DCMS. (2011). *Creative industries economic estimates—Full statistical release.* London: DCMS.

DCMS. (2013a). *Summary explanation of our proposals to change how we classify and measure the creative industries.* London: DCMS.

DCMS. (2013b). *Classifying and measuring the creative industries—Consultation on proposed changes.* London: DCMS.

DCMS. (2014a). *Creative industries economic estimates.* London: DCMS.

DCMS. (2014b). *Creative industries worth £8million an hour to UK economy.* Retrieved from https://www.gov.uk/government/news/creative-industries-worth-8million-an-hour-to-uk-economy.

DCMS. (2016a). *Creative industries economic estimates.* London: DCMS.

DCMS. (2016b). *The culture white paper.* London: DCMS.

DCMS. (2017a). *Creative industries' record contribution to UK economy.* Retrieved from https://www.gov.uk/government/news/creative-industries-record-contribution-to-uk-economy.

DCMS. (2017b). *Economic estimates: Consultation response summary.* London: DCMS.

DCMS. (2017c). *DCMS sectors economic estimates 2016: Gross value added.* London: DCMS.

DCMS. (2017d). *DCMS sectors economic estimates 2017: Employment and trade.* London: DCMS.

DCMS. (2018a). *DCMS sector economic estimates methodology.* London: DCMS.

DCMS. (2018b). *DCMS sectors economic estimates 2017: Employment.* London: DCMS.

DCMS. (2018c). *Culture is digital.* London: DCMS.

DCMS, BERR, & DIUS. (2008). *Creative Britain: New talents for the new economy.* London: DCMS.

Evans, G. (2001). *Cultural planning.* London: Routledge.

Fleming, T., & Erskine, A. (2011). *Supporting growth in the arts economy.* London: Arts Council England.

Flew, T., & Cunningham, S. (2010). Creative industries after the first decade of debate. *The Information Society, 26*(2), 113–123.

Foord, J. (2008). Strategies for creative industries: An international review. *Creative Industries Journal, 1*(2), 91–113.

Economics, Frontier. (2007). *Creative industry performance—A statistical analysis for the DCMS.* London: Frontier Economics Ltd.

Garnham, N. (2005). From culture to creative industries. *International Journal of Cultural Policy, 11*(1), 15–29.

GLA Economics. (2004). *London's creative sector: 2004 update.* London: Greater London Authority.

Government Statisticians Collective. (1979). How official statistics are produced: Views from the inside. In J. Irvine, I. Miles, & J. Evans (Eds.), *Demystifying social statistics* (pp. 130–151). London: Pluto Press.

Heartfield, J. (2006). A business solution for creativity, not a creativity solution for business. In M. Mirza (Ed.), *Culture vultures: Is UK arts policy damaging the arts?* (pp. 71–92). London: Policy Exchange.

Heinze, R. G., & Hoose, F. (2013). The creative economy: Vision or illusion in the structural change? *European Planning Studies, 21*(4), 516–535.

Hesmondhalgh, D. (2007). *The cultural industries*. London: Sage.

Hesmondhalgh, D., & Meier, L. M. (2018). What the digitalisation of music tells us about capitalism, culture and the power of the information technology sector. *Information, Communication & Society, 21*(11), 1555–1570.

Hesmondhalgh, D., & Pratt, A. C. (2005). Cultural industries and cultural policy. *International Journal of Cultural Policy, 11*(1), 1–13.

Hesmondhalgh, D., Oakley, K., Lee, D., & Nisbett, M. (2015). *Culture, economy and politics—The case of New Labour*. Basingstoke: Palgrave Macmillan.

Hewison, R. (2014). *Cultural capital: The rise and fall of creative Britain*. London: Verso.

Higgs, P., Cunningham, S., & Bakhshi, H. (2008). *Beyond the creative industries: Mapping the creative economy in the United Kingdom*. London: Nesta.

HMSO. (2002). *UK standard industrial classification of economic activities 2003*. London: Her Majesty's Stationery Office.

Holden, J. (2007). *Publicly-funded culture and the creative industries*. London: Arts Council England.

Jäger, S., & Maier, F. (2009). Theoretical and methodological aspects of Foucauldian critical discourse analysis and dispositive analysis. In R. Wodak & M. Meyer (Eds.), *Methods of critical discourse analysis* (2nd ed., pp. 34–61). London: Sage.

Jones, S., & Wright, S. (2007). *Making good work: Realising the values of young people's creative production*. London: Demos.

KEA European Affairs. (2006). *The economy of culture in Europe*. Retrieved from http://www.keanet.eu/ecoculture/studynew.pdf.

KEA European Affairs. (2009). *The impact of culture on creativity*. Retrieved from http://www.keanet.eu/docs/impactculturecreativityfull.pdf.

Last, B. (2016). *Connecting creativity, value and money.* Retrieved from https://zenodo.org/record/55754/files/CREATe-Working-Paper-2016-10.pdf.

Law, J., & Urry, J. (2004). Enacting the social. *Economy and Society, 33*(3), 390–410.

Mandelson, P. (2009, August 29). Taking something for nothing is wrong…That's why we must stop illegal file sharing and give the creative industries a breathing space. *The Times.* Retrieved from http://www.timesonline.co.uk/tol/comment/columnists/guest_contributors/article6814187.ece.

Mateos Garcia, J., Klinger, J., & Stathoulopoulos, K. (2018). *Creative nation—How the creative industries are powering the UK's nations and regions.* London: Nesta.

Miller, M. (2013, June 20). I argued for the arts—And won. We will keep the philistines from the gates. *The Guardian.* Retrieved from https://www.theguardian.com/commentisfree/2013/jun/20/argued-for-arts-and-won-philistines-economic-case.

Montgomery, J. (2005). Beware 'the creative class'. Creativity and wealth creation revisited. *Local Economy, 20*(4), 337–343.

Mould, O. (2017). *Urban subversion and the creative city.* London: Routledge.

Nesta. (2006). *Creating growth—How the UK can develop world class creative businesses.* London: Nesta.

Oakley, K. (2004). Not so cool Britannia: The role of the creative industries in economic development. *International Journal of Cultural Studies, 7*(1), 67–77.

Oakley, K. (2008). Any answer as long as it's right: Evidence-based cultural policymaking. In L. Andersen & K. Oakley (Eds.), *Making meaning, making money* (pp. 18–41). Newcastle upon Tyne: Cambridge Scholars.

Oakley, K., Hesmondhalgh, D., Bell, D., & Nisbett, M. (2014). The national trust for talent? NESTA and New Labour's cultural policy. *British Politics, 9*(3), 297–317.

OECD. (2006). *OECD workshop on the international measurement of culture—Discussion summary and recommendations.* Retrieved from http://www.oecd.org/dataoecd/38/59/38228150.pdf.

OECD. (2007). *National accounts and financial statistics: International measurement of the economic and social importance of culture.* Retrieved from http://www.oecd.org/dataoecd/56/54/38348526.pdf.

ONS. (2006). *Economic trends no. 627.* London: Her Majesty's Stationery Office.

ONS. (2009). *UK standard industrial classification of economic activities 2007*

(SIC 2007)—Structure and explanatory notes. Basingstoke: Palgrave Macmillan.

ONS. (2010a). *A profile of business*. Retrieved from http://www.ons.gov.uk/ons/rel/regional-trends/painting-pictures-of-place-series—topic-profiles/business-topic-profile/business-topic-profile—2010.pdf.

ONS. (2010b). *Annual business inquiry*. Durham: Nomis.

ONS. (2017). *UK SIC 2007 classes in the creative industries 2012 to 2016*. Retrieved from https://www.ons.gov.uk/businessindustryandtrade/business/activitysizeandlocation/adhocs/007075analysisofenterprisesindistrictsoft-heukforuksic2007classesinthecreativeindustries2012to2016.

Partington, R. (2018, February 24). *Creative industries fear tuition fees will kill supply of talent*. Retrieved from https://www.theguardian.com/business/2018/feb/24/creative-industries-compelling-case-investing-arts-education.

Prince, R. (2014). Consultants and the global assemblage of culture and creativity. *Transactions of the Institute of British Geographers, 39*(1), 90–101.

Rhodes, C. (2017). *Business statistics—House of Commons library briefing paper 06152*. London: House of Commons Library.

Rindzevičiūtė, E., Svensson, J., & Tomson, K. (2016). The international transfer of creative industries as a policy idea. *International Journal of Cultural Policy, 22*(4), 594–610.

Rose, N. (1991). Governing by numbers: Figuring out democracy. *Accounting, Organizations and Society, 16*(7), 673–692.

Schlesinger, P. (2009). Creativity and the experts: New Labour, think tanks, and the policy process. *The International Journal of Press/Politics, 14*(3), 3–20.

SDG Economic Development. (2017). *Exploring the role of arts and culture in the creative industries*. Leeds: SDG Economic Development.

Serota, N. (2017, November 4). Sir Nicholas Serota: Creative sector is taking a leading role in boosting the UK economy. *The Times*. Retrieved from https://www.thetimes.co.uk/article/sir-nicholas-serota-creative-sector-is-taking-a-leading-role-in-boosting-the-uk-economy-vktdcnll0.

Silver, J. (2012). *DCMS downgrades value of creative industries?* Retrieved from https://jeremy1.wordpress.com/2012/01/14/dcms-downgrades-value-of-creative-industries/.

Smith, C. (1998). *Creative Britain*. London: Faber and Faber.

Stoneman, P. (2009). *Soft innovation: Towards a more complete picture of innovative* change. London: Nesta.

Taylor, C. (2006). Beyond advocacy: Developing an evidence base for regional creative industry strategies. *Cultural Trends, 15*(1), 3–18.

Technology Strategy Board. (2009). *Creative industries technology strategy 2009–2012*. Swindon: The Technology Strategy Board.

The Work Foundation. (2007). *Staying ahead: The economic performance of the UK's creative industries*. London: The Work Foundation.

Throsby, D. (2008). Modelling the cultural industries. *International Journal of Cultural Policy, 14*(3), 217–232.

Throsby, D. (2015). The cultural industries as a sector of the economy. In K. Oakley & J. O'Connor (Eds.), *The Routledge companion to the cultural industries* (pp. 56–69). London: Routledge.

UKDS. (2012). *Using the Labour Force Survey and Annual Population Survey to explore the labour market*. Retrieved from https://www.ukdataservice.ac.uk/use-data/data-in-use/case-study/?id=139.

Volkerling, M. (2001). From cool Britannia to hot nation: 'Creative industries' policies in Europe, Canada and New Zealand. *International Journal of Cultural Policy, 7*(3), 437–455.

White, A. (2009). A grey literature review of the UK Department for Culture, Media and Sport's creative industries economic estimates and creative economy research programme. *Cultural Trends, 18*(4), 337–343.

Wills, A. (2013). *The arts, the creative economy and the truth!* Retrieved from http://4creativentrepreneurs.wordpress.com/2013/04/27/the-arts-the-creative-economy-and-the-truth/.

第六章 利物浦：持久创新的案例剖析

本章检视2008年利物浦荣获欧洲文化之都（ECoC）后的活动，考虑创意议程如何践行。可以认为，利物浦申报的理据和此前的文化政策都反映了迄今的模式；迅速确立的申报成功的叙事进一步推进了2009年以后的创意议程。本章考察欧洲文化之都的竞逐总体上如何与经济复苏的目标相联系；考察2008年的庆祝活动的"冲击"时，我们看到利物浦如何推进文化角色恰当的证据基础。我们将看到，在确立2013年启动的英国"文化之都"计划时，这个证据基础起到了一定的作用，还被用来宣示经济成就，各利益相关者竞相做这样的宣示。这个经济基础与创意产业的运行联手，创意产业的定位成为英国和国家文化之都计划的关键一环。本章既要讲主流的叙事，也要考虑文化之都计划对主流叙事的挑战，意思是说，虽然前景不错，但在影响上和日益平凡的应用上，创意议程是有局限的。

第一节 "文化之都"前的利物浦

本章不可能全面讲述利物浦活跃的文化、社会和政治史。但在确立这个城市如何促进创意议程时，考虑该市历史的一些关键标记至关重要，它们为利物浦当选欧洲文化之都奠定了基础。奥布莱恩回顾19世纪，简述利物浦的历史财富及文化机构的创建：

持续不懈的创新：艺术、文化与创意产业的发展

利物浦是大英帝国系统的一根关键的轮辐。这个角色生成的财富为它留下一笔持久的遗产，这笔遗产被投入文化……利物浦成为维多利亚时代率先创建文化机构的城市之一。这些机构有：1810 年成立的利物浦艺术学院；1840 年创建的皇家利物浦交响乐团（世界最悠久的古典乐团之一）；1877 年创建的沃克艺术画廊。（O'Brien 2014, p. 96）

但这个城市不会持续以财富为特点。威尔克斯-希格指出，20 世纪的利物浦从国际重要的"世界都会"降格为"被遗弃的城市"（Wilks-Heeg 2003, p. 36）。20 世纪初，它曾经在地方文化政策的开发中扮演关键的角色，利物浦公司（今市议会的前身）用地方税拨款，使沃克艺术画廊能收购艺术品（Minihan 1977, p. 177; O'Brien 2014, p. 96）。到 20 世纪晚期，经过几十年的衰退以后（Wilks-Heeg 2003），利物浦成为谋求都市复苏政策的试验场，扮演了关键的角色，第二章已对此做了介绍。

虽然 20 世纪的利物浦不再是全球商务中心，但鉴于前面各章的大众文化商品焦点，我们可以指出，利物浦异乎寻常强大的的全球文化声誉，很大程度上归功于流行录制音乐时代极其成功的披头士乐队。然而，他们 20 世纪 60 年代的成功并没有依靠利物浦本土的产业，也没有一直被本市充分利用。如此，披头士的文化繁荣和其后的国际盛誉并不能阻挡利物浦面对的挑战。在 20 世纪后半叶，利物浦的就业水平以及人口均显著下降。20 世纪 70 年代，利物浦的文化活动在地方政治议程上维持在低水平（O'Brien 2010, p. 119）。20 世纪 80 年代，利物浦率先主办了作为国家级文化复苏的盛事——1984 年的首届英国园艺博览会。这是英国保守党政府采用的一个模式，借鉴的基础是德国自 20 世纪 50 年代就举办的德国园艺博览会双年展。这样的博览会"旨在刺激发展、领航设计，复苏可能会破败的地区"（Theokas 2004, pp. 2, 5）。

在这里，破败小区翻新旨在容纳并吸引新的地产和就业，其重点有别于本章稍后将考虑的文化节日。不过，博览会和旧改有相似性：用节日来刺激都市发展、促使形象改变、吸引游客访问原本衰退的地方。实

际上，20 世纪 80 年代利物浦的英国园艺博览会成为英国最多访客的旅游目的地（Theokas 2004, p. 153）。然而，由于没有地方政治的支持，这样的成功好景不长，博览园 1987 年就关门大吉了（举办了五届双年展后，英国的园艺博览会计划不再执行了，1992 年的最后一届是在埃布韦尔举办的）。

如第二章所述，在 20 世纪 80 年代，艺术和文化用于都市复苏的尝试日益突显和直接。此间，利物浦成为弄潮的楷模，其他地区也紧紧跟上，这一点潮流成了创意议程的特征。比如，19 世纪晚期创建的泰德美术馆，1988 年建立第一个"前哨"时就将其放在利物浦废弃的码头建筑物里（Evans 2011, p. 9）。格雷指出，这一举措"多半是从都市复苏和社会凝聚力的角度来说的，过了一些时候，人们才开始考虑博物馆系统更传统的关怀，比如馆长制"。（Gray 2007, p. 210）因经济转型（第二章曾对此进行追溯）而留下的废旧码头被改建为一所高级的美术馆。除此之外，这个时期的利物浦"率先确认艺术和文化产业的角色"（Evans 2011, p. 9）。然而，这股潮流只能追溯到 20 世纪 80 年代晚期；此前，其他人惊呼，在"艺术和文化产业"可能起作用的方面看，利物浦处在"黑暗时代"。

在这个时期，利物浦市议会的战略文件直接讨论文化政策在经济复苏里的作用（Parkinson and Bianchini 1993, p. 162）。应该指出，该市广义的文化声誉一直都很好。我们再说一说利物浦的流行音乐人，舞曲名团"法兰基去好莱坞"1983 年发行的《放松》一直是英国音乐排行榜上的十大畅销金曲之一，此前二十年发行的披头士的《她爱你》也高居榜首（everyHit, n.d.）。关于市议会的举措，早期的"艺术与文化产业战略"指出，成为著名文化人的家乡未必意味着，城市必然收获相关的经济利益；文件指出，"'法兰基去好莱坞'第一辑 2.5 亿英镑的收入，丝毫没有让利物浦本地的音乐产业受益"（Liverpool City Council 1987, p. 7）。虽然认准了这样的问题，虽然为促进利物浦的文化产业而创建了英国首个地方政府的电影联络处（Parkinson and Bianchini 1993, p. 166），但反思这个时期时，奥布莱恩还是指出，"昙花一现的创意产业政策"大体上

"对提升城市形象几乎没有什么效益"（O'Brien 2010, p. 120）。稍后开发创意产业的努力所见证的也是正反参半的成功：20 世纪 90 年代推出一个"创意产业区"，说它"对市议会文化政策引领的复苏战略至关重要"（Parkinson and Bianchini 1993, p. 172），一个举措是出售市中心土地的永久业权，投资者是总部设在伦敦的切特豪斯地产开发商，预计的投资是一亿英镑，创造 2500 个就业岗位。但这个建议遭遇许多挑战，伊文思简要地勾勒如次：

> 滞涨的土地价值和地产价值，未能获得修缮许多建筑所需的大笔资源，中小艺术和媒体企业公共补贴的缩水，夜总会区污秽、吸引力有限，地块的拓宽不足以容纳大批艺术和文化产业，这一切都延缓了开发的进度。到 1992 年，切特豪斯进入破产清零程序。（Evans 1996, p. 16）

因此，利物浦早期的成功可能会受到质疑。虽然如此，我们还是看见，它采用了创意议程的许多前卫措施：举办文化节以推进发展和旅游业，在破败地区进行重大的艺术干预，尝试开发文化与创意产业区，考虑文化政策的经济产出。虽然这个时期的文化产业发展似乎使人烦恼，但园艺博览会成功的旅游效应似乎适用于利物浦的泰德美术馆了：虽然没有细分的客源统计，且许多访客是本地人，但是到 20 世纪 90 年代中期，据馆长报告，泰德美术馆每年的访客多达 60 万人（Biggs 1996, p. 63）。

然而，利物浦遭遇的重大城市挑战还是稽留到 20 世纪 90 年代。就人口而言，利物浦是默西塞德郡五大城镇之一；1994 年至 2000 年，欧盟的"首选优惠"（Objective One）地区补贴（低于欧盟平均 JDP 的 75%，用于支持经济发展）拨付给利物浦。这里值得注意的是，20 世纪 90 年代初，这一名目是用以开发"文化、媒体与休闲产业"的五大驱动力之一（Couch 2003, p. 177）。为此目的，欧盟的拨款导致 1997 年"默西塞德郡都市复苏公司（ACME）"的建立，其总部在利物浦，在接受欧盟"首选优惠"补贴的几年间运行（最后于 2009 被并入"利物浦愿景"，这是英国首家都市复苏公司）。ACME 宣示的宗旨是在默西塞德郡"开发创意产业"（Merseyside ACME 2005）。此间，更大范围的复苏资金还见证了其他组织的建立，其宗旨是"为年轻人提供就业、教育或艺术培训"（Burghes and Thornton 2017, p. 9）。

奇怪的是，虽然利物浦启动创意议程较早，但进入这个领域十多年后，等到该议程在英国政府一级都凸显出来时，迹象表明，利物浦并没有形成在创意议程领先的能力。20 世纪 90 年代晚期，利物浦的泰德美术馆已有好多年，而该馆又是文化复苏领域重要的参照点，但创意观念历史上最具象征意义的建筑也许是毕尔巴鄂的古根海姆博物馆。1997 年开馆的毕尔巴鄂博物馆加速了全球采用古根海姆形态建筑的趋势，伊文思将这种形式称为"卡拉 OK 建筑"（Evans 2003, p. 417）。这种建筑形式成为广义的、快速发展的创意议程重要的一面。说到赫尔辛基 2000 年荣获"欧洲文化之都"的称号是，伊文思注意到一个"标准"干预形式的兴起：

> 赫尔辛基拥抱文化产业和艺术旗舰战略，包括开发一个文化生产区……音乐学院和文化消费区……再加一个不可或缺的当代艺术博物馆，"交叉"造型，美国建筑师史蒂芬·霍尔（Steven Holl）设计，像毕尔巴鄂的古根海姆博物馆。（Evans 2003, p. 426）

虽然或者由于地方文化政策的弱化趋势（O'Brien 2010, p. 119），到 20 世纪 90 年代末，利物浦也在这个方向上前进了。当局的建议有：不仅要建"不可或缺的当代艺术博物馆"，而且这个博物馆实际上要成为古根海姆的前哨，利物浦要争创"欧洲文化之都"奖。当时的新闻报道注意到"欧洲文化之都"与欧盟的"首选优惠"地区补贴联系起来了：

> 新古根海姆博物馆给西班牙毕尔巴鄂带来名誉和财富。受此鼓舞，利物浦的议员和官员想要筹集 600 万英镑修建一座收藏所罗

门·古根海姆（Solomon R Guggenheim）晚年的无价之宝。通过与多个地区和国家的基金会合作（包括彩票在内），利物浦希望撬开欧盟的补贴，被欧盟认证为最贫困的地区之一。（Ward 1999）

新闻报道还注意到利物浦争建古根海姆博物馆和它争创"欧洲文化之都"的关系：

> 把古根海姆博物馆带到国王码头的计划是利物浦争创 2008 年欧洲文化之都的后援工程之一。（Bennattar 1999）

实际上，争创欧洲文化之都以推进都市复苏时，利物浦还采用了一种业已扎根的特殊战术。

第二节　欧洲文化之都和格拉斯哥模式

就像不可能讲透利物浦的历史一样，讲透欧洲文化之都工程的历史也是不可能的。要而言之，20 世纪 80 年代初，这个项目被认为是抵消欧洲共同体过分强调经济事务的潜在路径，可以给予这个欧洲项目一个"人文的面子"（Bullen 2013, p. 19）。早期的欧洲文化之都，从首任的雅典开始，全都拥有悠久的全球盛誉，是卓越的文化中心；颁授这一称号的目的是"庆贺"欧洲文化的果实，旨在培育欧洲各国的和谐（Connolly 2013, p. 168）。起初的颁授是一年一市，1990 年首次登录英国时却已转型，这个项目更紧密地与创意议程广阔的结构性先驱联手了：

> 1990 年欧洲文化之都的颁授标志着重心的转移，原有的模式植根于文化的自由人文主义路径，1990 年的路径视文化为都市营销和经济复苏的工具……符合新工党都市创业驱力的政策取向。英国政府启动了 1990 年的城际竞争，格拉斯哥胜出，荣膺欧洲文化

之都。这一策略不是什么梦幻决策的结果,而是一系列的营销演练;由于传统工业基础的崩塌,需要在服务经济中给城市重新定位。(Connolly 2013, p. 168)

实际上,格利菲斯就指出,像利物浦一样,还像此前五届的英国园艺博览会主办城市一样,格拉斯哥在城际竞争中最终胜出,"多半是因为它把年际的欧洲文化之都作为推动经济复苏和形象转化的手段"(Griffiths 2006, p. 418)。欧洲文化之都的荣誉旋即被作为经济复苏成功的证据。在同期的评估中,我们发现如下的宣示:

> 无疑,格拉斯哥艺术引领城市复苏的战略成功了,在这一点上,它是英国最著名的城市。1987年,格拉斯哥申报欧洲文化之都,1990年成功。(Wynne 1992, p. 91)

20世纪80年代见证的欧洲文化之都是早已国际闻名的城市,如阿姆斯特丹和巴黎,他们优势众多,强大的文化旅游经济即为其中之一。20世纪90年代荣获这一称号的则是不那么著名的城市比如格拉斯哥和塞萨洛尼基。这种分化趋势持续到21世纪初,获此殊荣的城市多种多样,有科克、帕特拉斯和西比乌。虽然格拉斯哥绝不是失去了可庆可贺文化的荒漠,其他几个城市也是有文化的城市,但定位重点的迁移赋予"欧洲文化之都"另一个角色:广义的机遇转化,在文化引领的复苏中发挥重要作用(García 2004a, p. 319)。这个迁移还使上文邂逅的"创意城市"的观念进一步突显(Scott 2014, p. 567)。

20世纪90年代,创意议程进一步突显,欧洲文化之都或潜在的欧洲文化之都越来越可能高唱的价值不是欢庆欧洲文化,或建立国家之间的联系,而是用直白的经济话语,凸显这一荣耀在城市发展过程里的作用(McGuigan 2005; Palmer/Rae Associates 2004, p. 47)。实际上,稍后对这一奖项的反思注意到,这个项目发生了转变,其宗旨"和经济领域紧紧纠缠,重点放在旅游业、目的地推荐和创意产业的培养"(Lähdesmäki

2012, p. 69）。鉴于其转换角色，格拉斯哥成为反复被引用的参考点。继后欧洲文化之都的评估都参考格拉斯哥路径的成功（Deffner and Labrianidis 2005; Richards and Wilson 2004），"格拉斯哥模式"的概念引起城市决策者的共鸣（García 2004a, 2005）。在以上各章的广阔语境下，这并不奇怪，因为艺术组织的资助越来越用上了经济理据，大范围的趋势是，准市场的原理侵蚀了更大范围的公共门类（Keat 2000, p. 1）。

然而，在说明这种潜在的复苏效应如何在利物浦起作用之前，应该指出，在格拉斯哥的案例中，欧洲文化之都这个项目与创意产业的发展究竟有何实质联系，那还是存疑的，虽然很多人用欢快的调子接受了"格拉斯哥模式"的概念。比如，在1990年荣获欧洲文化之都后不久，格拉斯哥还是不得不处理重大的贫困问题。布斯和波义耳（Booth and Boyle）论及格拉斯哥的工业发展时断言：

> 几乎没有证据支持这样一个说法：1990文化年对本地的经济发展有着明显的贡献。关于开发文化产业的经济社会利益有大量华丽的说辞……但几乎没有具体的政策和工程把创造就业机会或培训与很成功的活动项目联系在一起。（1993, p. 45）

2004年，穆尼把牢固确立的"格拉斯哥模式"形容为"神话"（2004, p. 328）。在稍后的分析中，米勒指出，格拉斯哥1990年的欧洲文化之都头衔并没有产生持续的经济增长（Miller 2007, p. 45）。同样，加西亚发现，格拉斯哥创意产业的企业家"怀疑欧洲文化之都是该市文化产业的催化剂，并不觉得这件事对他们的工作产生了直接的影响"（García 2005, p. 859）。他接着说：

> 创意企业家认为，倘若经费充裕、众人欢呼的格拉斯哥荣获欧洲文化之都的桂冠都没有产生明显而持续的文化计划，其他任何改变趋势的举措就没有什么希望了。（p. 859）

2004 年，帕默和雷（Palmer/Rae Associates）考察了许多欧洲文化之都城市的情况，研究该项目与标榜的经济复苏的关系，他们发现，"很少城市""以有意义的方式研究"这个课题；他们还发现，"经济目标写在报告里、说在访谈中，华丽辞藻多，行动及其结果的独立分析少"（2004, p. 103）。如此，对欧洲文化之都进行分析时，我们再次发现这样一个典型：持续的成功叙事，依托的证据几乎没有。实际上，加西亚断言，欧洲文化之都不应被视为达成城市复苏强劲有力的方法，因为"项目监测和评价的标准很差，长远的标准尤其差"（García 2005, p. 863）。格林同样指出，虽然文化之都模式继续越出欧洲在全球扩散，评估始终欠缺（Green 2017, p. 23）。不过，虽然评价标准不够发达，加西亚还是强调上文引述的几点意见：

> 成功话语产生了不受质疑的神话：通过艺术项目的实施，格拉斯哥有能力解决许多社会经济问题。（García 2004b, p. 105）

第三节　利物浦成功申办"欧洲文化之都"

围绕欧洲文化之都的作用有不少疑问。虽然如此，到 20 世纪 90 年代晚期，人们至少有一个强烈的信念："格拉斯哥模式"可以被用于许多地方。有一点清楚的是：利物浦 21 世纪初准备申报欧洲文化之都时，利物浦亟需许多形式的复苏，欧盟的"首选优惠"地区补助已于 2000 年第二次给予利物浦所在的默西塞德郡拨付补贴，因为其 GDP 低于欧洲的平均水平。琼斯和威尔克斯-希格指出，在这个时期：

> 利物浦城市地区的贫困形象仅次于格拉斯哥……利物浦是英国低工资家庭最集中的地方。（Jones and Wilks-Heeg 2004, p. 347）

在申报期，利物浦欧洲文化之都的定位是，借助上述"格拉斯哥模式",申报这一荣誉对扭转利物浦的历史霉运至关重要(Liverpool Culture Company 2003a, p. 3)。

琼斯和威尔克斯-希格认为,利物浦被指定为英国申报城市的核心理由是,人们"普遍认为,它是最可能复制'格拉斯哥效应'的候选城市,能将这一荣誉用作广义城市复苏的核心要素"(2004, p. 342)。话虽如此,荣获"欧洲文化之都"十年后,在贫困赌注上格拉斯哥仍然是利物浦的强劲对手,这就为利物浦的申报敲响警钟。不过,振兴的目标是利物浦申报的关键:申报过程由市议会的复苏局监督。康纳利引用议长斯托里男爵2008年的申报词说,"2008年申报的主打不是文化,而是复苏"(Connolly 2013, p. 163)。2003年,经过类似于格拉斯哥被提名为候选城市的遴选过程后,利物浦成为"欧洲文化之都"的候选城市,它可能最终当选欧洲文化之都。但奥布莱恩和迈尔斯暗示,利物浦"不太可能当选":

> 虽然利物浦有丰厚的文化基础设施,鉴于它过去在文化政策上缺乏能力和兴趣,由于它和本地文化门类的关系存在困难,它不太可能当选为2008年的欧洲文化之都。(O'Brien and Miles 2010, p. 4)

此前,利物浦建造古根海姆博物馆的计划没有进展,建造另一座"偶像"建筑以开办博物馆的计划被放弃,而这个计划曾被利物浦市议长称为"申报文化之都的关键"(Ward 转引议长,2004)(Jones 2011)。有些本土信号显示,文化引领复苏的模式在收益上可能有局限,因为利物浦园艺博览会举办二十年后,园址仍然处于"命运未决的状态"(Theokas 2004, p. 140)。尽管如此,利物浦还是继续推进申报,并最终成为英国的第二个欧洲文化之都。申办成功后,我们看见创意产业的有些举措用上了。利物浦申报书的五个长远目标是:

——对利物浦的经济、社会、物质复苏做出贡献;
——增加获取教育和学习的机会,以开发与知识经济和文化企业相关的创意和技能；

——维持强大的文化组织、活动、设施和服务的基础建设；

——营造对文化企业和创新人才有吸引力的环境；

——对活跃都市中心和全市复苏的街区做出贡献。

由此清楚可见，在地方政府层面，欧洲文化之都有利于城市社会、经济、文化良性的、再生的三位一体的发展，尤其有利于企业运行，例证了文化引领复苏的概念。在诸如此类的文件中，我们还能看见前面各章邂逅的一些理念更为详细的召唤。比如，利物浦文化公司（负责申报和实施利物浦欧洲文化之都的工作）就称：

> 利物浦正在彻底远离旧式的城市治理，走向一个新模式，重新复苏的核心是创意……我们的议程是一个创意城市议程；一个解放人的议程，给市民和利益攸关者赋能，有助于释放创新潜能。规划并实施文化之都的目的本身就是一场创意挑战。（Liverpool Culture Company 2005, p. 6）

如此，欧洲文化之都和市民的"创新潜能"被视为"创新城市"的主要力量，诸如此类的提法多见于利物浦文化公司的文件中（如 2002, p. 104; 2003b, p. 3; 2003c, p. 3; 2003d, p. 102）。这样的表述可用于应对多种多样的挑战：

> 还有一种需要是用创新去对付和解决诸如社会排斥、街区改造、环境、遗产和卫生的问题。（Liverpool Culture Company 2005, p. 21）

以及利用广义的"创新城市"概念。在申报欧洲文化之都所发布的几份重要文件里，利物浦文化公司把上列社会效应更直接地与经济关怀联系在一起，声称："文化有潜力驱动旅游业和对内投资，有助于应对复苏社区的巨大挑战，文化是面对和拥抱变革的命定的重要工具"（2003a,

p. 3）。据信，欧洲文化之都能服务于这些目的；在一定程度上，这一角色又与创意产业的运行联手。对争取参选2008年欧洲文化之都的英国各城市发布的文件，格利菲斯进行分析并指出：

> 也许这些申报书最显著的特征是……全都强调文化与社会凝聚力的关系。他们全都注意文化能给城市带来经济利益。耐人寻味的是，被渲染的是文化和创意产业，而不是旅游业和游客。（2006, p. 427）

这不是英国才有的特例。帕默和雷（Palmer/Rae Associates）全面评估欧洲文化之都的历史，他们发现，"创意产业的扩张"（2004, p. 103）是所有当选城市申述的经济目标。对大多数申报城市而言，创意产业的焦点可能是真实的，但如果要暗示，利物浦的申报书默认申办成功会使旅游业受益，那就错了（如 Liverpool Culture Company 2002, pp. 601, 606）。比如，利物浦的申报书陈述，申报成功的奖赏将使利物浦成为"文化、创意和旅游业"的"主要目的地"（Liverpool Culture Company 2002, p. 1004），将营造"吸引文化企业和创新人才的环境"（p. 301）；通过当年庆祝活动生成的广域的创新气氛，还将促进"新产品、发明创造和企业"（p. 302）；结果就生成"艺术、体育、旅游业和创意产业里可持续的革新、卓越和成就的文化"（p. 303）。所有申报城市的相关文件都讨论了创意，将其视为欧洲文化之都文化计划的天然伴侣，旅游业议程从来没有被视为优先于创意产业议程；相反，文化、旅游业和创新的定位是构成一个连锁的整体，与欧洲文化之都奖项的利益相联系。然而，证据被用于这些门类的方式使我们回归第五章详细考虑的定义问题。

关于它2008年申报之前的潜能，利物浦一个主要的宣示是，在地方和国家一级的申报过程中，它都在文化门类期待创造"14,000个就业岗位"（如 Liverpool Culture Company 2003c, p. 7; DCMS 2004, p. 13）。事实上，琼斯和威尔克斯-希格指出，"利物浦申报的理据最有力地体现在""文化和创意产业"增加就业机会的叙事生产中（2004, p. 350）。在这里，我们再次看见语言游移不定的一个例子，文化产业定义沾染这一弊端——我们说的是"文化门类"里 14,000 个预期的就业岗位呢，抑或是大范围的"创意产业"里的就业岗位呢？ 14,000 这个数字将追补到什么基数上呢？这一预测数字来源于利物浦文化公司委托 ERM 经济小组提供的一个报告。你可能设想，依据报告讨论的利物浦焦点，这是特指文化产业那个小门类：

> 利物浦采用了一个复苏战略，将文化产业、文化的基础建设和文化战略的实施置于核心地位。因此，文化产业门类的发展是它复苏计划成功的关键指标。（ERM Economics 2003, p. 3）

报告说明，2001 年"利物浦文化产业大类的就业人数是 29,000"（p. 17）。为什么说"大类"？这里采用的异常定义引入了显著的宽度：

> 我们估计，根据增长趋势、新的文化投资以及文化之都的成功申报，"文化门类"（定义为旅游业、体育、遗产和创意产业）的就业岗位可能增长 13,200 个。（ERM Economics 2003, p. 54）

在这里，我们又看见定义对计量和数据的影响。首先应该指出，这里定义的文化门类包含了旅游业的就业人数，主导这些数字的是旅游业这个子门类。在 2001 年利物浦"大文化产业"（broad cultural industries）的 29,000 个岗位中，62% 在旅游业（ERM Economics 2003, p. 17）。因此，和第五章里的情况一样，定义问题再次成为根本问题：

> 这不是语义学问题：它产生重大的影响，因为利物浦经济主要的就业发动机之一是旅游业，它被放进了"创意"门类。这导致报告宣称"大文化产业占 2001 年利物浦就业总数的 14%"。（Connolly 2013, p. 172）

在"大文化门类"(broad cultural sector)的 29,000 个岗位中,创意产业只占 17%(ERM Economics 2003, p. 17)。可见,这个报告并非忽视旅游业而偏爱创意产业,这就有助于论证,欧洲文化之都把旅游业纳入文化门类以扩大创意门类。但是,旅游业的数字被其他数据源采用后却被认为是代表"文化门类"或"文化与创意产业"。具体看这个报告给出的创意产业数字,这些数字的含义是:1991 年,2% 的员工在创意产业里就业,2001 年的占比上升到 3%,2008 年欧洲文化之都申报成功后,2012 年预期增加的岗位将达 3150 个(p. 35)。申报书预期的一部分内容似乎是,到 2008 年,"投资"将在创意门类里增加 14,000 个岗位。即使在这个预期水平上,更具体的现实是,从 2008 年到 2012 年的这段时间里,创意产业只比预期增加了 3150 个岗位——迥然不同的一幅前景。

话虽如此,彼时的利物浦还是默西塞德郡都市复苏公司的住所,这个组织的具体目标被表述为在本地"发展创意产业"(Merseyside ACME 2005),它已于 20 世纪 90 年代开始运行。默西塞德郡都市复苏公司不仅在利物浦的申报书里被引用,而且它还负责一部分表格和申报,以及活动的运行;按它的定位,2008 年能确保欧洲文化之都的"遗产"。

起初,默西塞德郡都市复苏公司的运行相当一部分是为创意门类里的初创企业融资。奇异的,同时又象征当前问题的是,这个支持创意产业门类的公司同时又支持社区艺术项目和倡议,比如支持"创意社区";"创意社区"计划是利物浦申报欧洲文化之都的重要板块。这家公司地位的确立主要不是靠具体的创意产业发展计划,而是靠社区艺术活动,这是围绕申报欧洲文化之都的叙事建设。不过,由于这家公司在多条战线上的介入,创意概念的弹性能推进新企业,使之被设定为申报欧洲文化之都的潜在结果。这两个流程在申报书里联手;申报书云,作为 2008 年申办"欧洲文化之都"计划的重要组织,默西塞德郡都市复苏公司占有一席之地:

> 默西塞德郡都市复苏公司旨在支持本郡创意产业的成功发展,通过基于艺术的活动促使本地居民区的复苏。(Liverpool Culture

Company 2002, p. 403）

申报书还提供了一些定量数据并指出，"默西塞德郡都市复苏公司直接资助了 120 多个艺术项目，由 517 位本地人策划和管理，有 9389 人参加，接待的成人和儿童逾 23,000 人"（2002, p. 402）。虽然有这样广泛的参与，但应该指出，该公司不是艺术团队、战略团队和企业后院团队之类的组织，历史上它只有 5 个雇员。尽管如此，作为申报过程的一股力量，它还是承担了一部分申报工作，负责创意产业"一个五年计划的实施"，成为"战略投资和增长的先锋"，为创意产业开拓了"国际市场"（Liverpool Culture Company 2003d, p. 45）。而且，它还负责本地"基于艺术"的活动。

其理念是，这些活动自然会在一个组织里共处，互相影响。它源于整体创意形式统一而交叠性质的话语，源于申报文件和广泛文化政策文件的一个信念趋势，相信创意向善的、推进社会凝聚力的复苏伟力（Griffiths 2006）——创意议程在行动。

在这样的基础上，文化政策就可以传承其传统的关怀："贴近"文化和文化实践，希望借助涟漪效应最终转化为成功创意产业的现实。比如，申报文件就指出，默西塞德郡都市复苏公司"支持本地的创意产业"，展现"社区复苏活动的创新的力道和效率"，做到了两方面的平衡（2003d, p. 45）。在这里我们再次看到，创意的定位是以多元、相异但互联的方式运行的。

虽然这是创意概念特别广泛的利用，但反映更广泛议程的是艺术和文化最终的中心地位。从实际干预方面看，利物浦的申报书和 2008 年计划本身的主要着力点，并不是申报书介绍词里占主导地位的大创意门类，而是城市里的艺术组织，是把体育呈现为"文化"（大文化）的附件；2008 年计划的基础据称是"利物浦现有的文化设施，我们相信，就音乐、体育和视觉艺术而言，这样的设施无人能及"（Liverpool Culture Company 2002, p. 305）。参与的组织大幅度向艺术场馆倾斜（Liverpool Culture Company 2002, pp. 404–410），体育和教育组织要少得多。广域组织的言论比如申报书开篇的表述大致说，争办欧洲文化之都的活动的定位是"文化各方面的欢庆——不只是艺术的欢庆"（2002, p. 101）。这样的表述见于创意议程其他表现的讨论中。显然，实际操作中的确强调欧洲文化之都申报计划的艺术和艺术表达，尤其强调传统上享受拨款的组织，他们通常是文化政策施惠的对象，而不是强调任何广域的范畴。当然，对这样的文化节日而言，这样的强调绝无不妥。然而必须指出，这种文化活动的叙事带来的是就业的增加和城市生产能力的提高，对文化产业和广域的创意门类都有所增益。艺术组织吸引游客被包装成"大文化门类"的一部分是相当清楚的，但这种努力对推进地方工业产能的力道则令人质疑。

在实践层次上，利物浦申报欧洲文化之都与创意产业具体运行的真实关联也是有问题的。更确切地讲，申报文献介绍的文化概念常常是外在的东西，利物浦市民可以体验并融入自己生活的东西，未必来自市民；这个文化概念是向他们走来的外在的东西。因此，申报的流程多半是推向文化政策传统的"参与"成分。连一个"创意社区"计划的报告书也瞄准"普通民众"的积极参与（Liverpool City Council and DTZ Pieda Consulting 2005, p. 32），报告所用的语言就表现出这个消费引导的路径："源于越来越多的本地人'文化消费'的增加"，计划最终可以被视为是成功的（2005, p. v）。

然而，这并不是说，面对来自市外、长达一年的艺术机构的庆祝活动，利物浦人的定位完全是消极的旁观者，也不是说这个文化之都产出的文艺节目没有地位。比如，申报文件就表明其意图，"我们不会重复格拉斯哥或其他地方的经验，不会购进本市之外的'文化产品'的巨大优势"（Liverpool Culture Company 2002, p. 305），更准确地说，其目的是"炫耀""本土能力"并使之发展，依靠的办法之一是提高筹资水平。因此，有一层意思是，至少有些创意产业的子门类应该直接参与欧洲文化之都的申报和庆祝，担任利物浦文化公司的客户，为市民和外来客人提供艺术活动。这可能是利用"未来创新驱力"相对狭隘的方式，但它至少向着那个目标迈出了一步，自2003年以来，申报欧洲文化之都的发展过程无疑调动了利物浦一些创意产业践行者的直接参与。

利物浦申办欧洲文化之都的主要着力点显然是建立在一个被视为相当传统的模式上，这个政策模式虽然大大扩张，却仍然倚重保留在其中的艺术门类。但有一点很清楚，广义的创意议程已在运行。比如，申报书宣示的目标"增加获取教育和学习的机会，以开发与知识经济和文化企业相关的创意和技能"，这显然是把欧洲文化之都的干预和"新经济"联系起来了；"营造对文化企业和创新人才有吸引力的环境"（Liverpool Culture Company 2002, p. 301）的目标符合这样一个观念：创业精神和企业创新与更多的文化创新相联系。这两个目标显然契合第三章介绍的"创意阶层"命题的逻辑。借此逻辑，那些最有可能创建新企业的人，以及有技能和资源这样做的人才很可能被吸引到拥有强大文化基础设施的地方。这个概念展现出的路径是：可以认为，欧洲文化之都对利物浦的创意产业水平产生了积极的影响。比如，利物浦申办"欧洲文化之都"的包装是，促进利物浦城市复苏，"利用其创新，开发其创新才能"（Liverpool Culture Company 2002, p. 1101）。如此，利物浦的定位是创意产业的主要目的地（Liverpool Culture Company 2002, p. 1004）。

第四节　利物浦成功的证据

和利物浦的历史以及欧洲文化之都的历史一样，详细介绍利物浦欧洲文化之都的实际运行情况是不可能的。部分原因是其范围太广。和其他欧洲文化之都相比，利物浦大范围的复苏计划是比较小的，但它1300万英镑的总预算却比较大（Green 2017, p. 32）。至于这个预算的多少钱被用于欧洲文化之都的运行而不是用于其他方面，多少钱取之于欧洲文化之都之外的经常性预算，这些问题是存在的（Cox and O'Brien 2012, p. 97）。但有一点肯定的是，利物浦带动许多资源支持其宣示的目标。加西亚总结帕默和雷对各欧洲文化之都来源的研究，指出：基本上是来自各国政府（García 2005, p. 844）；大利物浦的情况有所不同，最大的经

费来源是利物浦市议会，占了1300万英镑总预算的750万英镑（García et al. 2010, p. 17）

鉴于经费主要来自内部而不是外部，我们就可以质疑以下表述的立场：这种高水平支出证明，利物浦"是竞争欧洲文化之都获利最丰厚的城市之一"（Doyle 2018, p. 51）；利物浦胜出所得的"报偿"后来被证明是在其他方面。遵循第四章介绍的模型，无疑，有关利物浦被授予欧洲文化之都称号所产生的纵向影响，证据基础的研究是不够的。但早在2005年，利物浦文化公司就制定战略商务规划，宣称2008年荣获欧洲文化之都是"助推利物浦经济的火箭燃料"（Storey in Liverpool Culture Company 2005, p. 5），令人瞩目，规划写道：

> 2005年将委任一个研究团队，它将承担研究、监察和评估文化之都的项目；这个规划将成为利物浦模式而闻名于世。（2005, p. 33）

"08影响"（Impacts 08）研究计划由利物浦约翰·莫尔斯大学和利物浦大学合作，时间跨度为2005年至2010年，旨在捕捉一系列都市文化方略的影响（Campbell and O'Brien 2017, p. 149）。像欧洲文化之都项目一样，这个五年研究计划范围广阔，这里不可能详细介绍。简言之，一套研究工作展开，旨在为以下主题提供洞见："文化获取和参与"、"经济和旅游业"、"文化活力和可持续性"、"形象和感觉"和"治理和交付流程"（García et al. 2010）。

鉴于以上各章确定的模式，在某些方面，经济影响的整体数据受到最热情的接纳，这一点不足为奇。比如，"08影响"研究计划的最终报告就包含欧洲文化之都的成功申办对吸引游客的数据：

> 2008年，利物浦欧洲文化之都的活动吸引的游客总人次达970万。因此而产生的经济影响为7.538亿英镑（基于直接消费的估算），可直接归因于它欧洲文化之都的桂冠和相应的活动计划。这笔花费的大部分是在市内和周边地区，其余的花费发生在英格兰西北部地

第六章 利物浦：持久创新的案例剖析

区。（García et al. 2010, p. 25）

这一信息来自"08影响"研究计划委托的一个报告，题为"英格兰西北部地区经济发展和旅游业研究服务"。报告强调，描绘经济影响不是总体研究计划的首要关怀（2010, p. 2）。"08影响"研究计划团队主要强调利物浦的文化治理、形象变化和变化了的文化感觉（Campbell and O'Brien 2017, p. 151）。

然而，诸如此类简单的经济数据在有些地方特别突出。7.538亿英镑数据的生成遵循的是相当标准的影响计算方法。原初的报告详细描述了方法和挑战；简单的概述是：2008年全年进行了街访（2010, p. 10），48%的受访者回答说，欧洲文化之都的活动是推动他们来访的部分原因或很重要的原因（p. 20）。旅游业监察数据被用来说明，利物浦游客总人次达2770万，得出的结论是：如果不是欧洲文化之都的活动，35%的人不会来访，数据就是上文提及的970万人次。基于吃住行游购娱花销的问卷回应（比如，一日游者的花销平均为52英镑，过夜游客的花销平均为176英镑），这些访问产生的直接花销是：市内5.216亿英镑，其他地方2.322亿英镑，两者相加的结果就是上文提及的7.538亿英镑（p. 40）。

奥布莱恩注意到，这些经济影响的数据被广泛引用，却"没有针对性、具体性或细微差别的意识"（2014, p. 111）。这样的接受在这个阶段也许同样不值得大惊小怪。2009年5月，中央政府的一份报告虽然提及了其他信息，但在对利物浦文化之都经济影响的叙述中却强调文化"位于新经济核心"作用，被动用的数据集中在旅游业和经济影响的模式上（DCMS 2009, pp. 19–20）。正如利物浦承办欧洲文化之都能利用创意议程一样，诸如此类的证据有助于继续讲述经济成功利用文化的故事。我们可以指出2008年以后这一数据长期被反复使用的情况，借以证明这一论点。比如：

"文化是资产：音乐对英国经济的贡献率接近50亿英镑，13亿英镑来自出口。戏剧的经济影响是每年 26 亿英镑。2008 年利物浦欧洲文化之都的活动为地方经济生成了 8 亿英镑,吸引的游客增加了 27%。"(Arts Council England et al. 2010, p. 7)

"评估报告'产生影响'称:从利物浦承办欧洲文化之都的经验看,推动利物浦 970 万访客的是它安排的种种活动。由此生成了 7.538 亿英镑的经济影响。"(Arts Council England 2014, p. 20)

"2004 年,利物浦当选为 2008 年的欧洲文化之都,这为它生成重大的经济社会效益。仅 2008 年,利物浦欧洲文化之都的活动吸引的游客增加了 970 万(占全年游客总数的 35%),游客住宿的总数增加了 114 天。"(Bazalgette 2017, p. 66)

"文化和创意投资能驱动经济增长,使之成为吸引人生活和工作的目的地。玛格丽特的特纳当代艺术馆和贝尔法斯特的泰坦尼克号展览馆——权力游戏之家——高光展示的是创新大牌对一个地方的豪情和经济表现所产生的影响。在欧洲文化之都的 2008 年,利物浦地方经济生成的地方经济增加了将近 7.54 亿英镑。"(HM Government 2018, p. 22)

这里有一个问题,虽然不新,却是问题。后面这两段引语取自利物浦文化之都的报告,时间已过去十年,而那些报告旨在解释创意产业的重要性。但正如第五章所示,十年后,创意产业正在被重新定义:创意产业是利用员工各种各样创意的企业,而不是围绕文化实践团结的企业。利物浦争创欧洲文化之都时当然利用了这种广义的创意,但上引数据显然是取自游客花销的一项研究,包括他们在这个文化节日里的饮食和购物的研究,而不是对生产性创意产业直接结果的研究;显然,创意产业的价值受重视是因为它们的就业率和增长,而不是它们吸引游客住宿消费的能力。许多年过去了,情况似乎仍然是这样的:假设旅游业是创意产业的一部分,这个"广义"的文化门类仍然被人使用,同时又不被明确承认。但我们又看到,创意议程的弹性容许这些元素被涂抹上一层统一的创意色彩;一种定义用于一套统计数据,另一种定义又用于其他地方。

话虽如此，情况又是这样的：2008年后这些数据被迅速而持久地引用，此外，迅速肯定它们对创意产业本身产生影响的言论亦不绝如缕。2008年，文化大臣霍奇女士（Lady Hodge）迅速为利物浦当选欧洲文化之都表示肯定，证明庆贺活动的广义性，宣称："文化改变人的生活，使城市和经济改变"（BBC 2009）。同样，2009年，时任文化大臣的安迪·伯纳姆（Andy Burnham）阐述利物浦欧洲文化之都对发展创新经济的作用。利物浦成功承办欧洲文化之都显示，"文化和创意是艰难经济时代的部分答案"（Burnham 2009）。上文业已指出，创意议程超越党派政治，不仅仅是工党政府的立场。21世纪10年代中期政府更迭以后，首相戴维·卡梅伦坚持认为，欧洲文化之都为旅游业和创意产业提供了交互的联系：

> 我们看看利物浦如何从2008年的欧洲文化之都获利。市里的酒店和酒吧的工作岗位增加了25%，创意产业就业人数增加了一半，酒店床位售出了一百万张。（Cameron 2010）

我们还看见这个时期一个持久的趋势，那就是创意议程关键人物的影响。2008年《经济学家》的一篇文章"政府的新教师爷"（The Government's New Guru）认定，理查德·佛罗里达及其理论如何被证明影响着卡梅伦的英国政府，文章指出，"佛罗里达被奉为政府的哲人，这意味着，人们将继续谈论佛罗里达先生"（The Economist 2010）。

第五节 利物浦和英国持久的创新

佛罗里达和广义创意议程的影响在"利物浦文化战略"（LCS）里得到维持。该文件制定于2008年，旨在确保欧洲文化之都成功举办的成就继续提供持续不断的"遗产"。在这个文件里，我们发现关于文化对利物浦未来成功的作用:"我们城市的前景将依靠对现在和未来挑战的创意回应,我们的文化资产和价值必然发挥核心作用"(Liverpool First 2008, p. 4)。我们可以再一次考虑博姆和兰德(Böhm and Land)关于广义英国政策的论述:"假设似乎是,'创意'是可迁移的技能,开发民众的艺术创意将在其他门类传递创意和创新"(2009, p. 80)。这样一个假设能解释"利物浦文化战略"文件里的假设联系,借此,通过我们几所大学的研究和创新,利物浦的"创意"将产生"竞争优势";凭借"市议会和文化部门的引领……和远见,竞争的实力能得到开发"(Liverpool First 2008, p. 13)。

这种统一创意形式的意识沿着艺术核心的单一轨道运行。2008年,这一意识已为人熟知,正如创意定义的弹性已广为人知一样。"利物浦城创意核心与经济增长的关系"(Liverpool First 2008, p. 17)得到肯定,但从语境看,这个"创意核心"似乎主要包含创意产业的人员,而不是接近于佛罗里达所谓超级创意核心(super-creative core)的那种更大的群体。这再次证明,就长久不稳定的指涉而言,创意语言是很容易变化的。与之类似,对佛罗里达论点逻辑的清晰引用就见于这一句话:"利物浦文化奉献的广度和多样……提高了生活品质,犹如强大的磁铁,吸引了有技能和创新精神的人才,驱动了游客经济,对本地经济的贡献不断增加"(Liverpool First 2008, p. 7)。

流行已久的思想继续被利用,但在这一语境下被视为新近的成就。比如,作为2008年欧洲文化之都的结果,在利物浦首次推进文化产业战略的二十余年后,本市一位大学副校长说:"如今人们看到,创意产业在经济发展中起作用,而不仅仅是对生活方式起作用。"(NWDA 2009, p. 15)但2008年后还发生了另一种倾向,那就是把利物浦的成功用于英国其他地方。鉴于上文引用的卡梅伦的论述,这并非完全没有道理。从这些情况看,创意议程似乎被证明是成功了。有关利物浦2008年欧洲文化之都的性质的一个故事流传开来,其要点是,利物浦推进创意议程这条路走对了,因此,在地方、国家和国际三个层次上,利物浦经验对继续推进创意议程都特别重要。萨科解释说,利物浦加入格拉斯哥和里尔行列，成为欧洲文化之都毫无争议成功的三座城市（Sacco 2017, p. 251）。布伦指出：

> 在利物浦政策制定者中，在英国政府层次上，在欧盟的政策圈子里，围绕欧洲文化之都有一种所谓的"成功神话"。比如，英国政府追随利物浦的"非凡成功"，决定推出一个英国文化之都计划。（Bullen 2013, p. 156）

文化大臣伯纳姆（2009）探讨欧洲文化之都的遗产，推出英国文化之都的计划，清楚呼应久已存在的有关新异的理念："2009 年 1 月的世界与 2008 年 1 月的世界截然不同"。结果，利物浦创办欧洲文化之都的 2008 年底，英国"文化之都"的竞赛开启，"以解锁全国的文化力和创造力"。其思想基础呼应佛罗里达，"所有的英国城市都充满潜力"（Burnham 2009）。

这一国家计划本身并不是一个新异的理念——格林注意到许多国家的国家文化之都的计划，它们是欧洲文化之都计划的映射，最早可回溯到 2003 年（Green 2017, p. 9）。

布伦解释创建英国文化之都的原因，他援引伯纳姆的论述："文化和文化工程引领复苏可以很成功、很持久，可以刺激新的创新经济"（Burnham 2013, p. 156）。伯纳姆认为，"英国文化之都"的创建将给任何承办城市带来"令人印象深刻的经济利益"，就像利物浦荣膺欧洲文化之都获利一样（DCMS 2009, p. 4）。在这里，利物浦的定位是证明创意议程的利益，证明继续推进该议程的需要。实际上，维克里指出，2009 年开启英国文化之都的计划时，规划了从城市采用的"可能框架"发展到申报书的必需条件（Vickery 2012, p. 32）。有利物浦 2008 年的助跑之后，初期的主办城市有 2013 年的德里 / 伦敦德里、2009 年的赫尔，它们亟需某种"复苏"：2010 年的"北爱尔兰多重贫困测量表"显示，"北爱尔兰最匮乏的地区是贝尔法斯特和德里"（NISRA 2010, p. 25）；在 2015 年的"英格兰多重贫困指数"里，赫尔是全国第三位的贫困地区

(Culture, Policy and Place Institute 2018, p. 25)。

如第五章所示,在英国文化之都创建的初期,在用于生成创意产业经济表现的统计数据里,艺术和文化在创意定义里的中心地位正在被重新考虑。然而我们又看到,英国文化之都的申报书部分地建立在这些产业期待之中的影响上。比如,诺里奇市政府就认为,英国文化之都的奖赏"将为英国中等城市提供一个未来的模式,想通过文化和创意来驱动社会经济变革的城市以此为据";文化之都的荣耀将使诺里奇成为英国知识经济的领袖,使之成为国内国际认可的创意产业的卓越中心(Norwich City of Culture 2010)。最终胜出的德里/伦敦德里的申报书谈论广为人知的"文化位居复苏中心"的概念、让市民"获取文化"必要性以及"为创意产业提供机会"(Derry~Londonderry City of Culture 2013, 2010)。实际上,申报过程要求申报者评估"文化创意门类的性质和实力",评估英国文化之都计划如何"助推这些门类"(DCMS 2013, p. 19)。稍后,2017 年的英国文化之都赫尔的申报书规定了一个目标:"在现有的 1400 个创意产业岗位的基础上增加 10%"(Hull City Council 2014)。这说明,创意产业门类的规模继续被视为文化规划影响的重要指标,虽然规模和影响之间的关系正在被重新思考中。

然而,利物浦的成功在多大程度上可以被复制还是个问题。尽管各城市争办英国文化之都的预算都相当高(Green 2017, p. 19),迄今为止已将近 3000 万英镑,还是比不上利物浦 2008 年举办欧洲文化之都的 1 亿 3000 万英镑的经费。除了预算,英国文化之都的成功多大程度上真的源自争办的计划,或源自实际举办的活动,也是受到质疑的(Lähdesmäki 2014, p. 482)。考克斯和奥布莱恩也指向上文提及的利物浦的特殊情况,包括其历史文化设施、全球文化名气、欧盟的"首选优惠"地区补助,外加大量的私人投入和长期的策划,而且 2008 年它举办欧洲文化之都的时间恰好是在全球经济反转下行之前(Cox and O'Brien 2012, p. 97)。

实际上,英国文化之都主办城市的变异性也许可以用一个事实凸显出来:由入围 2013 年"英国文化之都"候选城市组建的 2011 年的研究网络参与者，竟然不能说出当年（2011年）的欧洲文化之都，虽然2008年利物浦当选欧洲文化之都相当重要且有影响（Wilson and O'Brien 2012, p. 15）。一方面，利物浦的成功多大程度上能被复制可有一问；另一方面，拉开一段时间距离以后就可以问，而不是在英国文化之都的奖项设置以后立即就问，申办成功的性质包含什么要素。卡梅伦宣称，2008年利物浦获奖后，该市的创意产业就业人数增加了50%，欧洲文化之都和创意产业就业人数增加的关系继续在英国国内和国际上被联系起来：

> 文化和创意产业还对相关城市和地区的竞争力、社会凝聚力做出贡献。里尔、利物浦等欧洲文化之都证明，这个产业领域的投资能创造就业机会。（European Commission 2010）

但卡梅伦引证的模式并不准确。他宣示的本源数据并不清楚。可能，他说的创意产业就业率50%的增长是取自下文"汇率机制经济学"对潜在影响的预测：

> 我们审慎的估计是，创意产业的就业人数到2012年可能增长到5950人，其中的3150个岗位高于基于趋势增长的预期。（ERM Economics 2003, p. 35）

有关利物浦入选欧洲文化之都对创新经济影响的叙事迅速被确立。但有了后见之明的好处，我们可以考虑英格兰艺术委员会2013年委托研究所得的数据，这个数据可能更准确：

> 2008年，利物浦成功当选欧洲文化之都的那一年，创意企业增加了8%。（CEBR 2013, p. 6）

显然，这是和50%的增长截然不同的图景。尽管对证据有一些担忧，但这样的数据是过了几年之后才冒出来的。然而有关成功的乐观叙事立即就被人用上了。虽然利物浦的"08影响"研究计划的范围广阔,产生了开创性的影响,具有罕见的纵向深度,但在它进行的时期内,它就有关影响做结论的能力始终是有限的。比如,上文提及的游客可能的花销部分是基于2008年的总体旅游业水平数据,但这些数据是2010年才可以充分利用的(England's Northwest Research Service & Impacts 08 2010, p. 41)。其他形式的管理性数据也经历了类似的时间延迟。所以,如第四章所示,虽然有人认为,时间较长的"08影响"研究计划能提供此前"缺乏"的证据(O'Brien 2014, p. 95),虽然这个研究计划确定了许多领域强劲的基线,但其最终报告强调的却是"截至2009年初"的发现(García et al. 2010, p. 13)。因此,2008年刚过就庆贺利物浦主办欧洲文化之都的成功时,所依据的只能是部分信息——考克斯和奥布莱恩指出,证据的缺乏"对理解利物浦所发生的事情根本就是成问题的,对理解什么可以有成效地应用、什么是其他地方应该回避的,都会有问题"(Cox and O'Brien 2012, p. 95)。于是,在某种意义上,创意议程的乐观主义能填补这些空白。如此,除了利物浦的成就之外,考虑它的经验有助于揭示创意议程的冲动:无论证据如何欠缺都要继续推进。比如,有人对研究发现持谨慎态度:

> 有些创意产业企业报告,它们的客户基础有所增长,部分地归因于利物浦欧洲文化之都的活动,但这绝不是普世的图景。(Impacts 08 2009, p. 3)

但这似乎不能给前任文化大臣霍奇女士的热情降温,她做了这样的解说:"这使我抱非常乐观的态度,英国文化之都能增强城市形象建设,鼓励创意产业门类。"(Hodge 2010)

就这样,文化复苏产生成功的创意产业,创意产业的成功故事也经久不衰。然而,围绕这些联系的成功故事的证据并不能证明其真实性,虽然接受这种故事会产生真实的效应。有人觉得,利物浦的欧洲文化之都计划最终并没有聚焦于创意产业,并没有对创意产业产生特别的影响。

"08影响"研究计划对创意产业的调查结果支持这样的感觉。调查发现，受访者相信，2008年的活动对企业的主要影响（或预期中的影响）是总体上"利物浦外观形象的改善"（Impacts 08 2009, pp. 66, 69）。大多数受访者赞同，欧洲文化之都的活动可能对他们的企业产生了间接的影响，它们"总体上提升了利物浦的形象"（2009, p. 70）。不过，这些发现和稍早之前一次调查的发现显著不同，那是在英国文化之都计划实施之前的调查。在英国文化之都的潜在影响方面，"更多商务/企业机会"是回应的主题（2009, pp. 58, 61）。这可能是英国文化之都申办阶段政策文件讨论的结果。申报书中有关的文字是："我们不会重复格拉斯哥或其他地方的经验，不会购进本市之外的'文化产品'的巨大优势"（Liverpool Culture Company 2002, p. 305）。不过，围绕英国文化之都的计划是否妥善地调动了本地的创意技能，稍后还是出现了争议。

"08影响"研究计划的这个报告参考了更多创意产业的定性研究，断定："所有的咨询里都有人回应说，他们不觉得直接参与了活动……缺乏参与2008年的英国文化之都活动的感觉很强烈"。（2009, p. 40）比如，这个报告就说"有一种普遍失望的感觉，没有任何具体的倡议鼓励从本地创意企业采购，也没有明确鼓励本地采购的政策"（2009, p. 44）。本地创意企业家的叙事也反映了这样的感觉（Campbell 2011）。这样断裂的感觉还见诸上文提及的格拉斯哥倡议践行者的观点中，亦见于其他英国文化之都主办城市的看法中（如Bergsgard and Vassenden 2011）。不过，我们同时又发现，和这些产业相关的2018年的英国工业战略文件里载入的，并不是这些相关的研究发现，而是与旅游业消费相关的经济数据。说到发展本地创意产业的战略和促进形象变化、发展旅游业的战略有何差异时，回头看比安基尼论创意议程初期的文字是颇为有用的：

> 凭借创造能见度和政治回报，文化政策引领经济发展的消费取向模式即使短期内有利可图，但从长远来看，依靠这种模式的城市也是有风险的。利用文化政策促进零售业和消费服务业、拓展旅游业和吸引外来投资的战略成功与否取决于很多因素，而城市对这些

因素的控制力是非常有限的。这些因素有：机票价格，居民和游客可支配收入水平的变化……文化政策的"顾客效应"，而零售业、酒店和餐饮业的顾客效应尤其强烈。这些行业常常是低工资、兼职的，其特点是去技能化、职业满足感低、法定权利问题和工作条件较差。（Bianchini 1993, p. 203）

就英国的情况看，这些警告似乎仍然值得听从。放眼远看，创意产业被赋予的角色更加突出，申办和主办英国文化之都的城市都在这样做（Comunian et al. 2010, p. 7; García and Cox 2013, pp. 59–61）。不过，在申办和主办活动中，在有关活动对创意产业本身的影响上，这些城市都注意到类似的警告了（如 Heinze and Hoose 2013, p. 530）。

第六节 可持续的叙事？

任何文化之都之类的计划究竟多大程度上能真正做到"以证据为基础"？近年，至少有些方面的人似乎是在直面这个问题了。比如，2018年研究赫尔市2017年的英国文化之都计划的一份报告就明确表示，正在考虑"初步结果"，在这个问题上持谨慎态度：

> 许多重要的结果要2017年过后一年、两年甚至十年才能充分看到。届时，结果中表现出来的市区和市郊的任何持续变化才能更好地被人理解。在更为实际的层次上，选择的时间意味着，通常被用来评估2017年结果的一些重要的数据集尚不可获取，要等到2018年晚期或2019年初以后才可能得到。（Culture, Place and Policy Institute 2018, p. 19）

以此为据，有关创意产业在英国文化之都活动期间增长的上述目标，在短时间内是不可能得到合理评估的。然而，这并未阻止中央政府快速发布更令人质疑的计划与结果的联系：

> 自 2013 年获英国文化之都提名起，政府为赫尔市划拨 1500 万英镑，启动了赫尔市 33 亿英镑的投入。分析显示，人们对城市感觉的变化是确保大笔投入的关键因素。赫尔市的文化引领复苏计划创造了 7000 多个工作岗位。（DCMS 2018a, p. 26）

不过，这段时间也有更谨慎评估的迹象：

> 自从 2017 年获英国文化之都提名以来，赫尔市创造的就业岗位将近 800 个，其旅游业和文化门类获得了将近 2.2 亿英镑的投资。（DCMS et al. 2018）

虽然对这类影响规模的评估可以有多种方式，但强调经济数据似乎是政策制定者的直接选择，大臣们在 2017 年刚过十多天就说，赫尔市已经"永久"改变了（DCMS and Hancock 2018）。这说明，创意议程实施二十年后仍然有重大意义。无论影响大小，我们还必须问，在促成效应的具体干预以后，效应又如何超越干预而继续下去。

比如，英国文化之都计划的总体评价显示很大的变异性（García and Cox 2013）。回头看本章开头考虑的文化引领复苏的早期干预，如果我们考虑泰德美术馆的访客水平，如图 6.1 所示，我们就可能暂停考虑英国文化之都这样的活动持久效应的程度，连"广义"文化门类的持久效应也不考虑了。排除 2008 年，这个时期年均的访问人次是 60 万，与 20 世纪 90 年代中期持平。因此，似乎有理由断定，除了 2008 年，利物浦泰德美术馆的访客水平历史上一直是相当稳定的。此外，除了游客数量的增加可能不持久外，研究其他英国文化之都的结果显示，游客数量甚至就不会增加（Liu 2014, p. 502）。1990 年至 2008 年，在英国文化之都实施的过程中，虽然媒体对此的报道大大增加（García 2017, p. 3188），但刘（Liu）还注意到，变化却可能是短暂的利益：

形象的提升本身并不保证游客的流入。实际上，在许多情况下，如果活动不持久，没有后续的市场营销行动或价值投入，即便是完美实施的活动也不会给本地的形象带来显著的中长期变化。（Liu 2014, p. 505）

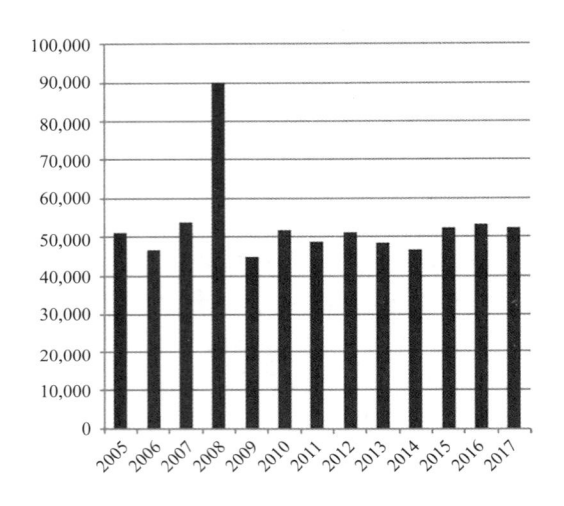

图 6.1　2005—2017 年泰德美术馆月均访问人次（资料源于 DCMS 2018b）

推进创意议程的人说，文化节日是创新经济的实证，但这些节日在多大程度上谋求发展创新经济却是成问题的。游客的确可能被声势浩大的节日吸引，但根据前面几章考虑的情况，把节日吸引游客说成是创新经济的一部分，那是有问题的。然而我们又看到，在 2008 年前申办欧洲文化之都的助跑阶段，利物浦的确把"广义"的文化门类看成是创新经济的一部分。这个趋势继续下去，直到赫尔市 2017 年的英国文化之都的报告，它把"创新经济和游客经济"里新就业岗位的水平考虑进去了（Culture, Policy and Place Institute 2018, p. 10）。为文化引领的复苏提供研究证据的需要，以及用"复苏"的语言描绘这样的工程，这再次证明在创新经济领域持久的模式。尽管如此，这里考虑几座城市更晚近的经验提出了更深层次的挑战。2009 年，文化大臣安迪·伯纳姆指出：

在过往的时间里，每当经济下行时，这些经济门类都被视为财政削减的首选，被误认为是追求更好生活的奢侈品了。在20世纪80年代和90年代的萧条期，国家和地方的预算都被削减。那样的错误不会再重复了。（DCMS 2009, p. 4）

无论对错，随着2010年英国政府的更迭，在这个领域里，我们看见地方政府里早前模式的重复（自20世纪80年代后期起，地方政府是艺术经费的最大来源）（Belfiore 2002, p. 96），地方政府受制于重大的财政削减。比如，对赫尔市的英国文化之都的分析指出，截至2017年的申报助跑阶段里：

自2013年起，文化活动的经费增加了四倍；鉴于国家经济的紧缩，尤其在服务供给方面以及在文化门类领域，地方和国家都在削减财政，文化活动经费的增长就更加令人印象深刻。（Culture, Policy and Place Institute 2018, p. 103）

在这里，创意产业的定义同样构成对统计数据的挑战。同时有人说，英国各级议会对艺术和文化的投入在2010年后下降了17%（Crewe 2016）。在这样的语境下，利物浦市议会批准的仅有10%的文化经费也不失为成功的迹象，是该市对文化领域特别投入的象征（McColgan cited in Wilson and O'Brien 2012, p. 11），或许这样的定位是妥当的吧。但这对创意议程提出了问题。前几章考虑了此议程兴起的"新自由主义"语境，可以说，创意议程对构想艺术和文化的经济利益产生更大的影响，对强调绩效指标产生更大的影响，而不是对促成公共支出的削减产生影响——无论你怎么计算，在工党执政期间直至2010年，艺术的投入都有相当大的增长（Hesmondhalgh et al. 2015）。

不过在此后，公共财政景观的特点就是削减，而且削减不限于地方政府；有人预测，"艺术与文化产业"尤其因政府经费的削减而受损（CEBR 2013, p. 33）。这样的削减很难与主流的叙事相称。如果假设利物浦创建欧洲文化之都1.2亿英镑的"投入"能得到旅游业消费7.5亿英镑的"回报",如果文化活动能推动"新创新经济"(new creative economy)"持续的"复苏,政府经费的削减难道没有双重的负效应吗?难道不是既降低了文化活动的档次,又削弱了它在旅游收入和高增长就业方面的成倍增长的结果吗?

在创意议程兴起的语境下,这样的提倡说起来容易;但面对地方预算的戏剧性削减,再维持这样的立场就难了。经费的削减提出了一个更加紧迫的问题,即如何在广域的服务中维持平衡,从文化和遗产到教育、公路维护、社会关怀服务、公共卫生,等等,如何维持平衡呢?

利物浦经验被认定为文化力量的清楚证明,卓有成效,英国文化之都的制度因此而确立;人们"普遍觉得",这一经验证明文化引领复苏的成功,欧洲文化之都能达成城市形象的转变(García 2017, p. 3178)。面对这样的政治气候,本章追溯的创建文化之都的活动的局限性就变得清晰了。局限性的清晰需要时日才冒出来,创意议程继续前进,不予理睬。围绕格拉斯哥成功申办欧洲文化之都的成功叙事长期存在(如European Commission 2009),但许多年后对这一奖赏局限性的反思就提出了一些重要问题。我们在上文看到,"成功的言论说过了很多年以后,格拉斯哥并没有持续增长"(Miller 2009, p. 96)。同样,我们可以指出利物浦在漂亮修辞水平上的成功:在地方政府层级,利物浦2008年的经验是"最成功的'欧洲文化之都'"(Liverpool City Council 2014, p. 7)。2005年的情况也是这样的:文化被说成是"城市继续复苏的'火箭燃料'(p. 2)",利物浦是未来规划中的"创意城市"(p. 16),创意产业是"经济困难时期新工作和经济增长的潜在源头"(p. 19);只要创意议程仍然在实施过程中,这一切漂亮修辞都存在而且是正确的。

然而,这种成功的叙事不得不与日益富有挑战性的政治气候一争高下。伯兰德2009年就说,刚举办过的欧洲文化之都,利物浦议会的财政留下一个9000万英镑的"黑洞"(Boland 2010, p. 630);2012年,利物浦市长论及中央政府预算的削减造成的影响时说:

第六章 利物浦：持久创新的案例剖析

> 在过去的两年中，利物浦不得不节约 1.41 亿英镑，在未来的四年中，我们估计不得不再削减 1.43 亿英镑，总预算才 4.8 亿英镑。总共，那就意味着，自 2012 年起，我们将失去 52% 的政府可控制的拨款。（Anderson 2012）

2016 年，媒体的报道强调，利物浦和英国其他面对紧缩的地方一样，可能不久会"钱用光"（Murphy 2016）。2018 年，有报道说，利物浦"在财政悬崖上瞠目"（Thorp 2018a）。看来有可能，在不久的将来，利物浦经济复苏将会成为紧迫的问题。在这样的语境下，考虑穆尼 1990 年挑战格拉斯哥赢得欧洲文化之都奖赏十年之后对它的挑战，颇有教益：

> 格拉斯哥 20 世纪 90 年代以来的发展不是发生在经济政治的真空里，其发生语境是对不富裕者生活水平广泛的攻击……因此，与其说是欧洲文化之都和类似战略失败与否的问题，不如说是一个觉悟问题：那是一个城市"故事"的形式而已。1990 年格拉斯哥荣膺欧洲文化之都，以及 14 年以来的其他活动和奖项，都不是要解决它的结构问题，也不是要解决它的社会分割、不平等和贫困的问题。（Mooney 2004, p. 337）

因此，鉴于上文描绘的图景，在利物浦也是同样的情况：拷问欧洲文化之都胜负的问题，或得失证据的性质问题，那就可能问错了。根据利物浦面对的看似根深蒂固的挑战，对这样一种奖项效应的合理期待究竟是什么呢？如果创意议程继续做的是神话交易，欧洲文化之都之类的活动对利物浦之类的城市如何应对持久的挑战就帮不上什么忙了。

与此同时，迄今发现的创意议程挥之不去的特征，在利物浦似乎有很多证据。2008 年之后，利物浦经历多年是否是创意区的讨论（Houghton 2009），创意企业流进了一个名为"波罗的海三角"的地区，部分的发展资金来自欧盟地区发展基金会。但是，就像利物浦最早的创意区计划受到地产商财务情况的影响一样，近年的媒体报道也指出类似的挑战：

> 在诺福克街，利物浦时髦的"波罗的海区"，有一幢六层楼的钢筋水泥烂尾楼，所谓的波罗的海楼，那是2015年"开创性的"学生公寓和创意生活工作单元，是画廊+项目开发的第一期，"优雅、酷、都市和前沿"的混合型建筑，围绕一个附近剥离下来的班克西壁画的画廊。这是北角环球地产公司设计的迷人的项目之一……三年过去了，公司退出它在全市策划的投资3.6亿英镑的套房项目，不再接电话，预购房的人相信遭到残酷的欺诈，开发商坚决否认欺诈……班克西壁画，包括12米高的"老鼠和爱情飞机"，开发商承诺将其回归公共展出，却以320万英镑将其卖给一位匿名的卡塔尔人。（Wainwright 2018）

人们在继续讨论如何重新开发这个小区的产业空间，容纳"创意制造业和手工艺业……以及数字企业"，以实现进一步的复苏（Place North West 2018）。文化门类的本地人士说，这个小区在"更适合技术和数字企业"的方向上发展，而不是在文化生产本身的方向上发展；也许这反映了第五章指出的产业叙事的晚近趋势（Torpey 2017）。然而，在本区房地产开发计划成功的地方，房地产项目可能取代现有的文化场所（Guy 2018）。因此，旨在开发创意企业和数字企业的社区利益公司斩钉截铁地说："我们的文化仍然是用来出售的。"本地的文化政策没有保护文化空间的清晰政策，似乎与现实脱离（Kelly 2018）。

利物浦市议会创办"利物浦复苏"网站（regeneratingliverpool.com），提供利物浦的"投资机会"。本书写作时，网站列举的机会是在进一步开发创意产业的两个小区"十条街"和"纺织区"（Regenerating Liverpool 2018a）。"纺织区"提供了似曾相识的情景：

> "十条街"将成为一个新的"创意区"，容纳初创的创意产业，包括艺术家、独立创业者、创客以及数字和技术门类。计划涵盖大

约125英亩土地,从市中心北沿的旧码头到布拉姆利-摩尔码头,计划中的"十条街"的开发用地达100万平方英尺,创造大约2500个新的工作岗位。(Regenerating Liverpool 2018b)

唯有时间能告诉你发展前景,不过如今已有一些正面的迹象。总部在伦敦的特威克南制片厂计划斥资500万英镑,在利物浦建立前哨基地,制作影视片(Ritman 2018)。但近年的其他动态显示创意议程"照常"的感觉。比如,与第四章所见的模式类似,利物浦近年认为计算披头士遗产工业的经济影响是妥当的(2014年的营收为3900万英镑,就业690人)(Institute of Popular Music et al. 2015, p. 2)。有人建议设"复苏区"以改进旅游设施(BBC 2018);呼应20世纪90年代申办第五频道的努力(Evans 1996, p. 16),利物浦2018年又争取新的第四频道国家级总部在此落地;英国文化之都评委会主席菲尔·雷德蒙德予以支持,理由是:"伦敦之外,利物浦是顶级的创意城市"(Anderson 2018)。但这次申办受挫,显然是考虑到利物浦市运输基础设施不完善。但宣称利物浦优势的言论还是不绝如缕:"每花一个英镑,利物浦得到12英镑的回报"(Thorp 2018b),"利物浦区设了一个文化区奖"(St Helens Council 2018),每年一届,六个文化区轮替,部分理由是英国可归之于"创意产业门类"的91,800英镑总增加值(Liverpool City Region Combined Authority 2018, p. 6)。就像其他地方一样,创意议程在利物浦也是经久不衰的。

第七节 本章小结

从最初策划在利物浦建立一个创意产业区算起,三十年过去了,如今这三个创意区,携带着达成复苏的目标,可能会改变城市的命运。然而,我们有理由持谨慎态度。创意区的设想是建设新型可持续创意经济的手段,但罕有人觉得,利物浦承办欧洲文化之都那一年实际上努力以持续的方式干预，以创建本地的创意企业；早期的言论固然欢快，之后的反思却暗示，可持续发展的企业并不多。因此，虽然标榜要倚重证据，我们从这个例子看到，创意议程不会等待证据。干预尚未结束，成功尚未庆贺，干预的效应就必须广为人知，于是，游戏就继续进行下去。但游戏是如何打赢的？高增长的创意工作对经济成功至关重要的理念总是在空中飘荡，最后的成就似乎总是用吸引外来消费的语言描绘的。2012年，布伦与利物浦市议会官员讨论本地的文化政策。在她的笔下，利物浦的文化政策倚重的理念是：

> 新的"商业友好型"城市需要一个"了不起"的文化规划，"向全球受众推销城市"。如今的文化政策似乎转而把城市变成外来投资的"目的地"（旅游目的地或商务目的地）。（Bullen 2013, p. 161）

应该指出，这些模式绝非利物浦所仅有，但由于它首先采用这些模式，也许它能向我们展示创意议程如今自旋式的日益收紧的圈子（increasingly tight circles）——一个城市小区文化奖，另一个国家级的文化奖，另一个创意区，另一个经济影响报告，更多的"复苏"，直到包括复苏的复苏：经过"若干复苏尝试"后，晚近的报道暗示，1984年的利物浦园艺博览园可以改造为一个"世界级的文化目的地"（Murphy 2015）。也许在未来，创意议程只能靠同类相食而坚持下去。不过讽刺的是，它总是不断地与新颖的东西相联系。吉布森和克洛克指出："创意对学界和政策制定者有趣，正是因为它意味着偏离常态，真正（甚至极端）的新颖是戒律和约束的解药。"（Gibson and Klocker 2005, p. 100）然而，随着时间的流逝，我们发现没有创意的"创意"矛盾：既定技术被撬动起来，仿佛既新颖又富有创意，有望生成新的状态，旧技术成为新状态不可分割的一部分。毕竟，利用欧洲文化之都的奖励去实现复苏的"格拉斯哥模式"获得吸引力多年之后，利物浦才尝试文化引领的复苏，然而一种假设始终挥之不去：搞创新自然而然会生成"革新"。比如，介绍自己的创意城市理论时，兰德里就说，以创意方式干预是必须的,"未来像过去的念头一去不复返了"(Landry 2000, p. 50)。即使你赞同他这一宣示,说到持久创意议程时,情况似乎是,未来与过去有许多相似之处,包括一系列相似的富有挑战性的情况:欧洲文化之都的许多成功案例之后,许多广义的复苏计划成功之后,"在全国最破败小区中,利物浦治下的破败小区竟占有百分之一"(DCLG 2015, p. 11)。在实施数据采集的十多年中,它这些小区始终占全国最破败小区的1%(Smith et al. 2015, p. 61)。指望欧洲文化之都的奖赏能改变这一切,那是不合理的。不过,第七章将主张,在这个阶段,似乎有必要努力达成对"创意"更有用的理解,我们要理解"创意"能做什么,又不能做什么。

声明:我曾于2006年4月至2008年1月担任该项目的助理。

参考文献

Anderson, J. (2012, November 12). *Cuts are hitting deprived cities hardest. That's no surprise in Liverpool*. Retrieved from https://www.theguardian.com/commentisfree/2012/nov/15/cut-deprived-cities-liverpool.

Anderson, J. (2018, July 23). [Tweet]. Retrieved from https://twitter.com/mayor_anderson/status/1021355533503262721.

Arts Council England. (2014). *The value of arts and culture to people and society: An evidence review*. Manchester: Arts Council England.

Arts Council England, Association of Independent Museums, Cultural Learning Alliance, English Heritage, The Heritage Alliance, Heritage Lottery Fund, … Visit England. (2010). *Cultural capital—A manifesto for the future*. Retrieved from http://webarchive.nationalarchives.gov.6 Liverpool: A Case Study in Persistent Creativity 225uk/20160204122224/http://www.artscouncil.org.uk/advice-and-guidance/browse-advice-and-(2011) guidance/cultural-capital-manifesto-future.

Bazalgette, P. (2017). *Independent review of the creative industries*. Retrieved from https://www.gov.uk/government/publications/independent-review-of-the-creative-industries.

BBC. (2009). *UK cities bid for culture title*. Retrieved from http://news.bbc.co.uk/1/hi/entertainment/arts_and_culture/8414596.stm.

BBC. (2018). *'Beatles Quarter masterplan' proposed by Liverpool City Council*. Retrieved from http://www.bbc.co.uk/news/uk-england-merseyside-43752376.

Belfiore, E. (2002). Art as a means of alleviating social exclusion: Does it really work? A critique of instrumental cultural policies and social impact studies in the UK. *International Journal of Cultural Policy, 8*(1), 91–106.

Bennattar, M. (1999, July 8). Liverpool hopes for Guggenheim Museum. *The Independent*. Retrieved from https://www.independent.co.uk/news/liverpool-hopes-for-guggenheim-museum-1105146.html.

Bergsgard, N. A., & Vassenden, A. (2011). The legacy of Stavanger as Capital of Culture in Europe 2008: Watershed or puff of wind? *International Journal of Cultural Policy, 17*(3), 301–320.

Bianchini, F. (1993). Culture, conflict and cities: Issues and prospects for the 1990s. In F. Bianchini & M. Parkinson (Eds.), *Cultural policy and urban regeneration* (pp. 199–213). Manchester: Manchester University Press.

Biggs, L. (1996). Museums and welfare: Shared space. In P. Lorente (Ed.), *The role of museums and the arts in the urban regeneration of Liverpool* (pp. 60–68). Leicester: Centre for Urban History.

Böhm, S., & Land, C. (2009). No measure for culture? Value in the new economy. *Capital & Class, 33*(1), 75–98.

Boland, P. (2010). 'Capital of Culture—You must be having a laugh!' Challenging the official rhetoric of Liverpool as the 2008 European Cultural Capital. *Social and Cultural Geography, 11*(7), 627–645.

Booth, P., & Boyle, R. (1993). See Glasgow, see culture. In F. Bianchini & M. Parkinson (Eds.), *Cultural policy and urban regeneration* (pp. 21–47). Manchester: Manchester University Press.

Bullen, C. (2013). *European Capitals of Culture and everyday cultural diversity: A comparison of Liverpool (UK) and Marseille (France)*. Amsterdam: European Cultural Foundation.

Burghes, A., & Thornton, S. (2017). *The social impact of the arts in Liverpool 2015/16—A review of the Culture Liverpool Investment Programme*. Liverpool: Collective

Encounters.

Burnham, A. (2009). *Five lessons from Liverpool's year as Capital of Culture.* Retrieved From http://webarchive.nationalarchives.gov.uk/20100512152919/http://www.culture.gov.uk/reference_library/minister_speeches/6182.aspx.

Cameron, D., (2010). *Speech on tourism.* Retrieved from http://webarchive.nationalarchives.gov.uk/20130103015528/http://www.number10.gov.uk/news/pms-speech-on-tourism/.

Campbell, P. (2011). Creative industries in a European Capital of Culture. *International Journal of Cultural Policy, 17*(5), 510–522.

Campbell, P., & O'Brien, D. (2017). Whatever happened to the Liverpool model? Urban cultural policy in the era after urban regeneration. In M.Bevir, K. McKee, & P. Matthews (Eds.), *Decentring urban governance: Narratives, resistance and contestation* (pp. 139–157). London: Routledge.

CEBR. (2013). *The contribution of the arts and culture to the national economy.* London: Centre for Economics and Business Research Ltd.

Comunian, R., Chapain, C., & Clifton, N. (2010). Location, location, location: Exploring the complex relationship between creative industries and place. *Creative Industries Journal, 3*(1), 5–10.

Connolly, M. G. (2013). The 'Liverpool model(s)': Cultural planning, Liverpool and Capital of Culture 2008. *International Journal of Cultural Policy, 19*(2), 162–181.

Couch, C. (2003). *City of change and challenge.* Aldershot: Ashgate.

Cox, T., & O'Brien, D. (2012). The "Scouse Wedding" and other myths and legends: Reflections on the evolution of a "Liverpool model" for culture-led regeneration. *Cultural Trends, 21*(2), 93–101.

Crewe, T. (2016). *The strange death of municipal England.* Retrieved from https://www.lrb.co.uk/v38/n24/tom-crewe/the-strange-death-of-municipal-england.

Culture, Policy and Place Institute. (2018). *Cultural transformations: The impacts of Hull UK City of Culture 2017—Preliminary outcomes evaluation.* Hull: University of Hull.

DCLG. (2015). *The English indices of deprivation 2015.* London: Department for Communities and Local Government.

DCMS. (2004). *Culture at the heart of regeneration.* London: DCMS.

DCMS. (2009). *Lifting people, lifting places.* London: DCMS.

DCMS. (2013). *UK City of Culture 2017. Guidance for bidding cities.* Retrieved from https://www.gov.uk/government/uploads/system/uploads/attachment_data/file/89369/UK_City_of_Culture_2017_Guidance_and_Criteria.pdf.

DCMS. (2018a). *Culture is digital.* London: DCMS.

DCMS. (2018b). *Monthly museums and galleries visits.* Retrieved from https://www.gov.uk/government/uploads/system/uploads/attachment_data/file/697242/Monthly_museums_and_galleries_February_2018.xlsx.

DCMS, & Hancock, M. (2018). *Celebrating the Creative Industries Federation's 3rd anniversary.* Retrieved from https://www.gov.uk/government/speeches/celebrating-the-creative-industries-federations-3rd-anniversary.

DCMS, BEIS, Clark, G., & Hancock, M. (2018). *Creative industries sector deal launched.* Retrieved from https://www.gov.uk/government/news/creative-industries-sector-deal-launched.

Deffner, A., & Labrianidis, L. (2005). Planning culture and time in a mega-event: Thessaloniki as the European City of Culture in 1997. *International Planning Studies, 10*(3), 241–264.

Derry~Londonderry City of Culture 2013. (2010). *Summary of our bid.* Retrieved from http://www.cityofculture2013.com/Images/Download/Executive-Summary-low-res.aspx.

Doyle, J. E. (2018). The economic (and other) benefits of losing. In B. Mickov & J. E. Doyle (Eds.), *Culture, innovation and the economy* (pp. 51–61). London: Routledge.

The Economist. (2010). Bring me sunshine. Retrieved from https://www.economist.com/node/17468554.

ERM Economics. (2003). *European Capital of Culture 2008: Socio-economic impact assessment of Liverpool's bid.* Manchester: ERM Economics.

England's Northwest Research Service & Impacts 08. (2010). *The economic impact of visits influenced by the Liverpool European Capital of Culture in 2008.* Retrieved from https://www.liverpool.ac.uk/media/livacuk/impacts08/pdf/pdf/Economic_Impact_of_Visits.pdf.

European Commission. (2009). *European Capitals of Culture: The road to success. From 1985 to 2010.* Luxembourg: Office for Official Publications of the European Communities.

European Commission. (2010). *Commission launches public consultation on future of cultural and creative industries.* Retrieved from http://europa.eu/rapid/pressReleasesAction.do?reference=IP/10/466&format=HTM-L&aged=0&language=EN&guiLanguage=en.

Evans, G. (2003). Hard-branding the cultural city—From Prado to Prada. *International Journal of Urban and Regional Research, 27*(2), 417–440.

Evans, G. (2011). Cities of culture and the regeneration game. *London Journal of Tourism, Sport and Creative Industries, 5*(6), 5–18.

Evans, R. (1996). Liverpool's urban renewal initiatives and the arts: A review of policy development and strategic issues. In P. Lorente (Ed.), *The role of museums and the arts in the urban regeneration of Liverpool* (pp. 11–26). Leicester: Centre for Urban History.

everyHit. (n.d.). *The best selling singles of all time.* Retrieved from http://www.everyhit.com/bestsellingsingles.html.

García, B. (2004a). Cultural policy and urban regeneration in Western European cities: Lessons from experience, prospects for the future. *Local Economy, 19*(4), 312–326.

García, B. (2004b). Urban regeneration, arts programming and major events. *International Journal of Cultural Policy, 10*(1), 103–118.

García, B. (2005). Deconstructing the City of Culture: The long-term cultural legacies of Glasgow 1990. *Urban Studies, 42*(5–6), 841–868.

García, B. (2017). 'If everyone says so…' Press narratives and image change in major event host cities. *Urban Studies, 54*(14), 3178–3198.

García, B., & Cox, T. (2013). *European Capitals of Culture: Success strategies and long-term effects.* Retrieved from http://www.europarl.europa.eu/RegData/etudes/etudes/join/2013/513985/IPOL-CULT_ET%282013%29513985_EN.pdf.

García, B., Cox, T., & Melville, R. (2010). *Creating an impact: Liverpool's experience as European Capital of Culture.* Retrieved from https://www.liverpool.ac.uk/media/livacuk/impacts08/pdf/pdf/Creating_an_Impact_-_web.pdf.

Gibson, C., & Klocker, N. (2005). The 'cultural turn' in Australian regional economic development discourse: Neoliberalising creativity? *Geographical Research, 43*(1), 93–102.

Gray, C. (2007). Commodification and instrumentality in cultural policy. *International Journal of Cultural Policy, 13*(2), 203–215.

Green, S. (2017). *Capitals of Culture—An introductory survey of a worldwide activity.*

Retrieved from http://prasino.eu/wp-content/uploads/2017/10/Capitals-of-Culture-An-introductory-survey-Steve-Green-October-2017.pdf.

Griffiths, R. (2006). City/culture discourses: Evidence from the competition to select the European Capital of Culture 2008. *European Planning Studies, 14*(4), 415–430.

Guy, P. (2018). *Constellations to close in 2019 for 'residential development' as Liverpool suffers new venue blow*. Retrieved from http://www.getintothis.co.uk/2018/07/constellations-close-2019-residential-development-liverpool-suffers-new-venue-blow/.

Heinze, R. G., & Hoose, F. (2013). The creative economy: Vision or illusion in the structural change? *European Planning Studies, 21*(4), 516–535.

Hesmondhalgh, D., Nisbett, M., Oakley, K., & Lee, D. (2015). Were New Labour's cultural policies neo-liberal? *International Journal of Cultural Policy, 21*(1), 97–114.

HM Government. (2018). *Industrial strategy: Creative industries sector deal*. Retrieved from https://www.gov.uk/government/uploads/system/uploads/attachment_data/file/695097/creative-industries-sector-deal-print.pdf.

Hodge, M. (2010). *UK City of Culture festival will showcase creative industries*. Retrieved from https://web.archive.org/web/20110210171032/http://www.cabinetforum.org/blog/uk_city_of_culture_festival_will_show-case_creative_industries.

Houghton, A. (2009, October 22). £5m for new Liverpool creative quarter. *Liverpool Daily Post*.

Hull City Council. (2014). *The countdown has begun*. Retrieved from http://2017-hull.co.uk/uploads/files/Hull_Countdown_to_2017_web.pdf.

Impacts 08. (2009). *Liverpool's creative industries: Understanding the impacts of the Liverpool European Capital of Culture on the city region's creative industries*. Retrieved from https://www.liverpool.ac.uk/media/livacuk/impacts08/publications/liverpools-creative-industries.pdf.

Institute of Popular Music, Institute of Cultural Capital, & European Institute of Urban Affairs. (2015). *Beatles heritage in Liverpool and its economic and cultural sector impact: A report for Liverpool City Council*. Retrieved from https://iccliverpool.ac.uk/wp-content/uploads/2016/02/Beatles-Heritage-in-Liverpool-48pp-210x210mm-aw.pdf.

Jones, P. (2011). *The sociology of architecture—Constructing identities*. Liverpool: Liverpool University Press.

Jones, P., & Wilks-Heeg, S. (2004). Capitalising culture: Liverpool 2008. *Local Economy, 19*(4), 341–360.

Keat, R. (2000). *Cultural goods and the limits of the market.* Basingstoke: Macmillan Press.

Kelly, L. (2018). *Culture for sale: A heartbreaking open letter from the Baltic Triangle.* Retrieved from http://www.thedoublenegative.co.uk/2018/07/culture-for-sale-a-heartbreaking-open-letter-from-the-baltic-triangle/.

Lähdesmäki, T. (2012). Rhetoric of unity and cultural diversity in the making of European cultural identity. *International Journal of Cultural Policy, 18*(1), 59–75.

Lähdesmäki, T. (2014). European Capital of Culture designation as an initiator of urban transformation in the post-socialist countries. *European Planning Studies, 22*(3), 481–497.

Landry, C. (2000). *The creative city.* London: Comedia.

Liu, Y.-D. (2014). Cultural events and cultural tourism development: Lessons from the European Capitals of Culture. *European Planning Studies, 22*(3), 498–514.

Liverpool City Council. (1987). *An arts and cultural industries strategy for Liverpool.* Liverpool: Liverpool City Council.

Liverpool City Council. (2003). *Executive summary for European Capital of Culture bid.* Liverpool: Liverpool City Council.

Liverpool City Council. (2014). *Liverpool culture action plan 2014–18.* Liverpool: Liverpool City Council.

Liverpool City Council & DTZ Pieda Consulting. (2005). *Building the case for creative communities.* Liverpool City Council.

Liverpool City Region Combined Authority. (2018). *Culture and creativity framework—Draft for consultation.* Retrieved from http://liverpoolcityregion-ca.gov.uk/uploadedfiles/documents/DRAFT_LCR_Culture_Creativity_Strategy.pdf.

Liverpool Culture Company. (2002). *Liverpool—The world in one city: Liverpool 2008 Capital of Culture bid.* Liverpool: Liverpool Culture Company.

Liverpool Culture Company. (2003a). *Liverpool—The UK nomination for European Capital of Culture 2008.* Liverpool: Liverpool Culture Company.

Liverpool Culture Company. (2003b). *Liverpool Culture Company business plan.* Liverpool: Liverpool Culture Company.

Liverpool Culture Company. (2003c). *Liverpool—The world in one city: The story unfolds.*

Liverpool: Liverpool Culture Company.

Liverpool Culture Company. (2003d). *Liverpool European Capital of Culture 2008 bid—Responses to DCMS questions*. Liverpool: Liverpool Culture Company.

Liverpool Culture Company. (2005). *Strategic business plan 2005–2009*. Liverpool: Liverpool Culture Company.

Liverpool First. (2008). *Liverpool cultural strategy*. Liverpool: Liverpool First.

McGuigan, J. (2005). Neo-liberalism, culture and policy. *International Journal of Cultural Policy, 11*(3), 229–241.

Merseyside ACME. (2005). *Supporting the creative industries on Merseyside*. (n.p.). Liverpool: Merseyside ACME.

Miller, T. (2007). Can natural luddites make things explode or travel faster? In G. Lovink & N. Rossiter (Eds.), *MyCreativity reader: A critique of creative industries* (pp. 41–49). Amsterdam: Institute of Network Cultures.

Miller, T. (2009). From creative to cultural industries. *Cultural Studies, 23*(1), 88–99.

Minihan, J. (1977). *The nationalization of culture*. London: Hamish Hamilton.

Mooney, G. (2004). Cultural policy as urban transformation? Critical reflections on Glasgow, European City of Culture 1990. *Local Economy, 19*(4), 327–340.

Murphy, L. (2015, June 2). Liverpool council agrees deal to buy Garden Festival site. *Liverpool Echo*. Retrieved from https://www.liverpoolecho.co.uk/news/liverpool-news/liverpool-council-agrees-deal-buy-9377210/.

Murphy, L. (2016, November 6). Mayor warns Liverpool faces running out of money. *Liverpool Echo*. Retrieved from https://www.liverpoolecho.co.uk/news/liverpool-news/mayor-warns-liverpool-faces-running-12181646/.

NISRA. (2010). *Northern Ireland multiple deprivation measure 2010*. Belfast:Northern Ireland Statistics and Research Agency.

Norwich City of Culture. (2010). *About the bid*. Retrieved from https://norwichcityofculture.co.uk/about-the-bid/.

NWDA. (2009). *315°the RDA magazine*. Retrieved from https://issuu.com/nwda/docs/315-mag-issue-18/.

O'Brien, D. (2010). 'No cultural policy to speak of'—Liverpool 2008. *Journal of Policy Research in Tourism, Leisure and Events, 2*(2), 113–128.

O'Brien, D. (2014). *Cultural policy: Management, value and modernity in the creative industries.* London: Routledge.

O'Brien, D., & Miles, S. (2010). Cultural policy as rhetoric and reality: A comparative analysis of policy making in the peripheral north of England. *Cultural Trends, 19*(1), 3–13.

Palmer/Rae Associates. (2004). *European Cities and Capitals of Culture—Study prepared for the European Commission.* Retrieved from https://ec.europa.eu/programmes/creative-europe/sites/creative-europe/files/library/palmer-report-capitals-culture-1995-2004-i_en.pdf.

Parkinson, M., & Bianchini, F. (1993). Liverpool: A tale of missed opportunities? In F. Bianchini & M. Parkinson (Eds.), *Cultural policy and urban regeneration* (pp. 155–177). Manchester: Manchester University Press.

Parry, J. (2018, April 23). Liverpool officially launches bid to become home to Channel 4's HQ. *Liverpool Echo.* Retrieved from https://www.liverpoolecho.co.uk/news/liverpool-news/liverpool-officially-launch-bid-become-14562616.

Place North West. (2018). *MgMaStudio wins Baltic Triangle consent.* Retrieved from https://www.placenorthwest.co.uk/news/mgmastudio-wins-baltic-triangle-consent/.

Regenerating Liverpool. (2018a). *Tailor-made plan for Fabric District.* Retrieved from http://regeneratingliverpool.com/news/tailor-made-plan-fabric-district/.

Regenerating Liverpool. (2018b). *Major project: Ten Streets.* Retrieved from http://regeneratingliverpool.com/project/ten-streets/.

Richards, G., & Wilson, J. (2004). The impact of cultural events on city image: Rotterdam, Cultural Capital of Europe 2001. *Urban Studies, 41*(10), 1931–1951.

Ritman, A. (2018). *London's Twickenham Studios to open major film, TV facility in Liverpool.* Retrieved from https://www.hollywoodreporter.com/news/londons-twickenham-studios-open-major-film-tv-facility-liverpool-1117958.

Sacco, P. L. (2017). Events as creative district generators? Beyond the conventional wisdom. In J. Hannigan & R. Richards (Eds.), *The Sage handbook of new urban studies* (pp. 250–265). London: Sage.

Scott, A. J. (2014). Beyond the creative city: Cognitive-cultural capitalism and the new urbanism. *Regional Studies, 48*(4), 565–578.

Smith, T., Noble, M., Noble, S., Wright, G., McLennan, D., & Plunkett, E. (2015). *The English indices of deprivation 2015: Research report.* London: Department for

Communities and Local Government.

St Helens Council. (2018). *St Helens named as first Liverpool city region Borough of Culture*. Retrieved from https://www.sthelens.gov.uk/news/2018/march/20/st-helens-named-as-first-liverpool-city-region-borough-of-culture/.

Theokas, A. C. (2004). *Grounds for review: The Garden Festival in urban planning and design*. Liverpool: Liverpool University Press.

Thorp, L. (2018a, January 24). Council Tax set to rise by nearly 6% as local services face "financial cliff edge". *Liverpool Echo*. Retrieved from https://www.liverpoolecho.co.uk/news/liverpool-news/council-tax-set-rise-nearly-14193930.

Thorp, L. (2018b, June 20). Liverpool was the star of the small screen today—And Scousers absolutely loved it. *Liverpool Echo*. Retrieved from https://www.liverpoolecho.co.uk/news/liverpool-news/liverpool-star-small-screen-today-14805869.

Torpey, C. (2017). Editorial. *Bido Lito, 84*, 9.

Vickery, J. (2012). Reconsidering the cultural city. In K. Wilson & D. O'Brien (Eds.), *It's not the winning... Reconsidering the cultural city: A report on the Cultural Cities Research Network 2011–12* (pp. 32–34). Retrieved from https://iccliverpool.ac.uk/wp-content/uploads/2013/09/Cultural-Cities-FINAL-report-July-2012.pdf.

Wainwright, O. (2018, March 13). Edgy urban apartments, lavish promos—And a trail of angry investors. *The Guardian*. Retrieved from https://www.theguardian.com/cities/2018/mar/13/buyer-funded-development-scandal/.

Ward, D. (1999, July 9). Liverpool woos Guggenheim. *The Guardian*. Retrieved from https://www.theguardian.com/uk/1999/jul/09/davidward/.

Ward, D. (2004, July 20). Liverpool scraps plans for Cloud. *The Guardian*. Retrieved from https://www.theguardian.com/uk/2004/jul/20/europeanci-tyofculture2008.arts/.

Wilks-Heeg, S. (2003). From world city to pariah city? Liverpool and the global economy, 1850–2000. In R. Munck (Ed.), *Reinventing the city? Liverpool in comparative perspective* (pp. 36–52). Liverpool: Liverpool University Press.

Wilson, K. and O'Brien, D. (2012). *It's not the winning... Reconsidering the cultural city: A report on the Cultural Cities Research Network 2011–12*. Retrieved from https://iccliverpool.ac.uk/wp-content/uploads/2013/09/Cultural-Cities-FINAL-report-July-2012.pdf.

Wynne, D. (1992). Urban regeneration and the arts. In D. Wynne (Ed.), *The culture *industry: The arts in urban regeneration* (pp. 84–95). Aldershot: Avebury.

第七章　廓清创意议程：力争更持久的发展

以上各章展示创意议程促进创意活动的持久性，考虑创意议程的意蕴，并说明证据如何采集和利用。本章的重点是创意持久性的另一个方面：如果"由创意驱动的城市创意"渴望的终极状况终将到来，创意议程面对的持续挑战是需要应对的。这些挑战有时可以被说成是需要克服的暂时困难，但困难之持久（及强化）说明，创意议程可能会继续遭遇难以改变的现实，创意议程难以恰当地认清现实，除非创意的理念被利用的方式更明晰、更细腻。创意理念含义的弹性有助于创意议程的兴起，同时又难以超越纯说辞的水平。既然如此，本章提出建议，我们有理由更谨慎地思考，创意议程究竟是什么，它又能达成什么目标。然而，当前的迹象是继续使用"传统的"创意理解，所以我们可能看到它"传统的"模式仍在持续当中。

第一节　靠模糊性持久吗？

迄今我们看到，创意议程在理论上和实践中都有弹性，容许一系列的活动被纳入一个共同的标签之下（Grodach 2013, p. 1757）。这一标签常常被说成是这些活动共同性的反映。有人认为这种用法极具效率，有人却看到它产生模糊和矛盾；在创意议程上升期的几个节点上，这些矛盾似乎对它的继续存在构成严重的问题。比如 2009 年，创意议程兴盛一时之后，许多人质疑，这个议程的某些部分还能维持多久。班克斯和奥康纳就问:"我们正在进入'后'创意产业时期吗?"(Banks and O'Connor 2009, p. 367)他们质疑这个标签之下的产业的性质,拷问政策支持一致性的缺乏,认为有必要挑战表面上所谓的"文化和经济无矛盾的婚姻"(p. 366)。

如第五章所示,这个时间点之后不久,关于创意产业经济表现的统计证据基础就为之一变,似乎对其主导性经济基础的继续构成挑战。但第五章又显示,统计方法走弱的趋势短暂,新方法的运用使创意的经济价值得到"修复",创意概念固有的弹性又使得部分重新界定的创意产业继续下去,并且被说成是文化和经济的发动机。

艺术和文化不再被置于统计数字采集理据的核心,但仍然处于统计数据的主要位置。同样,我们在第六章看到,虽然一种文化节首先不是为干预创意产业而设立的,而且鲜含有证据表明文化节促进了创意产业的发展,但文化节还是可以被认为是创意产业发展的重要成就。诸如此类的宣示与创意议程唱的是和谐的调子,所以这些宣示巩固了创意产业的基础,加强了创意共同性的理念。我们还在等待一个创意产业"之后"的时期。但十年前,班克斯和奥康纳肯定说对了,创意产业正在进入一个空想的时期,抑或是施莱辛格(Schlesinger)所谓的"液化"时期。施莱辛格指出,这类理念并没有退却,而是"日益受重视",他做了这样的解释:

> 创意话语宛若液体广泛渗透,在活力、增长、人才形成和国家复苏里的渗透作用叹为观止。其吸引力就在于此。(Schlesinger 2009, pp. 17–18)

那就应该指出,创意议程的持续不断至少一定程度上能这样来解释:它似乎与时代的主导价值无法改变地结盟了,如果创意的解读基本上是增长、复苏、重新等的同义词,那么,这些理念的价值就会持久,似乎与这些价值关联的创意议程也会持久。不过这里的危险是,在这些紧密的结盟中,我们失去了实际讨论的对象为何物的感觉,并将这个有问题的概念持续下去；任何能称为创意的东西都自然而然地与这些价值结盟。2009年欧克利指认的"文化崩解为一种创新话语"显示这种模糊边界的危险。她指出这样的可能性：随着工党政府的失势，这种话语也会衰减，但更准确地说，她认为广泛渗透的"文化价值的淡薄理念、衰减的文化门类和……粗糙的创新"（Oakley 2009, p. 412）的话语，已经被证明会继续下去并超越党派政治。创意议程用语的不准确构成挑战。比如，它展示有意义的、文化意蕴丰富的工作前景，但其发展方式却损害了这样的可能性，下文将予以讨论。

如此，本章的重点是，需要坚持不懈地拷问，"创意"一词来到案头时我们考虑的究竟是什么？够得上"创意"的东西是如何理解的？创意的运行是如何看待的？只有强调这些问题，对多重含义的创意议程潜能的实事求是的评估才能够实现。若要让创意不至于沦为良好愿望和积极结果的飘忽不定的、模糊的意符，不至于常常允诺而罕有实现，这样的拷问是至关重要的。如果不逼近这样的清晰度，探寻的定义或范畴就不可能发展，市场为艺术、文化和创意产业提供证据的要求就会继续建立在概念的沙土上。

第二节　什么是"创意"的创意？

在问到我们在谈论什么样的创意活动、创意活动在哪方面是创意的等问题时，再次强调第六章结尾的观点：虽然创意被说成是充满活力的、创新的、新颖的，等等，但创意概念的具体使用越来越保守，显然目的也越来越保守。奥斯本率先指认这一正在浮现的悖论：

> 创意是一种价值，我们可能相信自己在主动选择这一价值，实际上我们却与今天最保守的规范共谋：强制性的个人主义、强制性的"创新"、强制性的表演性和生产性、公认新颖的强制定价。（Osborne 2003, p. 507）

也许同样重要的是，奥斯本还针对艺术实践的创意提出了一些严肃的问题，正如我们在第五章所见，为了数据生产的目的，艺术实践的定位仍然本质上且必然是具有创意的。反过来她又说，对真正的艺术实践而言，"创意的整个主张完全是不相关的"。她接着说：

> 艺术的创造性无疑是尝试的重复和成就的消除。在那样的意义上，艺术是未满足的欲望，是与今天许多版本的创意概念全然格格不入的东西。（Osborne 2003, p. 521）

奥康纳在这个意义上补充说，如果不靠定义去说创意，同样可以说，创意议程与艺术成就根本上是南辕北辙的：

> "中庸"的老传统，中国人的"中道"、平衡与和谐；毕生获取一种特别困难技艺的理念，牺牲其他路径和技能以掌握一种技艺；逐渐放弃自我表达而选择其他形式的语言和意义——这一切似乎都很陈旧，似乎与不断创新的创意驱力没有关系。（O'Connor 2007, p. 53）

虽然创意与新颖和艺术永久结盟，但同时又可以说，创意根本上是保守的，与文化表达是对立的。这两种极端都不是"正确的"立场，但这一现象说明创意议程不准确。除了这个成问题的范围，还有一个操作中的双重束缚。像许多语词一样，"创意"有许多所指，创意议程动用这个概念却不必精确，这本身就可以说是"创意"许多用法的证据。比如，哈特利就指出，创意产业在经济活动的规模、组织和门类上都千差万别（Hartley 2005, p. 23），创意产业里的员工并不在这个经济门类里结盟，也不形成与自己群组相关的身份。

引人注目的是，这并不被视为问题，也不被视为一个强加的定义已然获得明显共同性的迹象，而是径直被视为这样一个迹象：这个新门类必须用新的方式去处理。如果创意产业在实践里并没有发现任何共同性，那是因为人们用老眼光看它们，是创意不足的表现。无论你走哪一条路子，答案都是创意。当定义转向强调创新经济里职业的重要性而不是产业的重要性时，我们也听到类似的话："不确定性是新兴领域的界定性特征，这些领域受制于持久的结构变化，创意产业就是这样的新兴领域"（Bakhshi et al. 2013a, p. 3）。

但什么样的不确定性呢？对计量这些产业的数据我们可能不确定，对数据如何计量它们我们也许不确定，对这些产业的将来发展我们也许不确定，但我们肯定不会对什么样的创意感兴趣不确定，不会对创意的界定性特征不确定。如果我们对这一点都不确定，创意产业为什么一开始就成为我们感兴趣的对象呢？

创意的概念本质上是宽泛的，因此容易导致清晰度的欠缺；正如我们在前面的章节里所见，这种清晰度的不足实际上有助于创意议程的持续。然而，当讨论对象很容易改变时，它就很容易以有志者渴望的形式出现，而利用它的人就可能会彼此没有交集，他们可能会假定，矛盾的立场相契合。创意议程传播开来以后，情况似乎恶化了。柯缪尼安等人认为，这个问题随着时间的流逝而加重了：

> 有"创意"对个人和社会都有好处，在这一点上似乎没有分歧，但"创意"是什么、带来什么好处的问题远没有解决。实际上，"创意"一词被用于如此之多的语境，随着时间的流逝，它变得越来越模糊，而不是清晰了。（Comunian et al. 2010, p. 389）

创意话语的重点从明确的文化活动转移开时产生了许多问题；对此，孔（2014, p. 603）、欧克利和奥康纳（2015, p. 10）晚近恰当地强调指出，有许多理由回头强调"文化产业"的概念。然而，我们在第五章里又看到，文化活动上收紧的焦点严重损害整体经济数据的统计，而整体经济数据常常是用来证明创造力的，包括文化的创造力或其他的创造力。既然有这样的损害，在未来的一段时间里，政策话语将利用创意概念提供的活动空间，以回避这些问题，同时又从创意概念的积极联想获益。尽管如此，对多种创意概念的强调既产生直接的经济利益，又继续造成重重矛盾。瓦诺洛指出：

> 只有在"创新"和"创意"的选择性解读被人利用时，只有在它能富有成效地用于经济增长时，创意才成为普遍讨论的话题。因此，"创意"的概念化是不完全的、流动的，甚至矛盾的。（Vanolo 2013, p. 1788）

第三节 创意的重重矛盾

鉴于创意矛盾的潜在可能性，我们在这里假设，虽然最终有必要澄清创意议程，但澄清的结果可能会损害创意议程的某些构造成分，所以不准确性就成为该议程的重要特征。但正如我们在第六章所见，重要的资源投入了与该议程结盟的实际活动，有鉴于此，那就值得考虑，限制创意议程活动成功的矛盾是什么。这些矛盾并非与新异性有关，也不是与"创意"实践有关，而是与一种普遍的感觉有关系：创意是一个特别开放的领域。在某种程度上，这可以解释创意为什么尤其被用于谋求"新"经济时代成功的地方——如果创意成功首先靠的是人的想象力（一个富有争议的立场，却很流行），那么从潜力来看，没有任何地方的潜力是不能开发的。这个开发的理念还暗示一个场域，在此，权力关系是可以不予考虑的，或者是容易克服的。

然而，许多人却认为，文化被用于生成某种形式的"创意城市"的策略惠及的是有特权的少数人，有风险。最早主张创意产业的政策制定者强调"个体的才能"和"参与的民主"（Smith 1998, pp. 31, 144）。同样，早期皈依创意工作的杰出人士查尔斯·里德比特形容"新"知识经济倾向公平，认为它有"强烈的民主冲动"，认为奖赏向"才能、创意和智能流动"的重要性，而不是依托任何传承的特征（Charles Leadbeater 1999, p. 224）。但说到文化"才能"和创意时，必须指出，虽然围绕这种需求的漂亮修辞喋喋不休,比如"为人人的伟大艺术"(Arts Council England 2010),但文化政策的主要关怀是不针对文化形式,这是文化政策的常态;文化政策的参与反映的是阶层和教育的路线(如 Caves 2000, p. 177; Miles and Sullivan 2009; Taylor 2016),这是持久的倾向;这些文化参与的模式显示年复一年的稳定性,虽然颠覆的尝试偶有所见(Hewison 2014, p. 87)。鉴于文化参与的稳定性,基于提倡传统文化形式的任何活动都有风险,即主要是对参与活动的少数人有价值。在一定程度上,这可以部分解释斯科特发现的模式。他认为,与其说是对所有人开放,不如说:

> 创意城市的政策有助于推进绅士化过程,如此,低收入家庭被排除在市中区之外的情况会加剧,新资产阶级对这些地区的占领将得到担保。(Scott 2014, p. 573)

但这个关系是复杂的(Grodach et al. 2014)。马库森认为,考虑绅士化的问题时,我们应当抗拒对艺术和艺术家指指点点的诱惑,我们应该考虑艺术家工作所处的广域的社会结构:

> 城市里不平等的财富、自由市场产权制度和积极开发的产业驱动着的是绅士化,而不是艺术家本身,即使有些艺术家陷入了快速变化的罗网。(Markusen 2014, p. 570)

但没有问题的是,绅士化已然发生,文化工作和文化工作者常常被卷入绅士化过程。我们在此又看到创意使问题模糊化的力量:被宣称为开放、"民主"的一个领域,虽然对许多人有潜在经济回报,但地区与活动的开发只被少数人珍惜,只对这些少数人有价值。

在某些方面,这使我们回到上文考虑过的"创意阶级"理论。早期的批评显示,这一理论所用的创意语言蕴含的开放意识呈现出诸多矛盾。这个理论断言,"人人"有创意,至少有潜在可能进入创意阶层。如果真是这样,有一个问题还没有答案,用佩克的话说就是"在创意天堂里谁来洗衣这个棘手的问题"(Peck 2005, p. 757)。如果人人都有创新的潜能,谁掉在"后面的""工人阶层"或"服务阶层"里?

不过更成问题的,与其说是该理论假设的创意有多大的开放性,不如说它的解释性力量被拷问时所呈现出来的种种矛盾。佛罗里达与时代的价值结盟,把自己的理论建立在一系列的数值指数上(虽然他又称,这些指数和他的基本立场是偶然的关系[Florida 2004, p. 327])。他的多等级的统计学基础还是开放的、容许细察的。这些等级和表格容易快速消化,有助于他的理论迅速被接受,有助于其广泛的普及(Mould 2017, p. 55)。然而,当我们详细考虑这些等级时,诸多困难冒出来了。比如,当这些指数被一个人接受之后,有人就问,这些数据是否被用得恰当:

> 佛罗里达断言,莱斯特是英国排名第二的最具创意的城市。这根本不可能是真的;你不得不怀疑,莱斯特被容许如此之大的权重,那是由于它拥有一大批非白人,这被佛罗里达视为创意的一个指标了。(Montgomery 2005, p. 339)

这个结果可以用数据的"宽容"(Tolerance)来解释,他认为"宽容"的"T"是他所谓的"3 T"之一,他认为"3 T"(其余两个"T"是"才能"[Talent]和"技术"[Technology])。这样的论述就必须回归具体的问题:什么样的"宽容"是"创意"的指标?柯缪尼恩等的结论是:

> 佛罗里达界定的"创意阶层"太宽泛,使我们难以对其做经验分析。它包含截然不同的职业(比如很难被视为具有类似特征的物理学家和艺术家),这种未经解释的异质性可能产生误导的结果。(Comunian et al. 2010, p. 392)

柯缪尼恩等还提及大批不同的工作并指出,佛罗里达的指数采用的"创意"概念和教育水平的计量非常相似,这两种图示根本就难以区分，正规教育水平和经济成长很匹配，再把"超级创意"工人纳入"创意阶层"来考虑，那就不会对分析问题做出多少贡献了（Comunian et al. 2010, p. 393）。这再次有助于证明"创意"标签的力量：这是有关城市需要的理论，城市要确保适合"教育程度高的专业阶层"的环境；在我们这个时代，这个理论大概走不远，不会太成功。除了吸引力，以及可能误导人的开放性之外，创意语言还有什么贡献，那肯定是值得一辩的。如此，我们就回到第五章提出的围绕数据、分类、标签和证据采集的问题。布鲁耶特写道：

> 佛罗里达关于创意职业构成的定义本身的容量如此之大，他有关先锋创意阶层接管的论述好像是统计数字操弄的产物。（Brouillette 2014, p. 46）

实际上，其他学者的统计分析显示，创意人士被创意环境吸引，自身带有创意才能；单纯的"地方吸引力"不太可能产生重大的经济移民潮；"对大多数移民而言，适当经济机会的可及性是流动的前提"（Houston et al. 2008, p. 133）。经过统计分析以后，其他人断言，佛罗里达的创意阶层理论基本上没有额外的解释力，霍伊曼和费里西（Hoyman and Faricy）的结论特别刺耳：

> 有什么证据证明，创意阶层理论在城市产生经济增长呢？在横向的多重统计测试中，这一理论都失效了，它不能解释就业增长、工资增长或绝对的工资水平。此外，创意阶层的个性特征——才能、技术和宽容——总是与一切经济指标呈现负相关关系。创意阶层模型的全部结果应起的作用是叫停城市正在采用的政策，根据创意阶层策略驱动就业增长和创新的政策应该停止。（Hoyman and Faricy 2009, p. 329）

在创意阶层概念的上升期，这些问题很早就被确认了（如 Nathan

2005; Peck 2005）。虽然如此，我们在第六章还是看到，2010 年有英国人吹捧他为"政府的新教师爷"。在这个时期，他的影响在英国之外也经久不衰（如 Heinze and Hoose 2013, p. 521）。实际上，研究显示，上文提及的对他的批评的影响也是有限的（Borén and Young 2013）。

近年来，对创意阶层概念的热情有所消退。虽然这个词还在用，佛罗里达本人继续使用他的标准定义（如 2017, p. 137），他制作等级和指数的爱好还在继续（如 2017, p. 18），他在创意阶层作用上的立场已有一点变化：

> 我意识到，我曾经太乐观，以致相信，城市和创意阶层靠自己就可以生成更好、更包容性的城市化。（Florida 2017, p. xxii）

但佛罗里达早前的著作也阐明，被视为高度创意的地区也表现出高水平的收入不平等（2004, p. 354），"创新经济"本身就产生"各种社会和经济问题"（2007, p. 65）。

诸如此类的问题在早期的理论形成中有偶然性，且肯定不是创意议程令人瞩目的部分，但这些担忧在后来的工作中逐渐引起注意。对改善局面的潜能，他仍然持乐观态度，但他确认了商务创意产业面对的重大挑战，以及更广义的"新"经济。一个重大的挑战是，虽然新经济理论上开放并能在"任何地方"运行，但迄今为止，新经济只在少数地方扎根成长。在创意产业内部，在其成功运行的地方，研究结果都指向"赢者通吃"的模式，成就大者总是少数，成就不大的企业总是要多得多。亦如佛罗里达所言：

> 我细看数据发现，可能只有几十个城市和都会区真的在知识经济中取得了成功；许多地方跟不上步伐，甚至落后了。许多老工业"锈带"城市还在去工业化和城市衰败的破坏性叠加中苦苦挣扎，美国的底特律和克利夫兰、英国的利物浦和伯明翰就是这样的城市。（2017, p. xxiii）

第四节 可复制的例外？

这些模式揭示了创意议程被成功利用时所遭遇的挑战。在创意议程上升期，论述都市地区创意潜能的文献常常提及纽约的格林威治村、伦敦的苏豪区和巴黎的塞纳河左岸（如 Wynne 1992, p. 19; Florida 2004, p. 15），文献常常暗示，虽然这些模式的影响并不是可以直接复制的，但任何地方都有理由开发自己的"创意区"。实际上，到 2004 年，欧克利断言，"英国没有一个城市……不需要一个'文化中心'或'文化区'（cultural quarter）"（Oakley p. 68）。文献所用的话语五花八门，比如，赫斯蒙德霍和普拉特就说，"创意城市"概念由"文化区"政策衍生，又衍生出"文化集群"（Hesmondhalgh and Pratt 2005, p. 4）；施莱辛格指出话语使用底层的共同性，援引文化部 2007 年的"创意经济计划"：

> "创意中心"取代"文化集群"成为热词，但基本理念是一样的。两者都强调"布局位置的重要性，布局位置是英国主要的创意驱动器"。（Schlesinger 2007, p. 385）

然而，如果我们考虑第五章介绍的经济统计数据所揭示的地点的作用，我们就会看到：许多地方持久努力地创建文化中心、文化区或文化集群，但唯有一个地方主导英国的创意产业领域：伦敦。伦敦的特异性在许多领域普遍存在，因为英国在诸多方面是集中化的，但正如佛罗里达所言，"伦敦在创意产业方面对英国其他地方的主导优势特别显著……而且，其主导优势还在发展之中"（2017, p. 55）。比如分析显示，"金融业在伦敦的集聚程度远不如创意产业"（Bernick et al. 2017, p. i）。实际上，创意产业的特征不是分散或多地点崛起的布局，而是只有一个有效中心，即"唯有一个场所拥有重大的活动"（2017, p. 11）。图 7.1 给出总增加值的数据（见第五章），显示伦敦在整个英国经济中的主导地位。

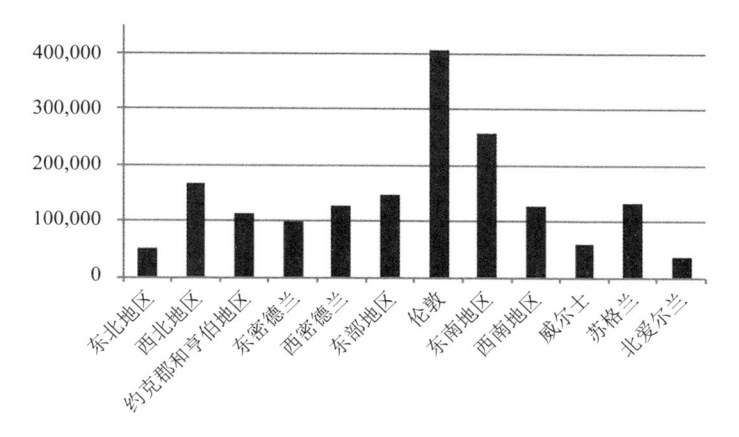

图 7.1　2016 年英国各地区的总增加值（单位：百万英镑）（资料源于 DCMS 2018）

虽然伦敦有主导优势，但其他地方在数据中的位置也一目了然。然而，考虑第五章介绍的稍后阶段的文化部定义的创意产业，或考虑定义收紧的"文化门类"时，伦敦的主导优势就更加明显，如图 7.2 和图 7.3 所示。

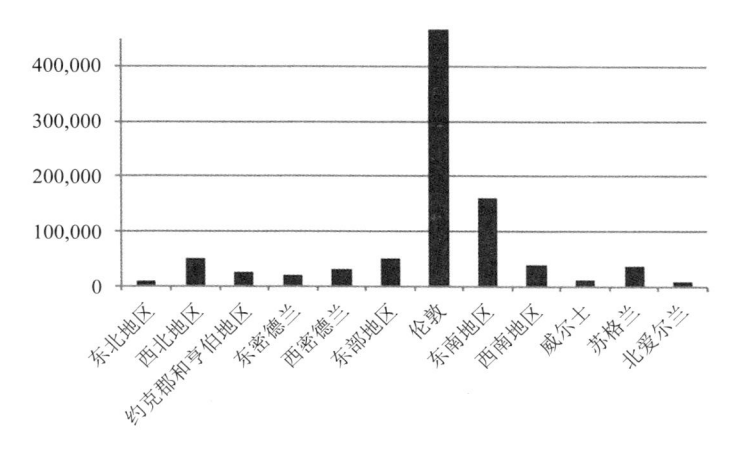

图 7.2　2016 年英国各地区创意产业（DCMS 定义）的总增加值
（单位：百万英镑）（资料源于 DCMS 2018）

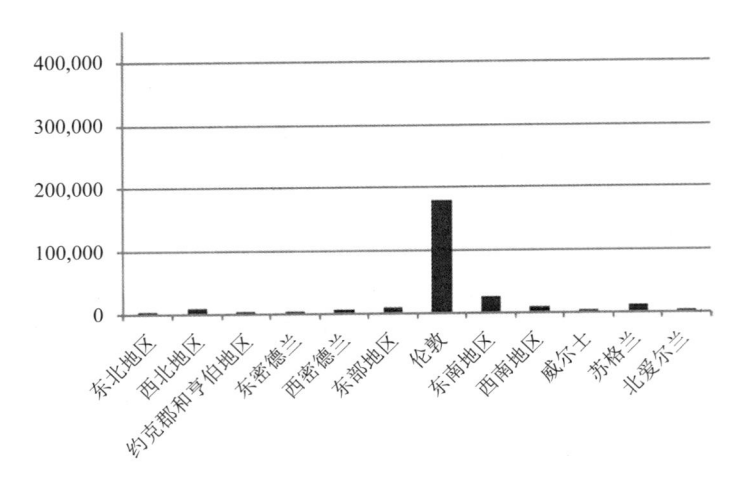

图 7.3　2016 年英国各地区文化门类（DCMS 定义）的总增加值
（单位：百万英镑）（资料源于 DCMS 2018）

虽然创意中心和文化集群的推进是践行创意议程的关键手段，但文化和创意产业的经济产出不仅继续集中在伦敦，而且随着创意议程的持续发力，文创产业在伦敦集中的现象有增无减。图 7.4 显示伦敦总增加值在全国总增加值里所占的比例。

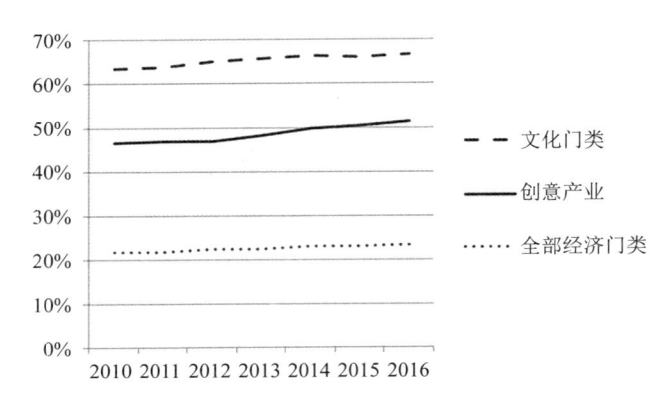

图 7.4　2010—2016 年伦敦总增加值在全国总增加值中所占的比例
（资料源于 DCMS 2018）

在这个时期,伦敦经济总增加值在全国范围内的占比增长了1.7%,创意产业(DCMS定义)占比增长了4.8%,伦敦经济的总增加值占全国总增加值的一半以上。与之类似,伦敦文化门类(DCMS定义)的总增加值在全国范围内的占比增长了3.3%,2016年达到了67%。虽然创意的修辞暗示着开放,但真实情况却显示加剧的集中。斯塔克等的报告考虑到伦敦文化门类的主导地位,透彻地分析了这种主导地位的性质,以下节录的一段文字仅仅显露了这种性质的某些方面:

> 高等教育是城市文化生命的主要提供者和贡献者。在英格兰授学位的153所高校里,42所在伦敦;90%以上的艺术、音乐、舞蹈、电影和戏剧专业培训机构在伦敦……伦敦是艺术杂志、广播电视节目的生产基地,也是爱好艺术的读者、听众和观众理想中的场所,伦敦还是职业艺术批评家和评论家的基地,是他们工作的焦点。有时给人的感觉好像是,在国家级媒体里,国民的文化生活就等同于"中央"伦敦正在发生的事情。(Stark et al. 2013, p. 27)

教育、媒体和专业机构在一个城市的集中形成良性循环,其他的地方则难以进入这个良性循环。斯科特对"城市的文化经济"的分析在理解这些模式方面也给人启示。他指出,在文化领域率先开发成功的地区可能会把其他地方的竞争者关在门外(Scott 2000 p. 22),因为任何既有成就的复制都有困难,某些领域已有"不可逆转的主导之势"(p. 22)。在稍后在著作里,斯科特提及"创意领域""高水平的路径依赖"(Scott 2006 p. 16)。考虑新门类兴起时,他写道:

> 一种新产业出现时,一开始可能会呈现出聚集性地理模式,将很快生成地域化增益回报效应。以这种方式,聚集性总体上在首动者优势中获益,首动者将系统地超越一切后来竞争者的聚集,因为它有专门化创业精神、创新和经济发展的先进活力。(Scott 2006, p. 17)

佛罗里达后期著作里确认的少数"超级城市"模型（2017, p. 17）似乎验证了现代创意领域里的持久效应。在早些时候，成功和名利的标准参照点常常是"20世纪60年代的塞纳河左岸和20世纪70年代的伦敦苏豪区"，可以说，它们"成功的根基扎在另类的创意空间里"（Mommaas 2004, p. 521）。如今他认为，现代"超级"地区尚无这种另类空间出现的迹象。

蒙马斯考察创意集群的尝试并指出，那些标准的参照地区并不是刻意部署的。他仔细研究创意议程上升期这些场所之外那些特别"规划"的创意集群，发现它们并没有展现富有成效的聚集效应（Mommaas p. 515）。蒙马斯接着写道：

> 大多数创意集群是消费导向的，而不是生产导向的。在生产集中的地方，创意集群并没有发展到集群内交易、信息共享和市场共享这意义重大的一步。（Mommaas p. 517）

然而文献显示，随着创意议程的崛起，"聚集"创意活动的尝试不仅在英国产生影响（O'Connor 2005, p. 48），而且这样的尝试也在国际上被复制。不过，这个过程常常基于创意活动成功的假设，"并没有多少证据支持"这一假设（Foord 2008, p. 99）。诚然，这样的创意区或创意集群可能是创意产业运行的前提（Scott 2000, p. ix），却可能是在没有政策干预的情况下发生的，而不是政策干预的结果（Foord 2008, p. 100）。实际上，这个领域创意集群的政策路径被认为是构想不佳、贯彻不力的（Jayne 2005, p. 554），反而可能是任何成功复制的进一步障碍。因此，对于该领域能施予多少直接的影响，我们必须持谨慎的态度。

约翰逊和里德（Johnson and Reed 2008, p. 26）认为，宽泛地看，具体政策对创业精神的诱发在就业层面"最多只能说是没有效果的"；麦克唐纳等发现，创建成功企业"集群"的干预大体上是靠企业的自我选择，很少证据显示政府政策的干预和产业活动之间存在强有力的积极关系（McDonald et al. 2006, p. 535）。伊文思认为，这些问题在创意产业里更为突出,"所谓的创意产业"的特征意味着,它们"不太可能对政府普化的经济路径和干预态度做出回应,更不会对'规划人'做出回应"(Evans 2001, p. 153)。就创意企业发展的集群而言,这些集群与创新力和竞争力提高的关系是"难以确定的"(Evans 2009, p. 1016),但我们还必须拷问,任何创意企业集群是否真的有重要意义。赫斯蒙德霍转引贝内特的反省,贝内特对创意产业上升期推进这种集群的现实做了直率的批评:

> 围绕这样的集群有许多乱七八糟的议论。把这种集群用作组织手段提倡的人罕有进行认真的研究……工党政治的问题之一是,他们懒得批评,不通过严谨的经济研究来决定投资的优先事项,不清楚什么是真正的集群,什么仅仅是有兴趣的设计师舒适的起居室。(Bennett cited in Hesmondhalgh et al. 2015, p. 133)

我们再次在这里看到,创意议程也可能遮蔽具体的情况。任何"创意"的东西都可以和创新与动力联系起来,同样,创意个体(creative individual)的任何聚集刻意被说成是"集群"或"中心"。然而,虽然两者有松散的联系,经济现实却不那么容易顺从这样的弹性,与集群相联的经济效益的崛起所需要的绝不是单纯的共同定位(Flew 2010, p. 87)。

随着时间的流逝,和建设集群尝试相联的问题越来越令人注目。反思"数十年来"的干预时,莫尔德和柯缪尼恩对流行的模式做了这样的小结:

> 可以说,对英国数十年来文化区(Cultural Quarters)的发展,我们已学到了很多东西。但如果再仔细看,我们看见同质化设计的都市空间、失败的旗舰项目和蓬勃的私营咨询公司,它们提供文化区设计服务;我们看见文化区的概念被无批判、无反省地接受了,全国都将其视为新自由主义化的城市复苏"模式"了。(Mould and

Comunian 2015, p. 2366）

可见，这是某些模式可能持续下去的另一个领域；实际上，创意产业集群的推进仍然很突出，而且被视为驱动创意议程的潜在路径。比如，2017年，英国艺术理事会主席尼古拉斯·塞罗塔针对英国经济的潜在发展路径，就提出以下一些思考：

> 请想想，假定伦敦的模式刻意在全国复制。我们就需要建设大大小小的"创意集群"，作为全国人才和企业的发动机。（Serota 2017）

与之类似，英国产业战略部门为创意产业制定的新政也论及这个主题，目标是"通过新的公共投资，以及对具有全球竞争潜力的领先创意产业集群的支持"，来"解决"创意产业集中在伦敦的问题（HM Government 2018, p. 10）。显然，这样的发展动态并非首次这样的尝试，另一个集群策略的迭代是否会见证英国其他地区挑战或复制伦敦日益增加的主导优势，尚需拭目以待。以上的讨论暗示我们需要谨慎。伦敦的主导地位被确认已有很久，产业集中的几个重要中心的模式继续流行（如 Pratt 1997），尽管如此，假设的创意开放性似乎仍然在起作用。

十多年前，欧克利注意到这个问题，提出一个观点：这些门类"能够在任何地方被复制和发展，无论其具体情况如何"（Oakley 2004, p. 72）。蒙哥马利更直率地说："除了满足本地市场需求外，并非所有的城市都能成为创意产业的生产中心。"（Montgomery 2005, p. 341）然而，竞争的冲动不易改变，即使"不能"竞争，人们还是有一种感觉，伯明翰（和其他城市）必然要竞争。但造成伦敦主导地位的广域的因素也不会轻易改变。即使在最基础的层次上，我们也可以考虑城市总体量在获取工作人口资源上的重要性（如 London Development Agency 2008, p. 64）；斯科特确认，城市体量对密集网络的存在和创意领域的生成同样重要（Scott 1999, p. 807）。因此，就大部分创意产业的成功经验而言，密度重要，参与人数重要，虽然不仅是规模的问题，但规模的确重要。佛罗里达所谓的伦敦或纽约之类的"超级城市"，人口超过800万，它们能取得的成就是其他城市不太可能实现的，即使一百多万人口的英国第二大城市伯明翰，也做不到，英国希望撬动创新力以改善经济环境的大多数比较小的城市也做不到。无论如何，在近期内，以下的结论是可行的，欧克利等写道：

> 现实情况是，对英国城市进行"创新"的干预并未对伦敦在这个劳动力门类的主导地位构成挑战……如果要看到文化劳动力在社会里得到公平的反映，创意城市政策就必须与不平均地理分布这一更广泛的问题相互作用。（Oakley et al. 2017, p. 1527）

话虽如此，鉴于政府标榜在这个问题上的支持水平，我们能指望的无非是有限的变化。2018年的"产业战略部门新政"起初的细节集中在：2000万英镑的"文化发展基金"，用以"开发世界级的产业集群"（HM Government 2018, p. 14）；3900万英镑的基金，用以促进大学和产业之间的合作，"培育现存的企业集群"（p. 15）。也许，已有的教训使这些干预能摆脱以前干预的主要轨迹："雄心万丈，执行乏力"，加上"山寨剧增"（Fleming and Erskine 2011, p. 43）。尽管如此，既然弗卢（Flew）预测，在伦敦之类的全球性都市之外去开发重要的创意产业"可能是虚幻的妄想，因为它们面对的是促成聚集效应和持续挑战优势的强大力量"（Flew 2010, p. 87），那么，正如塞罗塔所言，拷问如今大大小小的集群为何被视为多地域分布的恰当回应——那样的拷问是恰当的。实际上，若考虑规模，上文提及2000万英镑的"文化发展基金"就是对巴泽尔杰特呼吁的五亿英镑的"文化集群基金"的回应（HM Government 2018, p. 66）。这个五亿英镑的基金的定位是：具有支持"30到35"个创意集群的潜力（Bazalgette 2017, p. 26），以此为据，2000万英镑的基金有潜力支持两个集群；基金指南暗示，得到基金支持的不超过5个地区，每个地区得到的支持不超过700万英镑（Arts Council England 2018）。

尽管如此，这种奖励的定位是，有潜力"复苏社区、创造就业机会和促进旅游业"，能复制第六章介绍的赫尔市荣获英国文化之都"巨大的成功"（DCMS et al. 2018）。但变化再大也还是同样的情况。鉴于上述讨论，增加的集群可能会为创意的地理布局带来一些变化，但我们可以质疑，这个计划是否真够得上这个标签。就像"创意"的情况一样，我们看见使用这个标签的弹性：基于内斯塔的研究，2018 年产业战略文件所指的模式不再是上文介绍的"单一中心"模式，英国现有 47 个集群，其中一些"前途看好"，但"尚不够大"，不配称为创意企业聚集的地方，但它们已表现出高速的增长（Mateos Garcia and Bakhshi 2016, p. 5），正奔向"巨大成功"的定位。

如果你关心的主要是经济产出，增长当然重要，但最终的规模也很重要。然而，由于创意议程与灵巧创业的理念相联系，它常常赋予创意个体特殊的角色，使之发挥天然的创新力，以生成超常的经济产出。我们在上文看到，创意在个性化基础上呈现出对公平和精英的倾向；我们还看到，对"创意个体"的强调贯穿了创意议程时代。如此，创意的提倡常常发生在微观的层次，政策话语的重点是鼓励小企业（Flew and Cunningham 2010, p. 119）。与此相关的是这样一种意识：始于这个微观层次的增长是创意产业的天然元素。如果承认这种产业增长的乏力，那常常是限于这个"天然的"高增长门类的语境里，所以，凡是表现不胜过其余经济门类的创意企业，都要用干预手段使之恢复"天然的"地位。比如，国家的政策文件提及：

> 对创意产业的承诺植根于一种信念：它们可以和其他成功的高技术、知识企业一样规模化和产业化，就像生物科学走过的发展道路一样。（DCMS and BIS 2009, p. 105）

然而，许多创意企业有理由让人思考，这样的信念未必有根据。比如，内斯塔早期的报告就指出：

大多数英国创意企业在业务大小和覆盖范围两方面都缺乏规模。许多企业遭遇日益加剧的国际竞争压力，大多数都由于规模太小而不能做出有效的回应……当前英国辅助创意产业的基础设施把重点放在初创企业上，其结果是强调创新，对产业结构的理解很薄弱。基于这些产业门类的现实情况，需要强调都市扶持更多的企业成长，以便增强英国创意产业的稳定性。（2006, pp. 26, 45）

然而，内斯塔还是可以在2013年和2018年报告里得出类似的结论：

单纯推进创业（即增加微型企业数量）对解决生产力危机不会起多大作用。原因是，创意微型企业的生产力不会超过地区的平均值；在有些地方，它们只占就业人数的很小一部分。相比而言，增加十人以上雇员企业的"放大政策"更有利，因为这些企业的生产力胜过其他门类企业的生产力。（Mateos Garcia et al. 2018, p. 30）

所以，为掌握创意门类经济成就的现实图景，不仅要考虑第五章中提到的软件公司发挥的重要作用，而且考虑较大企业的作用也至关重要（DCMS 2007, p. 2）。然而，当前的创意企业大约95%是微型企业（DCMS 2018），数据显示它们专属艺术和文化门类，且90%的企业只有一个雇员甚至没有雇员（CEBR 2017, p. 30）。创新增长的讨论大量集中在"个体创意"和知识产权（Intellectual Property，IP）的生产，但经济上更重要的是最终对知识产权的开发。在这个问题上，我们不妨考虑英国电脑游戏这个门类的地位：

虽然大多数独立工作室生产原创IP的能力得到认可，但它们多半得不到充分的支持以维持自己对内容的所有权，因而常常不得不放弃100%的IP权利，转让给（主要是）非英国的发行人，以换取他人的初始投资。（DCMS and BIS 2009, p. 128）

诸如此类的因素是跨国企业集团继续主导许多创意领域的深层原因，它们渗透了价值链的所有阶段（Scott 2006, p. 14），其运行日益走向巩固和垄断（Miller 2004, p. 59），在此强化了"赢者通吃"的景观。在这个问题上，也许值得注意的是，文化部创意经济计划报告"为何跨国公司设在英国"指出，"大多数案例研究的公司都需要提示才会提到文化，说文化是他们决定在英国投资的潜在驱力"（Frontier Economics 2007, p. 38）；相反，无须提示，他们就会提及其他因素，比如英国的技能基础和研究生教育。

所以我们可以再次指出，相互关联的创意的弹性叙事并没有注意到更直白的经济现实。奥康纳注意到政府部门早期规划创意产业的路径：

> 文化部的定义根本就没有描绘创意产业的复杂结构，也没有提及大多数企业雇员和薪酬的情况。这样的定义就促成了深层的幻觉：这种创业的政策支持和鼓励足以称为创意产业战略。（O'Connor 2007, p. 44）

看起来，应对这一幻觉仍然是重要的问题。虽然规模对经济发展至关重要，但同时必须应对的还有那个长期的问题：微型企业的大多数人是否觉得"需要"注册文件里勾勒的增长。兰明和库尔认为，对"典型的"企业家而言，"企业家需要的技能随企业的发展而变化，他不应该忙于日常事务，而是要集中于管理和激励"（Lambing and Kuehl 2007, p. 121）。然而，对不那么关心金钱报偿或在"日常事务"中寻求动力的人而言，企业的发展未必是吸引人的前景。比如，莱德比特和欧克利称，80%的企业"没有发展志向"（Leadbeater and Oakley 1999, p. 29），"许多人想让自己的企业维持小的规模"（1999, p. 11）。在稍后都市环境之外创意产业的研究中，贝尔和杰恩发现了许多情况，80%的企业人不谋求增加员工人数（Bell and Jayne 2010, p. 212）。在显要的政策文件里，这被说成是需要解决的"问题"：

企业所有人的态度是另一个问题。创意企业常常是创建人和所有人高度个性化创造力的表达。这个特征比其他经济门类企业家更明显，创意企业家未必希望自己的愿景或风格被股权融资的合伙人稀释。（DCMS et al. 2008, p. 46）

如果办企业的人想"维持小的规模"的话，这对谁是个"问题"呢？毕竟，非金钱价值方式并非专属于这些行业的做法。正如基特所言："大量证据显示，收入的获取并非市场企业员工唯一重要的动机。"（Keat 2000, p. 119）

尽管如此，应该指出，增长乏力并非总是企业的选择：包含商业增长目标的创意企业由于和"传统"企业的结构不同，而面临着获取适当融资等基本任务的问题（CBI 2014, p. 13）。必须考虑的还有一个问题：围绕工作模式进行决策时，谁有用"薪酬并不很重要"的方式工作的自由呢？（Comunian et al. 2010, p. 406）

第五节 创意的闭锁

相当多的研究证明，许多创意工作者挣的钱很少（Gerber 2017; Hesmondhalgh 2007, p. 73; McRobbie 2015; Selwood 2001），常常是由于他们更强调非经济价值，比如通过创意工作而求得某种形式的自我实现（Hesmondhalgh 2007, p. 199），认为工作实践最重要，而不是终极的金钱报偿最重要；自我实现是通过"为艺术而艺术"的原理：

即使遭遇不利于己的经济成本时，也要继续推进创造性工作，故而含有这样的意思：即使一个理想的有效治理系统告诉他止步，创意艺术家还是想继续前进。（Caves 2000, p. 137）

根据这些因素考虑创意产业时，我们再次面对一个理念提出的挑战：创意是一个开放的场域，对任何有才能或想象力的人开放，尤其对广阔的视野开放。比如，我们看见这样的宣示：多样化"是创意产业继续成功的关键所在。开放性、多样化和竞争性越受到鼓励，创意就越容易得到培育，生产力就可能会提高"（The Work Foundation 2007, p. 22）。还有人说：创意产业"拥抱多元文化和多样性由来已久"（Technology Strategy Board 2009, p. 12）；创意产业"保存和推进多样性"（European Parliament 2016, p. 7）。然而，与这种叙事并存的是另一个持久的模式："在创意和文化产业里谋生，就像在大多数门类里谋生一样，如果你是白人、中产和男性，那就容易些"（Parker et al. 2006, p. 3）。在强调非经济价值形式的语境中，帕克等确认了无薪工作对创意企业员工带有偏向的作用：

> 创意人士，尤其来自非传统背景的人，需要市场历练才能前进，但他们潜在的老板很少准备承担培训他们的成本。这个成本缺口由无薪工作和失业时期来填补，有经济和社会资源的人忍受无薪工作和失业时期，显然要容易得多。（Parker et al. 2006, p. 2）

越来越多的研究确认了这个模式的持久性。研究显示，创意和文化领域多样性的缺乏（O'Brien and Oakley 2015）与开放性的叙事并存。这个矛盾产生偏颇模式的持久性。班克斯将其称为"政府、产业和雇主"对创意领域开放性的"盲目相信"，事实上，这个领域常常发生与机会平等积极抗衡的现象——这一情况"令人震惊"（Banks 2017, p. 115）。实际上，参考大量的文献后，班克斯和奥康纳断言："创新经济一直存在深层的不平等和深刻的不公平。"（Banks and O'Connor 2017, p. 647）

英国政府1965年的第一份文化白皮书指出"艺术家的生活太不安稳"，并确定了政府在改善这一境况方面的角色（Lee 1965, p. 18）。近年，这个不安稳工作的问题似乎更显著，且这一模式在其他门类里也日益流行了（Gill and Pratt 2008）。创意议程兴起初期被确认的工作不安稳和低工资现象（如Lorente 1996, p. 6）持续存在并有所加剧。比如，柯缪尼安等考察创意领域里拥有艺术学位者（"波西米亚式研究生"）和其他人的薪酬模型，并断言：

> 在创意岗位上的波西米亚式研究生和非波西米亚式研究生的薪酬水平都不高，职业前景不佳，这似乎与创新经济和经济发展的大多数文献相矛盾，大多数文献把这些人视为地方经济增长的"引擎"。（Comunian et al. 2010, p. 406）

创意人员的工作特点是缺乏安全感，这种工作偏爱已有特权者，许多学者确认了这种不安稳、不公平的诸多方式（如 McRobbie 2002; Foord and Ginsburg 2004; Banks and Hesmondhalgh 2009; Vivant 2013）。一个非常顽固的理念也许使这种情况有所加重，这个理念是：从事艺术工作，或任何给人内心奖赏的角色，本身就是奖励，而不需额外支付报酬（如 Stevenson 1892; Graeber 2018）。

创意角色所期待的无偿劳动水准因而成为一道重大的屏障，使那里的上班族发现，他们不能"喝西北风"（Leadbeater 1999）；英国狂涨的房价正好与创意议程兴起同时发生，尤其令人头晕目眩（HM Land Registry 2018）。鉴于伦敦在英国创意产业里独占鳌头，研究也指向伦敦在这个问题上的突出地位。欧克利等认为，伦敦是创意门类"增长的引擎，但似乎又是不平等的引擎"（Oakley et al. 2017, p. 1522）。他们又指出，虽然在全国范围内有特权背景的创意和文化领域人员挣的钱都更多，但不平等的现象在伦敦特别尖锐。

越来越多的人认识到这样的不平等，越来越多的人希望，伦敦的表现可以被其他地方复制，人们的期待似乎是，如果其他人得到足够的鼓励，他们是可以复制占主导地位的特权群体的成功经验的。巴泽尔杰特在创意产业的独立评论里指出，"来自弱势群体的人尤其是来自伦敦之外地区的人认为，这个行业不能为他们提供一条切实可行的职业发展通道"（Bazalgette 2017, p. 43）。就目前的情况看，我们可能会称赞有这种洞察力的人。就矫正这个局面而言，我们会质疑有多少计划意在增强年轻人的信心（Bazalgette 2017, 262），有助于逆转这些固化的、似在加深的不平等现象。"需要用吸引策略来激励年轻人"的点子（p. 6），"广告造势"策划以营造多样性的讨论——这一切都暗示，这个领域的问题至少部分是因为残疾人、少数族群、工人阶级、妇女以及兼有这些特征的人缺乏足够的兴趣。有人认为，这些人在创新经济里靠边是由于他们自己缺乏兴趣或自信，而不是因为缺乏机会（见 Shorthouse 2010）。这样的想法一定程度上可以用一种持久的信念来解释：这些领域的性质是"民主的"，更准确地说是"精英化的"，有才能的人将花繁叶茂，无论其背景如何。泰勒和奥布莱恩针对这类信念的模型得出了一些符合实际的结论：

> 创意门类里的结构性因素多半是地位不稳固的人认识到的，相反，地位强势者更可能生成一种精英叙事，解释人何以走向最终的结局。至于这种情况改变的动力来自何方，那是难以看清的。（Taylor and O'Brien 2017, p. 44）

尽管如此，"多样化员工"仍然被视为创新、创意和竞争优势的重要条件（Bazalgette 2017, p. 42）。然而，就英国达成竞争性优势而言，它迄今为止并没有非常倚重多样性来求得竞争优势。在广大民众里"兴趣"激发似乎使我们回归全社会的个体化过程，重构"社会包容"的宽泛理念就是这样的过程，列维塔斯对"社会包容"做了这样的表述：

> 有一个倾向已然发生……把文化资本作为贮存在个人身上的属性，而不是存储在群体里的东西，参与文化和遗产行业的工作或消费，个人就可以获得文化资本。（Levitas 2004, p. 53）

然而，就这个概念的用途而言，文化资本基本上是一种文化现象。研究成果继续确认布尔迪厄（Bourdieu 1986）勾勒的模型："合法的"文化嵌入社会分层过程，紧紧地与教育和社会出身勾连在一起。马库森在美国语境下做了这样的表述：

> 工人阶级文化的参与者，虽然常常与种族文化和族群文化有交集，但常常与美术传统拉开距离，拒绝参与自命不凡、要求参与者训练有素的活动。白人工人阶级经常选择的表达有一些固定的格式，它们使受过教育的人感到不自在：乡村音乐、文身、纳斯卡赛车、（乡间）泥坑越野等。（Markusen 2014, p. 573）

于是就出现了这样的前景：只有在不涉及文化参与多样化的情况下，人口多样性的价值才能稳定下来。这个问题使我们回到范围更大的问题：谁参与了、什么文化、如何参与的问题（Stevenson et al. 2015）；以一种个性化的方式构想这个门类，这就否定了创意产业运行中任何社会因素所起的作用。然而，就像广义上的创业精神一样（如 Blanchflower and Oswald 1998），虽然重点是放在个人身上，但如果没有相关的技能和资源，单靠个人品质是不太可能成功的。同理，即使仅仅是在"合法的"文化活动中激发兴趣，如果没有广阔的资源，如果不考虑合法化进程如何运行、谁被排除在外等重要问题，兴趣也未必能转换为创意产业里的生产实践。

第六节 创意能走多远？

因此，如我们在第六章所见，创意议程提供的表面上的希望很快就可能被结构性不平等遮蔽。然而，我们可以看到，近年的政策里至少已经注意到多样性问题，这可能是进步的标志。如上所示，佛罗里达之类的杰出人士也发声，也走向对这些大问题的思考了。他"走遍世界"与"市长、经济开发师和城市领袖"交谈，反思他过去提出的忠告。他回忆道：

我告诉他们，由人驱动的、基于地方的新经济的持久性成功开启了做小事情的新阶段，这种新方法使城市成为生活和工作的好地方。这些小事情确保可对行人友好的街道、自行车道、公园、令人兴奋的艺术和音乐场景以及充满活力的地方。人们可以在这些地方相聚。（Florida 2017, p. xxi）

然而，鉴于两极分化和不平等的主导和持久，佛罗里达现在主张广泛的干预以造就"全民都市主义"（urbanism for all）（p. 11），包括交通运输基础设施的投入、买得起的住房、最低工资标准的提升。一方面，有些主张你是很难不同意的，比如"我们需要大量工资更高、更好的工作岗位"（p. 215）；另一方面，在自行车道和令人兴奋的音乐场景之类"小事情"上的干预，对城市政策制定者也许是更富吸引力的选项，因为他们没有足够的权力去应对住房、运输或就业政策之类的大挑战。不过鉴于以上所述的模型，应该指出，大多数人在文化领域搜寻"工资更高、更好的工作岗位"是不明智的。

于是，这个因素使我们进一步理解创意议程持久不衰的某些方面。由于其弹性和互联互通的表述，它就使这样一个理念长期存在：我们在一个"创意"区干预时，其他地区会受到影响。如此我们就回到"非创新"的创意：修建一座新的美术馆，设置公共艺术，申办欧洲文化之都之类的项目并胜出，推进基于传统文化政策围绕艺术参与价值的活动——诸如此类的创意就这样发生了。不过，由于这些活动被涂上了创新语言的光泽，它们就可以和"创意城市"或"创意产业"的推进放在一起了，无论这样的连接是否妥当。正如兰德里所言，把创意融入城市管理是有问题的，因为城市由公共官员管理，他们要为自己的选区负责（Landry 2000, p. 45），因此吊诡的是，可能只有容纳"标准"创意的空间。根据以上的讨论，以及反复出现的经济计算主题，考虑佩克论政策干预性质的"创意脚本"，富有启迪意义：

艺术和文化的"软基础设施"投资容易做到，未必特别昂贵，所以创意脚本日益转化为市政行为的某种形式。至于这是否刺激创新经济的增长，那就完全是另一回事了。（Peck 2005, p. 749）

当创意的定位是覆盖更大的区域时，万物互联，为什么不用最简单、最经济的方式进行干预呢？文化政策表明的目标和达成此目标之间的张力可能会继续存在，直到创意议程明晰起来，没有这样的明晰度，"创意"就可能表现为一系列"标准的"形式。无论如何，正如以上讨论所示，单靠"创意"的概念并不足以应对创意呈现出来的挑战。

第七节　本章小结

上文确认的诸种模式可能会产生这样一种后果：有人会将本章视为绝望的忠告。有人说，少数地区和少数特权人士把持创意领域，经过许多改善这种状况的尝试以后，这些模式实际上是被强化了。但一个合理的结论不是举手投降，而是回归一个理念：这里所需的是对创意理念更加合乎实际的估计，如果要应对这些事实，我们就需要直面这些事实。我们要认清我们说创意时说的是什么现象，要明白这些现象是如何被理解为具有创新意义的。必须要置诸脑后的是这样一个想法：创意是纯粹的善，理解得不准确也可能富有成效。这些情况使创意议程神秘兮兮的某些方面大行其道，比如：创意成功依靠多样性和开放性，因而几乎是任何人、任何地方可行的选项。但这样的开放性并不是当前实际情况的特征。如果不直面现实情况，经济矛盾就可能更加尖锐，在上一章讨论的紧缩时代尤其如此，政策干预也可能继续收获可疑的成就。孔（Kong）说得有道理：

> 同一政策和工具既是文化和艺术政策，又是社会和经济政策，两者同时兼顾是有困难的，承认这一点是关键。没有什么灵丹妙药。城市政策把众多目标凑合在一起，后果是目标不集中，目的不能达

成。（Kong 2014, p. 604）

可见这样的挑战并不是微不足道的。创意活动并不是向空旷领域的逃亡，而是嵌入了社会结构，所以正如最早皈依创意议程的杰出人士所言，只有对创意活动采取非常深层的干预，这些模式才有可能发生变化。然而，经过创意议程二十余年多种多样的实施以后，本书集中讨论的创意的持久性还要继续存在。全国各地推进创意集群的计划还要讨论创意的持久性；人们希望，伦敦的成功能被复制，激发弱势群体兴趣的尝试还将继续下去。当前，身居要职的人可能会进一步推行精英体制和开放性；面对巨大的挑战，干预可能会相当弱小（且缺乏创造性），所以创意议程进一步澄清的出现尚待时日。

参考文献

Arts Council England. (2010). *Achieving great art for everyone—A strategic framework for the arts.* London: Arts Council England.

Arts Council England. (2018). *9 things you need to know about the Cultural Development Fund.* Retrieved from https://www.artscouncil.org.uk/cultural-development-fund/9-things-you-need-know-about-cultural-development-fund.

Bakhshi, H., Freeman, A., & Higgs, P. (2013a). *A dynamic mapping of the UK's creative industries.* London: Nesta.

Bakhshi, H., Hargreaves, I., & Mateos Garcia, J. (2013b). *A manifesto for the creative economy.* London: Nesta.

Banks, M. (2017). *Creative justice: Cultural industries, work and inequality.* London: Rowman & Littlefield.

Banks, M., & Hesmondhalgh, D. (2009). Looking for work in creative industries policy. *International Journal of Cultural Policy, 15*(4), 415–430.

Banks, M., & O'Connor, J. (2009). After the creative industries. *International Journal of Cultural Policy, 15*(4), 365–373.

Banks, M., & O'Connor, J. (2017). Inside the whale (and how to get out of there): Moving on from two decades of creative industries research. *European Journal of Cultural Studies, 20*(6), 637–654.

Bazalgette, P. (2017). *Independent review of the creative industries.* Retrieved from https://www.gov.uk/government/publications/independent-review-of-the-creative-industries.

Bell, D., & Jayne, M. (2010). The creative countryside: Policy and practice in the UK rural cultural economy. *Journal of Rural Studies, 26*(3), 209–218.

Bernick, S., Davies, R., & Valero, A. (2017). *Industry in Britain—An atlas.* Retrieved from http://cep.lse.ac.uk/pubs/download/special/cepsp34.pdf.

Blanchflower, D., & Oswald, A. (1998). What makes an entrepreneur? *Journal of Labour Economics, 16*(1), 26–60.

Borén, T., & Young, C. (2013). Getting creative with the 'creative city'? Towards new perspectives on creativity in urban policy. *International Journal of Urban and Regional Research, 37*(5), 1799–1815.

Bourdieu, P. (1986). *Distinction: A social critique of the judgement of taste.* London: Routledge.

Brouillette, S. (2014). *Literature and the creative economy.* Stanford: University Press.

Caves, R. E. (2000). *Creative industries—Contracts between art and commerce.* London: Harvard University Press.

CBI. (2014). *The creative nation: A growth strategy for the UK's creative industries.* Retrieved from http://www.cbi.org.uk/cbi-prod/assets/File/pdf/cbi_creative_industries_strategy__final_.pdf.

CEBR. (2017). *The contribution of the arts and culture to the national economy—An updated assessment of the macroeconomic contributions of the arts and culture industry to the national and regional economies of the UK.* London: Centre for Economics and Business Research Ltd.

Comunian, R., Faggian, A., & Li, Q. C. (2010). Unrewarded careers in the creative class: The strange case of bohemian graduates. *Papers in Regional Science, 89*(2), 389–410.

DCMS. (2007). *The creative economy programme: A summary of projects commissioned in 2006/7.* London: DCMS.

DCMS. (2018). *DCMS sector economic estimates 2016: Regional GVA sectors.* Retrieved from https://www.gov.uk/government/uploads/system/uploads/attachment_data/

file/684141/Regional_GVA_2016_Sector_tables.xlsx.

DCMS & BIS. (2009). *Digital Britain.* Norwich: The Stationery Office.

DCMS, BERR, & DIUS. (2008). *Creative Britain: New talents for the new economy.* London: DCMS.

DCMS, ACE, BEIS, & Ellis, M. (2018). *£20 million government boost for culture and creative industries in England.* Retrieved from https://www.gov.uk/government/news/20-million-government-boost-for-culture-and-creative-industries-in-england.

Economics, F. (2007). *Multinationals in the UK creative industries: A report prepared for DCMS.* London: Frontier Economics Ltd.

European Parliament. (2016). *Report on a coherent EU policy for cultural and creative industries.* Retrieved from http://www.europarl.europa.eu/sides/getDoc.do?pubRef=-//EP//NONSGML+REPORT+A8-2016-0357+0+DOC+PDF+V0//EN.

Evans, G. (2001). *Cultural planning.* London: Routledge.

Evans, G. (2009). Creative cities, creative spaces and urban policy. *Urban Studies, 46*(5–6), 1003–1040.

Fleming, T., & Erskine, A. (2011). *Supporting growth in the arts economy.* London: Arts Council England.

Flew, T. (2010). Toward a cultural economic geography of creative industries and urban development: Introduction to the special issue on creative industries and urban development. *The Information Society, 26*(2), 85–91.

Flew, T., & Cunningham, S. (2010). Creative industries after the first decade of debate. *The Information Society, 26*(2), 113–123.

Florida, R. (2004). *The rise of the creative class.* New York: Basic Books.

Florida, R. (2007). *The flight of the creative class.* New York: Routledge.

Florida, R. (2017). *The new urban crisis—Gentrification, housing bubbles, growing inequality and what we can do about it.* London: One world Publications.

Foord, J. (2008). Strategies for creative industries: An international review. *Creative Industries Journal, 1*(2), 91–113.

Foord, J., & Ginsburg, N. (2004). Whose hidden assets? Inner city potential for social cohesion and economic competitiveness. In M. Boddy & M. Parkinson (Eds.), *City matters* (pp. 287–305). Bristol: Polity Press.

Gerber, A. (2017). *The work of art.* Stanford: Stanford University Press.

Gill, R., & Pratt, A. (2008). In the social factory?: Immaterial labour, precariousness and cultural work. *Theory, Culture & Society, 25*(7–8), 1–30.

Graeber, D. (2018). *Bullshit jobs: A theory.* London: Allen Lane.

Grodach, C. (2013). Cultural economy planning in creative cities: Discourse and practice. *International Journal of Urban and Regional Research, 37*(5), 1747–1765.

Grodach, C., Foster, N., & Murdoch, J. (2014). Gentrification and the artistic dividend: The role of the arts in neighbourhood change. *Journal of the American Planning Association, 80*(1), 21–35.

Hartley, J. (Ed.). (2005). *Creative industries.* Oxford: Blackwell.

Heinze, R. G., & Hoose, F. (2013). The creative economy: Vision or illusion in the structural change? *European Planning Studies, 21*(4), 516–535.

Hesmondhalgh, D. (2007). *The cultural industries.* London: Sage.

Hesmondhalgh, D., & Pratt, A. C. (2005). Cultural industries and cultural policy. *International Journal of Cultural Policy, 11*(1), 1–13.

Hesmondhalgh, D., Oakley, K., Lee, D., & Nisbett, M. (2015). *Culture, economy and politics—The case of New Labour.* Basingstoke: Palgrave Macmillan.

Hewison, R. (2014). *Cultural capital: The rise and fall of creative Britain.* London: Verso.

HM Government. (2018). *Industrial strategy: Creative industries sector deal.* Retrieved from https://www.gov.uk/government/uploads/system/uploads/attachment_data/file/695097/creative-industries-sector-deal-print.pdf.

HM Land Registry. (2018). UK house price index. Retrieved from http://lan-dregistry.data.gov.uk/app/ukhpi/.

Houston, D., Findlay, A., Harrison, R., & Mason, C. (2008). Will attracting the 'creative class' boost economic growth in old industrial regions? *Geografiska Annaler: Series B, Human Geography, 90*(2), 133–149.

Hoyman, M., & Faricy, C. (2009). It takes a village: A test of the creative class, social capital and human capital theories. *Urban Affairs Review, 44*(3), 311–333.

Jayne, M. (2005). Creative industries: The regional dimension? *Environment and Planning C: Government and Policy, 23*, 537–556.

Johnson, M., & Reed, H. (2008). *Entrepreneurship and innovation in the North.* Retrieved from https://www.ippr.org/files/images/media/files/publication/2011/05/entrepreneurship_and_innovation_1619.pdf.

Keat, R. (2000). *Cultural goods and the limits of the market.* Basingstoke: Macmillan Press.

Kong, L. (2014). From cultural industries to creative industries and back? Towards clarifying and rethinking. *Inter-Asia Cultural Studies, 15*(4), 593–607.

Lambing, P. A., & Kuehl, C. R. (2007). *Entrepreneurship.* Upper Saddle River, NJ: Pearson.

Landry, C. (2000). *The creative city.* London: Comedia.

Leadbeater, C. (1999). *Living on thin air—The new economy.* London: Penguin Books Ltd.

Leadbeater, C., & Oakley, K. (1999). *The independents.* London: Demos.

Lee, J. (1965). *A policy for the arts: The first steps.* London: Her Majesty's Stationery Office.

Levitas, R. (2004). Let's hear it for Humpty: Social exclusion, the third way and cultural capital. *Cultural Trends, 13*(2), 41–56.

London Development Agency. (2008). *London: A cultural audit.* London: LDA.

Lorente, P. (1996). *The role of museums and the arts in the urban regeneration of Liverpool.* Leicester: Centre for Urban History.

Markusen, A. (2014). Creative cities: A 10-year research agenda. *Journal of Urban Affairs, 36*(s2), 567–589.

Mateos Garcia, J., & Bakhshi, H. (2016). *The geography of creativity in the UK—Creative clusters, creative people and creative networks.* London: Nesta.

Mateos Garcia, J., Klinger, J., & Stathoulopoulos, K. (2018). *Creative nation—How the creative industries are powering the UK's nations and regions.* London: Nesta.

McDonald, F., Tsagdis, D., & Huang, Q. (2006). The development of industrial clusters and public policy. *Entrepreneurship and Regional Development, 18*(6), 525–542.

McRobbie, A. (2002). From Holloway to Hollywood. In P. Du Gay & M. Pryke (Eds.), *Cultural economy* (pp. 97–114). London: Sage.

McRobbie, A. (2015). *Be creative: Making a living in the new culture industries.* Cambridge: Polity Press.

Miller, T. (2004). A view from a fossil: The new economy, creativity and consumption—Two or three things I don't believe in. *International Journal of Cultural Studies, 7*(1), 55–65.

Miles, A., & Sullivan, A. (2009). *Understanding the relationship between taste and value in culture and sport.* London: DCMS.

Mommaas, H. (2004). Cultural clusters and the post-industrial city: Towards the remapping of urban cultural policy. *Urban Studies, 41*(3), 507–532.

Montgomery, J. (2005). Beware 'the creative class'. Creativity and wealth creation revisited. *Local Economy, 20*(4), 337–343.

Mould, O. (2017). *Urban subversion and the creative city.* London: Routledge.

Mould, O., & Comunian, R. (2015). Hung, drawn and cultural quartered: Rethinking cultural quarter development policy in the UK. *European Planning Studies, 23*(12), 2356–2369.

Nathan, M. (2005). *The wrong stuff: Creative class theory, diversity and city performance.* London: IPPR Centre for Cities.

Nesta. (2006). *Creating growth—How the UK can develop world class creative businesses.* London: Nesta.

Oakley, K. (2004). Not so cool Britannia: The role of the creative industries in economic development. *International Journal of Cultural Studies, 7*(1), 67–77.

Oakley, K. (2009). The disappearing arts: Creativity and innovation after the creative industries. *International Journal of Cultural Policy, 15*(4), 403–413.

Oakley, K., & O'Connor, J. (2015). The cultural industries—An introduction. In K. Oakley & J. O'Connor (Eds.), *The Routledge companion to the cultural industries* (pp. 1–32). London: Routledge.

Oakley, K., Laurison, D., O'Brien, D., & Friedman, S. (2017). Cultural capital: Arts graduates, spatial inequality, and London's impact on cultural labour markets. *American Behavioral Scientist, 61*(12), 1510–1531.

O'Brien, D., & Oakley, K. (2015). *Cultural value and inequality: A critical literature review.* Retrieved from https://ahrc.ukri.org/documents/project-reports-and-reviews/cultural-value-and-inequality-a-critical-literature-review/.

O'Connor, J. (2005). Creative exports: Taking cultural industries to St. Petersburg. *International Journal of Cultural Policy, 11*(1), 45–60.

O'Connor, J. (2007). *The cultural and creative industries: A review of the literature.* London: Arts Council England.

Osborne, T. (2003). Against 'creativity': A philistine rant. *Economy and Society, 32*(4), 507–525.

Parker, S., Tims, C., & Wright, S. (2006). *Inclusion, innovation and democracy: Growing talent for the creative and cultural industries.* Retrieved from https://www.demos.

co.uk/files/creative_race_finalweb.pdf.

Peck, J. (2005). Struggling with the creative class. *International Journal of Urban and Regional Research, 29*(4), 740–770.

Pratt, A. C. (1997). Guest editorial. *Environment & Planning A, 29*(11), 1911–1917.

Schlesinger, P. (2007). Creativity: From discourse to doctrine. *Screen, 48*(3), 377–387.

Schlesinger, P. (2009). *The politics of media and cultural policy.* Retrieved from http://www.lse.ac.uk/media-and-communications/assets/documents/research/working-paper-series/EWP17.pdf.

Scott, A. J. (1999). The cultural economy: Geography and the creative field. *Media, Culture and Society, 21*(6), 807–817.

Scott, A. J. (2000). *The cultural economy of cities.* London: Sage.

Scott, A. J. (2006). Entrepreneurship, innovation and industrial development. *Small Business Economics, 26*(1), 1–24.

Scott, A. J. (2014). Beyond the creative city: Cognitive-cultural capitalism and the new urbanism. *Regional Studies, 48*(4), 565–578.

Selwood, S. (2001). *The UK cultural sector—Profile and policy issues.* London: Policy Studies Institute.

Serota, N. (2017, November 17). More funding for the arts could benefit everyone in the country. *Evening Standard.* Retrieved from https://www.standard.co.uk/comment/comment/more-funding-for-the-arts-could-benefit-everyone-in-the-country-a3694116.html.

Shorthouse, R. (Ed.). (2010). *Disconnected: Social mobility and the creative industries.* London: Social Market Foundation.

Smith, C. (1998). *Creative Britain.* London: Faber and Faber.

Stark, P., Gordon, C., & Powell, D. (2013). *Rebalancing our cultural capital: A contribution to the debate on national policy for the arts and culture in England.* Retrieved from http://www.gpsculture.co.uk/downloads/rocc/Rebalancing_FINAL_3mb.pdf.

Stevenson, R. L. (1892). Letter to a young gentleman who proposes to embrace the career of art. In R. L. Stevenson (Ed.), *Across the Plains.* New York: Charles Scribner's Sons.

Stevenson, D., Balling, G., & Kann-Rasmussen, N. (2015). Cultural participation in Europe: Shared problem or shared problematisation. *International Journal of Cultural Policy, 23*(1), 89–106.

Taylor, M. (2016). Nonparticipation or different styles of participation? Alternative interpretations from taking part. *Cultural Trends, 25*(3), 169–181.

Taylor, M., & O'Brien, D. (2017). 'Culture is a Meritocracy': Why creative workers' attitudes may reinforce social inequality. *Sociological Research Online, 22*(4), 27–47.

Technology Strategy Board. (2009). *Creative industries technology strategy 2009–2012*. Swindon: The Technology Strategy Board.

The Work Foundation. (2007). *Staying ahead: The economic performance of the UK's creative industries*. London: The Work Foundation.

Vanolo, A. (2013). Alternative capitalism and the creative economy: The case of Christiania. *International Journal of Urban and Regional Research, 37*(5), 1785–1798.

Vivant, E. (2013). Creatives in the city: Urban contradictions of the creative city. *City, Culture and Society, 4*, 57–63.

Wynne, D. (1992). Cultural quarters. In D. Wynne (Ed.), *The culture industry: The arts in urban regeneration* (pp. 13–23). Aldershot: Avebury.

第八章　后记：递减的圈子

本书意在展示，有关创意力量的话语如何崭露头角并持续发力二十年——大约从 1998 年到 2018 年。到 2018 年本书完稿时，虽然这一话语继续与创新和新颖相联，我们还是看到其势头略有停滞。在 20 世纪 90 年代，创意被视为未来财富的核心要素；2006 年，文化、媒体和体育部（DCMS）也断言，创意产业"在未来必然更加重要"（The Work Foundation 2007, p. 188），到 21 世纪第一个十年的晚期，彼得·巴泽尔杰特所做的"创意产业独立评论"断言，在未来十五年或二十年的"未来经济"里，"在每一个场景里，创意产业都具有核心意义"（2017, p. 4）。如此，在时间流逝的过程中，创意产业似乎总是在这一未来角色里具有特别的重要性；同时，到 21 世纪第二个十年期的末尾，创意产业经济产能的统计数字，展现出酷似 2001 年的模式（如第五章的结论）。与之类似，虽然创意产业的发展历史漫长，试图吸引广大"创意阶层"、建设"创意城市"、实施"文化引领的复苏"的努力不绝如缕，且研究这些尝试的成果大量问世，巴泽尔杰特 2017 年的报告还是说：

> 场所塑造（place-shaping）的新兴证据显示，如果一个地方拥有强大的文化、传统和体育优势，提升了生活工作的吸引力，成为复苏的加速器，其创意产业就会增长。（2017, p. 16）

到这个阶段，公允地说，这类课题上任何诸如此类的证据早就呈现出来了。如第四章所示，数十年来，对创意领域生成证据基础所面临挑战的评估表现出惊人的一致性；同样在这个领域，创意似乎给人永远新颖的感觉。因此，更多证据的产生仍然是一个目标。本书写作时，英格兰艺术委员会授予2300万英镑的合同，用于一个"计量艺术品质感知"的计划，为期四年（Hill 2018）；一种新的苏格兰文化战略正在草拟中，部分根据是开发"计量和阐释文化价值的新方法"的需求（Romer 2018）；文化、媒体和体育部正在做一个新的调查，寻求有关"文化和体育参与的社会影响"的证据，且已搜集到224条书证（DCMS Committee 2018a），还搜集到若干课题上的口述证词，包括欧洲文化之都和英国文化之都奖励的证词。这些口述证词继续把文化之都的奖励与复苏的目标联系在一起，这些证词有："格拉斯哥和后续的欧洲文化之都……证明，这一荣誉头衔是惊人的复苏机制"（DCMS Committee 2018b, p. 24）。

我们在第六章遇到的立场维持不变，虽然2016年脱欧公投后，英国必然要更多地依靠英国文化之都的奖励。虽然英国城市申办2023年欧洲文化之都的工作已经启动，但2017年英国城市申办欧洲文化之都的资格还是被取消了（BBC 2017）。更广泛地说，脱欧公投对创意产业的影响——姑且不说对全国的影响——是不明确的，但不太可能是有利的（Creative Industries Federation 2018）。

英格兰艺术委员会首席执行官达伦·亨利（Darren Henley）向文化部遴选委员会提供证据，主张艺术委员会需要提供更多"数据"（DCMS Committee 2018c, p. 31）。他提出我们在第四章所见的挑战，同时又援引他的新作里的一些思想，试图证明一个特别重要的概念：创意。在"创意为何重要"的证词里，他赞扬宽泛创意概念的必要性，认为创意包含众多新颖而有差异的路径，范围广泛，含科学、商务、艺术和垂钓等领域，却特别与艺术的历练和实践有关。这一宽泛的描述提出了第七章介绍的持久的挑战，比如特异性的缺乏、令人质疑的开放感觉。至此，有那么一点令人吃惊的是，创意居然还需要这样大力提倡；但不那么令人吃惊的是，达伦·亨利开卷第一章就聚焦创意经济的基础。他的证词部分依据创意产业的统计数据——"给全国戴上笑脸"（Henley 2018, p.

40）——这是我们在第五章看到的情况；但毫不奇怪的是，他没有触及我们在第五章介绍的那么宽广的问题。

鉴于以上各章介绍的创意议程进一步巩固了，我们用快速扫描的方式结束这篇后记的讨论，看看二十年来有关创意性质的主要的政治言论。在 2018 年中期，英国首相特雷莎·梅（Theresa May）宣布设立一个新的基金，以"支持北方经济引擎的创意项目"（Prime Minister's Office and May 2018）。表面上，这一举措是为了解决第七章勾勒的创意门类空间布局的不平等模式。设立这一基金时，梅也用上了第五章考虑的指标并继续使用那一章确认的模式：说到创意产业的经济产出时，她只提到文化表达性的活动：

> 首相赞扬创意产业，它们对英国经济贡献了 920 亿英镑，在全国提供了 2000 万个工作机会……接着说，"我们的电影吸引着全世界的观众，我们的时装令人惊喜，我们的设计在全世界形塑城市天际线和城市景观。在出版业、音乐、广告等许多方面，我们的创意产业每天都在世界舞台上为英国升旗。"（2018）

在此我们又看到，到这个阶段，她没有提及软件的作用，虽然这个创意产业最大的子门类已纳入了以上的统计数据。在 920 亿英镑总增加值的语境中，在最近宣布的 2000 万英镑的"文化发展基金"（第七章判断，这个基金产生的影响可能相对小）中，这个新基金预期的影响仅 300 万英镑，很可能会受到质疑。尽管如此，投到创意产业底子薄的地区的 300 万英镑也可能很管用。那么，这个新基金的具体意向是什么呢？

> 支持社区的艺术项目和事业，包括坎布里亚、曼彻斯特、兰开夏、利兹、谢菲尔德和约克郡等地的项目和事业，可以申请一亿五千万英镑的政府资助。申请的项目可以是：用戏剧改善儿童的读写能力的项目，以及帮助残疾人或长者的艺术工作坊。（Prime

Minister's Office and May 2018）

这些项目无疑都是有价值的，却不太可能应对第七章追溯的不平等和产业集中的问题。创意议程的遮蔽性帐幔再次落下。以软件为最大子门类的高增长的门类，在伦敦产出数以十亿英镑计的创意产业，和数以万英镑计的政府资助联手，支持英格兰北部的艺术工作坊。软件和艺术工作坊都可以贴上"创意的"标签，但两者几乎没有关系。尽管如此，艺术大臣迈克尔·埃利斯（Michael Ellis）告诉我们：

> 英国的创意产业是世界公认的经济文化引擎，这个新的基金是对这个经济门类的又一次信任投票，它将培养未来人才、加惠社区，为北方展会提供一笔持久的遗产。（Prime Minister's Office and May 2018）

在极少证据和不适当结盟的基础上，倾向于庆贺式叙事的创意议程看起来很稳固。实际上，在此刻，创意议程的关键要素并不对质疑抱开放态度，所以创意议程的持久性基本上就成了唯一的选项。如上文所示，施莱辛格指出创意议程话语的霸道性——这是一个自我维持、自我参照的思想框架……什么批评也不能穿透（Schlesinger 2017, p. 86）。这个领域的任何讨论都建立在一套"已知"的、毋庸置疑的真理之上。比如，2018年7月，新任文化大臣杰里米·赖特（Jeremy Wright）（12个月内的第三任大臣）就任时指出，文化、媒体和体育部的工作是"团结全国"（DCMS 2018），英国艺术委员会支持"文化城市"调查，其出发点的理念是：

> 文化对城市的贡献在全国都很明显。文化使城市更繁荣：它有助于催化城市的更新，有助于锚固城市的复苏。通过旅游业、夜经济和创意产业，文化增强城市经济——而且吸引人才到城市生活、工作和研究。（Core Cities UK 2018）

倘若这样的理念被视为正确无误，"文化城市"调查就只能建立在这些贡献的基础上，而不是质疑它们，所以它只会得出符合既定框架的发现。这一调查的网站利用新经济、成功的格拉斯哥模式、成功的利物浦模式、创意阶层、创意产业的理念——标准的创意议程全都出现在调查结果里了，而且全都是对的（Thomas 2018）。然而，根据第七章的介绍，这场讨论的背景是拨款削减的模式，意在证实这一背景产生为艺术和文化项目的需求，意在考虑"全国的文化如何得到更有效的资源"（Core Cities UK 2018）。看起来，几十年强调文化的经济作用产生了悖论：文化经费反而不断缩减，在需要产生更多证据的情况下生成更多的证据。可以说，由于转向强调"创意"，文化的经济作用反而被弄得更成问题了——正如加纳姆所言，如果我们的创意产业在运行时首先考虑文化供给，文化政策就会陷入两难："如果文化供给是成功的，它为何需要公共支持呢？如果文化供给是不成功的，它又值得公共支持吗？"（Garnham 2005, p. 28）诸如此类的矛盾位于创意议程的核心，由于经济紧缩措施在英国继续实施，这些矛盾可能会日益加剧。

在这个二十年期的末尾，我们可以确认，创意议程至少在一定程度上维持下来了，为证实其经济作用的许多方法论被调动起来了；这些方法论有助于以某些形式表征创意实践，在全球政策迁移的过程中，它们起到了关键的作用；政策迁移是创意产业领域的特征（Evans 2009; Schlesinger 2009），政策迁移的基础是看似"技巧性"的量化实践（Prince 2014）。这些技巧"扮演"某些创意形式（Law and Urry 2004），推进创意议程前进。然而，前面几章的讨论似乎证明，创意议程遭遇到一些拦路虎。对坚持与艺术和文化联手的叙事而言，越来越关注创意的"数字"形式和非文化形式的经济表现可能会成问题，尤其是考虑到数字系统可能对创意实践的某些形式产生有害影响（Olma 2016, p. 85）。

但从眼下的情况看，庆贺创新经济、推进文化为经济的叙事可能会继续占据显要的地位。在某些意义上，这使我们回到创意产业应用过程中缺乏"创意"的问题：一旦某一理念占主导地位，谁有时间或意愿去抵制它呢？赫斯蒙德霍等注意到：

> 一般地说，政界人士没有时间或资源去别出心裁、开拓创新或与众不同，公务人员也不能独树一帜。即使政策专家和企业家（智库、顾问等）也在参照学界和其他界流通的思想，以形成自己的观点，而且他们常常在复活陈旧的观念。（Hesmondhalgh et al. 2015, p. 185）

在没有时间反思的情况下，表面上客观的数字证据似乎是无可争辩的（Beer 2016, p. 50），导致了某些立场的固化。于是，虽然创意阶层或创意产业所呈现的理念构成挑战，制度性技艺有所削弱，整齐的叙事、"客观的"指标还是继续流行（Oman and Taylor 2018, p. 239）。

近距离地观察学界就可以看到，对创意议程的接受继续广泛传播（Schlesinger 2017, p. 84），即使在我们期望最多质疑的地方，也有迹象表明"什么批评也不能穿透"的现象。依据彼得·巴泽尔杰特的建议（第七章已有介绍），艺术和人文研究委员会的创新经济斗士安德鲁·奇蒂（Andrew Chitty）阐述这个委员会的立场：

> 巴泽尔杰特认为……对文化集群的投资将在就业市场、生产力和增长中释放巨大的利益。我们赞同巴泽尔杰特的意见，我们相信，文化集群必然要培育一种新型的研究——为创意产业的研究、携手创意产业的研究，而不是干预创意产业的研究；有助于开发创意内容、产品、服务和商务模型的研究，英国企业借以征服世界的研究，而不是分析和理解这些模型的研究。（Chitty 2017）

如果学术研究的出发点还包括接受有关创意的有问题但普遍的立场，是聚焦于商务模式的开发，是让企业据此"征服世界"的模式，而不是分析和理解的模式，也许我们应该反思的时候到了：从长远来看，对经济价值形式的首要关怀究竟有多大用处。

虽然要抗击这个流行的趋势，重要的是继续主张，创意议程需要澄清，证据需要更仔细观察。正如第三章所示，在创意议程凸显和持续的潮流中，我们看见类似用词不当（catachresis）的话语特征："语词用于它并不妥当所指的东西"（牛津词典）。更准确地说，随着时间的流逝，我们可能看见创意走向一种万能的解释（panchreston）："能用于一切情况的解释或理论，因多用途而变得毫无意义"（牛津词典）。这个趋势值得抵制。集中关注创意活动持续的挑战时，我们不应该忽视潜在的利益。然而，除非创意的概念用得更准确，创意遭遇的挑战都会持续下去。同时，因追求构想欠妥的目标而挥霍机会和资源的可能性也将继续存在。（Markusen and Gadwa 2010, p. 379）。这种长期存在的趋势始终是不必要的。

参考文献

Bazalgette, P. (2017). *Independent review of the creative industries*. Retrieved from https://www.gov.uk/government/publications/independent-review-of-the-creative-industries.

BBC. (2017). *Brexit 'bombshell' for UK's European capital of culture 2023 plans*. Retrieved from https://www.bbc.co.uk/news/entertainment-arts-42097692.

Beer, D. (2016). *Metric power*. London: Palgrave Macmillan.

Catachresis. (n.d.). *Oxford English dictionary*. Retrieved from http://www.oed.com.

Chitty, A. (2017). *Creative industries clusters programme leads the way*. Retrieved from https://ahrc.ukri.org/research/readwatchlisten/features/creative-industries-clusters-programme-leads-the-way/.

Core Cities UK. (2018). *About the cultural cities enquiry*. Retrieved from https://www.corecities.com/cultural-cities-enquiry/about.

Creative Industries Federation. (2018). Brexit White Paper—Impact on creative industries. Retrieved from https://www.creativeindustriesfederation.com/sites/default/files/2018-07/Brexit%20White%20Paper%20Summary.pdf.

DCMS. (2018, July 11). [Tweet]. Retrieved from https://twitter.com/dcms/status/1016989876036698112?s=12.

DCMS Committee. (2018a). *Social impact of participation in culture and sport inquiry—*

第八章 后记：递减的圈子

Publications. Retrieved from https://www.parliament.uk/business/committees/committees-a-z/commons-select/digital-culture-media-and-sport-committee/inquiries/parliament-2017/socialimpact/publications/.

DCMS Committee. (2018b). *Oral evidence: The social impact of participation in culture and sport, HC 734*. Retrieved from http://data.parliament.uk/writtenevidence/committeeevidence.svc/evidencedocument/digital-culture-media-and-sport-committee/the-social-impact-of-participation-in-culture-and-sport/oral/86738.pdf.

DCMS Committee. (2018c). *Oral evidence: The social impact of participation in culture and sport, HC 734*. Retrieved from http://data.parliament.uk/writtenevidence/committeeevidence.svc/evidencedocument/digital-culture-media-and-sport-committee/the-social-impact-of-participation-in-culture-and-sport/oral/85763.pdf.

Evans, G. (2009). Creative cities, creative spaces and urban policy. *Urban Studies, 46*(5–6), 1003–1040.

Garnham, N. (2005). From culture to creative industries. *International Journal of Cultural Policy, 11*(1), 15–29.

Henley, D. (2018). *Creativity: Why it matters.* London: Elliott and Thompson Ltd.

Hesmondhalgh, D., Oakley, K., Lee, D., & Nisbett, M. (2015). *Culture, economy and politics—The case of New Labour.* Basingstoke: Palgrave Macmillan.

Hill, L. (2018). *Green light for artistic quality measurement scheme.* Retrieved from https://www.artsprofessional.co.uk/news/green-light-artistic-quality-measurement-scheme.

Law, J., & Urry, J. (2004). Enacting the social. *Economy and Society, 33*(3), 390–410.

Markusen, A., & Gadwa, A. (2010). Arts and culture in urban or regional planning: A review and research agenda. *Journal of Planning Education and Research, 29*(3), 379–391.

Olma, S. (2016). *In defence of serendipity: For a radical politics of innovation.* London: Repeater Books.

Oman, S., & Taylor, M. (2018). Subjective well-being in cultural advocacy: A politics of research between the market and the academy. *Journal of Cultural Economy, 11*(3), 225–243.

Panchreston. (n.d.). *Oxford English dictionary.* Retrieved from http://www.oed.com.

Prime Minister's Office, & May, T. (2018). *PM announces £3 million to support creative projects in the Northern Powerhouse.* Retrieved from https://www.gov.uk/government/news/pm-announces-3-million-to-support-creative-projects-in-the-northern-powerhouse/.

Prince, R. (2014). Consultants and the global assemblage of culture and creativity. *Transactions of the Institute of British Geographers, 39*(1), 90–101.

Romer, C. (2018) *Scotland plans to make culture central to policy-making.* Retrieved from https://www.artsprofessional.co.uk/news/scotland-plans-make-culture-central-policy-making.

Schlesinger, P. (2009). Creativity and the experts: New Labour, think tanks, and the policy process. *The International Journal of Press/Politics, 14*(3), 3–20.

Schlesinger, P. (2017). The creative economy: Invention of a global orthodoxy. *Innovation: The European Journal of Social Science Research, 30*(1), 73–90.

Thomas, H. (2018). *We need new ways of funding culture in our cities—A blog from Cllr Huw Thomas.* Retrieved from https://www.corecities.com/cultural-cities-enquiry/news/we-need-new-ways-funding-culture-our-cities-blog-cllr-huw-thomas.

The Work Foundation. (2007). *Staying ahead: The economic performance of the UK's creative industries.* London: The Work Foundation.

译者后记

自 2009 年以来,我见证了深圳大学文化产业研究院的迅猛发展,倍感荣幸。

自 20 世纪 80 年代以来,我积极参与新学科的引进和建设,希望在文创学的译介中略尽绵力。

深大文产院的"荔园文创译丛"已出两辑,第一辑的四本书经我翻译的有三本:《文化科学》《公共文化、文化认同与文化政策》《创意生活》,据闻略有影响,深以为幸。

"荔园文创译丛"第二辑筹办期间,我忙于"深圳大学传播学院媒介环境学译丛"第二辑五本书的翻译工作,难以分身,只能承担"荔园文创译丛"第二辑里的一本《持续不懈的创新》,十分抱歉。

短短十余年,深大文产院已然建成中国文创研究重镇,我乐意为她添砖加瓦。

何道宽
于深圳大学文化产业研究院
深圳大学传媒与文化发展研究中心
2021 年 6 月 18 日

图书在版编目(CIP)数据

持续不懈的创新：艺术、文化与创意产业的发展／（英）彼得·坎贝尔著；何道宽译．－－北京：商务印书馆，2022

ISBN 978-7-100-21627-2

Ⅰ．①持… Ⅱ．①彼… ②何… Ⅲ．①文化产业－研究 Ⅳ．① G114

中国版本图书馆 CIP 数据核字（2022）第 162267 号

权利保留，侵权必究。

持续不懈的创新：艺术、文化与创意产业的发展

[英] 彼得·坎贝尔 著　何道宽 译

商 务 印 书 馆 出 版
（北京王府井大街 36 号　邮政编码 100710）
商 务 印 书 馆 发 行
艺堂印刷（天津）有限公司印刷
ISBN 978-7-100-21627-2

| 2022 年 10 月第 1 版 | 开本 787×1092　1/16 |
| 2022 年 10 月第 1 次印刷 | 印张 17½ |

定价：85.00 元